U0590713

梵净博雅文库·写作与沟通系列教材

总策划 孙向阳 庄鸿文

陈洁 ◎ 主编

阅读·欣赏

ZHEJIANG UNIVERSITY PRESS
浙江大学出版社

图书在版编目(CIP)数据

阅读·欣赏 / 陈洁主编. — 杭州：浙江大学出版
社,2019.9

ISBN 978-7-308-19417-4

Ⅰ.①阅… Ⅱ.①陈… Ⅲ.①汉语－阅读教学－高等
学校－教材 Ⅳ.①H193.7

中国版本图书馆 CIP 数据核字(2019)第 163190 号

阅读·欣赏

陈　洁　主编

责任编辑	葛　娟
责任校对	杨利军　吴心怡
封面设计	春天书装
出版发行	浙江大学出版社
	(杭州市天目山路 148 号　邮政编码 310007)
	(网址:http://www.zjupress.com)
排　　版	杭州朝曦图文设计有限公司
印　　刷	浙江省邮电印刷股份有限公司
开　　本	787mm×1092mm　1/16
印　　张	14.75
字　　数	378 千
版 印 次	2019 年 9 月第 1 版　2019 年 9 月第 1 次印刷
书　　号	ISBN 978-7-308-19417-4
定　　价	48.00 元

版权所有　翻印必究　印装差错　负责调换

浙江大学出版社市场运营中心联系方式:0571—88925591;http://zjdxcbs.tmall.com

编 委 会

主　编　陈　洁

副主编　王晓旭　肖跃玲

编　者　（按照姓氏笔画排序）

　　　　龙兴林　孙向阳　庄鸿文　安元奎　杨秀琴

　　　　何　波　陈太雄　洪德志　郭玲珍　黄秀丽

　　　　梁光华　鞠　飞

前 言 PREFACE

语言文字是一个人与外界交流最重要的工具,也是人之思想智慧不可或缺的要素。任何一个人的学习、生活、工作都离不开语言文字。目前,世界上很多大学都十分重视本国语言文化的教育。相比之下,我国的高等教育却有种过度强调专业教育的倾向,认为大学的主要任务就是培养具备高深知识和能力基础的专门型人才,而对学生审美能力的培养和人文素养的提升往往重视不够。这种教育观念上的误区,正是我国大学通识教育艰难前行的根本原因,它直接导致许多大学生不能准确地表达自己的思想情感、书面写作能力欠缺、难以适应社会发展需要等现象的发生。鉴于此,在确保高校人才培养质量、加强专业技能培养的同时,以培养高素质应用型人才为目标,旨在提升大学生人文素养、塑造大学生健全人格的通识教育,就成为了我国高等教育传承中华优秀文化、促进学生全面发展的最佳途径。

近年来,铜仁学院十分重视人才培养,着力建构"山"字型人才培养模式,并把通识教育贯穿应用型人才培养的全过程,注重培养具有人文精神、健全人格和优良品质的社会公民,服务学生的人格品质养成。为此,学校还专门增设"写作与沟通"通识教育模块,将大学生的写作与沟通能力作为核心素养倾力打造,全面提升大学生的人文素养和应用写作能力,以适应社会发展对高素质复合型人才的现实需求。

为了进一步提高教学质量,我们经过大量调研和实践的总结,针对大学生的特点和需求,精心组织策划了"写作与沟通"系列教材。这本《阅读·欣赏》便是其中之一。

在具体的编写过程中,我们紧扣人才培养目标,打破传统的编撰体例,按照时空关系把教材分为"阅读中国""走进贵州""放眼世界"三大板块,其目的就是要让我们培养的学生,既具有良好的中国传统文化素养,又能充分感受到地域文化的独特魅力;既具有一种家国情怀,又能海纳百川、胸怀世界。此外,每一篇选文除了正文之外,还设计有"作者(作品)介绍""阅读提示""拓展训练"和"推荐阅读",结合实际设计丰富多彩的情景问题,指导学生进行探究性学习,提供延伸阅读书目和二维码资料库,以便学生自主研究学习。全书在加强对学生阅读与欣赏水平提升的同时,突出对学生人文素养以及家国情怀的培养,具有较强的针对性和实用性。特别是书中大量融入的地方文学文化元素,让全书洋溢着浓郁的地域文化色彩。这使得本教材在同类教材中独树一帜,特色鲜明,个性十足。

本教材是集体智慧的结晶。全书由孙向阳、庄鸿文策划并统筹把关,陈洁组织撰写和全书的统稿。铜仁学院的王晓旭、龙兴林、肖跃玲、杨秀琴、何波、郭玲珍、黄秀丽、梁光华、鞠飞,铜仁幼儿高等师范专科学校的安元奎以及贵州健康职业学院的陈太雄、洪德志等老师参与编写。

本书作为铜仁学院"梵净博雅文库"系列教材之一,在编写过程中得到了学校领导和教材评审专家的大力支持与鼓励,在此表示由衷的谢意!同时,本教材在编写过程中,也参阅了一些专家学者的相关研究成果,从中得到了不少启发,特别是选用、援引、借鉴了一些文章,在此一并表示衷心的感谢!由于编写时间紧、任务重,加上能力有限,书中难免出现一些疏漏和错误,恳请专家、同行以及使用这本教材的广大师生能够不吝赐教,提出宝贵意见。

我们期待,这部特色鲜明的教材,能够让使用它的每一个人的才智得到张扬,释放出更大的生命活力!

孙向阳

2019 年 8 月

〔目录〕

CONTENTS

阅读中国

YUEDU ZHONGGUO

七 月

《诗经·豳风》

《诗经》是我国第一部诗歌总集,分为风、雅、颂三大部分,共收入自西周初年至春秋中叶五百多年的诗歌三百零五篇。它内容丰富,反映了劳动与爱情、战争与徭役、压迫与反抗、风俗与婚姻、祭祖与宴会,甚至天象、地貌、动物、植物等方方面面,是周代社会生活的一面镜子。《诗经》作为中国诗歌乃至中国文学的重要源头对后世的影响是难以估量的。在整个封建时代,作为六经之首,《诗经》对人们思想意识的深刻影响无处不在。

　　七月流火①,九月授衣②。一之日觱发③,二之日栗烈④。无衣无褐⑤,何以卒岁⑥?三之日于耜⑦,四之日举趾⑧。同我妇子⑨,馌彼南亩⑩,田畯至喜⑪。
　　七月流火,九月授衣。春日载阳⑫,有鸣仓庚⑬。女执懿筐⑭,遵彼微行⑮,爰求柔桑⑯。春日迟迟⑰,采蘩祁祁⑱。女心伤悲,殆及公子同归⑲。
　　七月流火,八月萑苇⑳。蚕月条桑㉑,取彼斧斨㉒,以伐远扬㉓,猗彼女桑㉔。七月鸣鵙㉕,八月载绩㉖。载玄载黄,我朱孔阳㉗,为公子裳。
　　四月秀葽㉘,五月鸣蜩㉙。八月其获,十月陨萚㉚。一之日于貉㉛,取彼狐狸,为公子裘。二之日其同㉜,载缵武功㉝。言私其豵㉞,献豜于公㉟。
　　五月斯螽动股㊱,六月莎鸡振羽㊲。七月在野㊳,八月在宇,九月在户,十月蟋蟀入我床下。穹窒熏鼠㊴,塞向墐户㊵。嗟我妇子,曰为改岁㊶,入此室处。
　　六月食郁及薁㊷,七月亨葵及菽㊸。八月剥枣㊹,十月获稻。为此春酒㊺,以介眉寿㊻。七月食瓜,八月断壶㊸,九月叔苴㊹。采荼薪樗㊺,食我农夫㊻。
　　九月筑场圃㊽,十月纳禾稼。黍稷重穋㊾,禾麻菽麦。嗟我农夫,我稼既同㊿,上入执宫功⊙。昼尔于茅⊙,宵尔索绹⊙。亟其乘屋⊙,其始播百谷。
　　二之日凿冰冲冲⊙,三之日纳于凌阴⊙。四之日其蚤⊙,献羔祭韭⊙。九月肃霜⊙,十月涤场⊙。朋酒斯飨⊙,曰杀羔羊。跻彼公堂⊙,称彼兕觥⊙,万寿无疆!

注　释

　　①七月:夏历七月。周人兼用夏历。火:星名,或称"大火星",于夏历五月初见于东北天空,六月初达于正南,七月则继向西"流"。流:下。所谓"七月流火",是暑退将寒的征候。
　　②授:以物与人。授衣:下交裁制冬衣的工作。
　　③一之日:周历正月,亦即夏历十一月。周代各地存在各种历法,周历、夏历经常混用。以下的"二之日""三之日""四之日",以此类推。觱(bì)发:大风呼叫,形容寒风刺骨的样子。

④栗烈:或作"凛冽",形容气寒,寒气逼人的样子。

⑤褐(hè):用细兽毛线粗麻编织而成的短衣。

⑥卒岁:终岁,度过寒冷的年终。

⑦于:为,这里指修理。耜(sì):古代翻土的农器。

⑧趾:足。举趾:去耕田。

⑨同:偕同。我:诗人自称。妇子:妻子和孩子。

⑩馌(yè):馈送食物。亩:指田身。田耕成若干垄,高处为亩,低处为畎。田垄东西向的叫作"东亩",南北向的叫作"南亩"。这两句是说妇人童子往田里送饭给耕者。

⑪田畯(jùn):农官名,又称农正或田大夫。

⑫载:则。阳:温暖。

⑬仓庚:鸟名,就是黄莺,此为报春之鸟。

⑭懿(yì):深。懿筐:深筐。

⑮遵:沿着。微行(háng):田间小路。

⑯爰(yuán):于此。

⑰迟迟:缓慢,指白天的时间长的意思。

⑱蘩(fán):菊科植物,即白蒿。古人用于祭祀,女子在嫁前有"教成之祭"。一说用蘩"沃"蚕子,则蚕易出,所以养蚕者需要它。祁祁(qí):众多(指采蘩者)。

⑲殆:危险,这里引申为害怕。

⑳萑(huán)苇:即蒹葭,芦苇的一种。这里名词用作动词,指收割萑苇。

㉑蚕月:养蚕的月份。条桑:修剪桑树。

㉒斨(qiāng):方孔的斧头。

㉓远扬:指长得太长且高扬的枝条。

㉔猗(jǐ):《说文》《广雅》作"掎",牵引。"掎桑"是用手拉着桑枝来采叶。女桑:小桑,嫩桑。

㉕䴗(jú):鸟名,即伯劳。

㉖绩:绩麻,纺麻。

㉗载:相当于"又是"。玄:黑而有赤。

㉘朱:大红,这里指大红的丝织品。孔:非常,很。阳:鲜明。

㉙秀:不开花而结子。葽(yāo):植物名,今名远志。

㉚蜩(tiáo):蝉。

㉛其:语助词。获:收获。

㉜陨萚(tuò):落叶。

㉝貉(hé):一种类似狐狸的动物。

㉞同:会合。

㉟缵(zuǎn):继续。武功:这里指狩猎。

㊱言:语助词。私:私有。豵(zōng):一岁小猪,这里用来代表比较小的兽。

㊲豜(jiān):三岁的猪,代表大兽。

㊳斯螽(zhōng):虫名,蝗类,即蚱蜢、蚂蚱。动股:以股与翅摩擦而发声。

㊴莎(suō)鸡:虫名,今名纺织娘。振羽:以震动鼓翅发声。

㊵以下四句承后省略主语“蟋蟀”。

㊶穹：空隙，这里指墙壁上的空隙。窒：塞。穹窒熏鼠：堵住四壁的空隙，在屋里燃火生烟，烟熏深洞里的鼠类。

㊷向：朝北的窗户。墐(jìn)：用泥涂抹。贫家门扇用柴竹编成，涂泥使它不通风。

㊸曰：语助词。改岁：除岁，即旧年将尽，新年快到。

㊹郁：又称郁李，果实可食。薁(yù)：植物名，果实大如桂圆。一说为野葡萄。

㊺亨：同“烹”。葵：东葵。菽(shū)：大豆。

㊻剥：同“扑”，击，打。

㊼春酒：冬天酿经春始成的酒。

㊽眉寿：长寿。

㊾断：摘取。壶：同“瓠”，葫芦。

㊿叔：拾。苴(jū)：秋麻之籽，可以吃。

(51)荼(tú)：苦菜。薪：名词作动词，砍柴。樗(chū)：俗名臭椿，木质疏松，不堪大用，只充作薪材。

(52)食(sì)：养活，供食。

(53)场：是打谷的场地。圃：是菜园。春夏做菜园的地方秋冬就做成场地，所以场圃连成一词。

(54)纳禾稼：将谷物收进谷仓。

(55)重：晚熟作物。穋(lù)：早熟作物。

(56)既同：指粮食已经入仓。

(57)上：同“尚”，尚且。执：从事。宫功：修建宫室。

(58)尔：语助词。于茅：割茅草。

(59)索：动词，指制绳。绹(táo)：绳。索绹：是说打绳子。

(60)亟：急忙。乘屋：爬上房顶去修缮。

(61)冲冲：用力凿冰之声。

(62)凌阴：指藏冰之处。

(63)蚤：“早”的古字，一种祭祖仪式，每年二月初一举行。

(64)献羔祭韭(jiǔ)：这句是说用羔羊和韭菜祭祖。

(65)肃霜：犹“肃爽”，双声连语。这句是说九月天高气爽。

(66)涤场：打扫场院，农事已毕。

(67)朋酒：两樽酒。飨(xiǎng)：同“享”，用酒食招待客人。

(68)跻(jī)：登上。公堂：集会的场所。

(69)称：举。兕(sì)觥(gōng)：角爵，古代用兕牛角制成的酒器。

阅读提示

《七月》选自《诗经·豳风》，是国风中最长的一首长诗。诗歌体式驳杂、内容繁复、主题博大、笔法神奇，反映了西周年间百姓生活的诸多方面，既有奴隶悲苦生活的画面，又有艰辛劳作之后的欣悦之情，同时还反映了豳地人民尊上爱下、长老慈幼的淳朴民风。诗从七月写起，按农事活动的顺序，以平铺直叙的手法，逐月展开。

第一节概括讲述劳动人民一年的生活，反映其岁月的凄苦艰辛，为以后各节奠定基调，提示总纲。朱熹《诗集传》云："此章前段言衣之始，后段言食之始。"第二节先言蚕事，这是女功之始，间有怀婉之辞。如"女心伤悲，殆及公子同归"，反映了劳动妇女的忧郁担心。第三节言纺织成裳但仍提及"公子"。第四节取裘兼讲武以及田事。从"献豜于公"又可以看出对"公"的忠爱。第五节言卒岁，可以御寒完衣，从五月一直到十月娓娓道来，简明、质朴。第六节以下皆言食。第七节主要言田事又兼治屋。第八节，农功既毕，可以献羔羊祭祖，登堂称觥，享田家之乐。

《七月》在艺术上主要采用赋的手法，直陈铺叙农事生活，反映百姓生活疾苦；同时兼用比的手法，将百姓与剥削阶层生活图景对比，形成鲜明的反差，体现了对百姓的同情和对剥削阶层的批判。语言质朴无华，以四言为主，句式整齐。全诗八节，每节各十一句，逐月描写百姓的劳动和生活的图景，简练平实。

拓展训练

1. 根据《诗经·七月》中所表现的内容，体会儒家"仁者爱人"的悲悯情怀。

2. 结合近年来党和政府一系列富民政策的实施与《七月》一诗的实际意义，说明关注民生疾苦的现实意义。

阅读推荐

1. （唐）孔颖达：《毛诗正义》，《十三经注疏》，中华书局 1980 年版。
2. （宋）朱熹：《诗集传》，上海古籍出版社 1980 年版。
3. 余冠英：《诗经选》，人民文学出版社 1979 年版。
4. 周振甫：《诗经译注》，中华书局 2002 年版。
5. 扬之水：《诗经别裁》，中华书局 2012 年版。

山 鬼

屈 原

屈原（约前340—前278），名平，字原，又自名正则，字灵均。屈原是我国历史上第一位伟大的爱国诗人，浪漫主义文学的奠基人。其作品相传有25篇，代表作有《离骚》《九歌》《天问》《九章》等。屈原还是战国时期著名的政治家，早年受楚怀王信任，任左徒、三闾大夫等职，他主张对内举贤任能，修明法度，对外力主联齐抗秦。因遭贵族排挤毁谤，被先后流放至汉水之北和沅湘流域。秦军攻破楚都后，屈原抱石自沉汨罗江，以身殉国。

若有人兮山之阿，被薜荔兮带女萝①。既含睇兮又宜笑，子慕予兮善窈窕②。乘赤豹兮从文狸，辛夷③车兮结桂旗。被石兰兮带杜衡④，折芳馨兮遗所思。

余处幽篁兮终不见天，路险难兮独后来。表独立兮山之上，云容容兮而在下⑤。杳冥冥兮羌昼晦，东风飘兮神灵雨⑥。留灵修兮憺忘归，岁既晏兮孰华予⑦？采三秀兮于山间，石磊磊兮葛蔓蔓⑧。怨公子兮怅忘归，君思我兮不得闲。

山中人兮芳杜若，饮石泉兮荫松柏，君思我兮然疑作。雷填填兮雨冥冥，猨啾啾兮又夜鸣。风飒飒兮木萧萧，思公子兮徒离忧⑨。

注 释

①薜荔：植物名，又名木莲，桑科榕属，常绿蔓茎灌木，属香木。女萝：植物名，即松萝，多附生在松树上，成丝状下垂。

②窈窕：娴静貌，美好貌。

③辛夷：植物名，指辛夷树或它的花，多为木兰的别称。

④石兰：香草名，即山兰，兰草的一种。杜衡：即杜若，香草名。

⑤表：突出的样子。容容：烟云浮动的样子。

⑥杳：幽暗。冥冥：昏暗貌。昼晦：白日光线昏暗。神灵：这里指的是雨神。

⑦灵修：这指山鬼思慕的恋人，喻楚王。憺：安乐。晏：晚，迟。

⑧三秀：灵芝草的别名。灵芝一年开花三次，故又名三秀。磊磊：众多委积貌。蔓蔓：延展貌。

⑨离忧：忧伤。

阅读提示

《山鬼》是屈原作品《九歌》中的一章。山鬼是鬼是神？她是"湘西山中的精灵"，山中的女神。屈原以楚国民间传说为题材,创造了美丽痴情的山鬼形象,非常细腻地刻画了山鬼赴约、在风雨中等待恋人的复杂心理,表现了人类对爱情的美好追求。山鬼与其余十章《东皇太一》《云中君》《湘君》《湘夫人》《大司命》《少司命》《东君》《河伯》《国殇》《礼魂》的主人公相比,她也许是微不足道的,她不具备大神们的法力和权威,她甚至没有华丽的衣饰和遮风挡雨的住宅。但在屈原的笔下,她是美的化身,聚集了诗人所有理想的美德,她的美不受任何世俗眼光的约束,她只是独自美丽着。

诗的第一部分写山鬼以喜悦的心情穿衣打扮,准备与爱人相会,表现了山鬼对纯真爱情的痴心与渴求。后面两部分写山鬼等待及失恋时的痛苦,寄寓了诗人思君忧国的恻恻情感。全诗将幻想与现实交织在一起,具有浓郁的浪漫主义色彩。此外,该诗抒情和叙事结合、句式以六言为主、语言华美等特点,也都体现了屈原诗歌的一贯风格。

屈原的作品对后世产生了极其深远的影响。从汉代的贾谊、司马迁,到唐代的李白、杜甫,直到现代的鲁迅、郭沫若等,我国文学史上有成就的进步作家没有不受到屈原精神的激励,也没有不受到他的作品的哺育的,正如刘勰所指出的:"其衣被词人,非一代也!"

拓展训练

1.学界对"山鬼"的形象与通篇主旨尚未有定论,请查阅相关资料谈谈你对这两个问题的看法。

2.朱熹《楚辞辩证》曾评《九歌》云:"比其类,则宜为三《颂》之属;而论其辞,则反为《国风》再变之《郑》《卫》矣。"请思考《楚辞》对《诗经》的继承与发展。

阅读推荐

1.(宋)朱熹:《楚辞集注》,上海古籍出版社1979年版。

2.王国维:《屈子文学之精神》,《王国维文集(第一卷)》,中国文史出版社1997年版。

3.程世和:《屈原困境与中国士人的精神难题》,《中国文学研究》2005年第1期。

大　学（节选）

《礼记》

今本《礼记》共四十九篇。东汉郑玄为《礼记》作注,且言其四十九篇乃汉人戴圣纂辑。至唐代,孔颖达《礼记正义》、陆德明《经典释文》也采用郑说。《礼记》四十九篇虽为戴圣所传,但它应是"孔子门徒共撰所闻""七十子后学"所记,是一部出自先秦至汉代诸儒之手的著作,广泛汇集了研究礼学、传讲礼经的诸多儒者的思想观点或主张,记载了古代的礼制,阐述了礼的精神和意义。

大学之道,在明明德①,在亲民②,在止于至善③。

知止而后有定④,定而后能静,静而后能安,安而后能虑⑤,虑而后能得。

物有本末,事有终始。知所先后,则近道矣。

古之欲明明德于天下者,先治其国;欲治其国者,先齐其家⑥;欲齐其家者,先修其身;欲修其身者,先正其心;欲正其心者,先诚其意;欲诚其意者,先致其知。致知在格物⑦。格物而后知至,知至而后意诚,意诚而后心正,心正而后身修,身修而后家齐,家齐而后国治,国治而后天下平。

自天子以至于庶人,壹是皆以修身为本⑧。其本乱而末治者,否矣⑨。其所厚者薄,而其所薄者厚⑩,未之有也! 此谓知本,此谓知之至也。

所谓诚其意者,毋自欺也。如恶恶臭,如好好色⑭,此之谓自谦⑮。故君子必慎其独也! 小人闲居为不善,无所不至,见君子而后厌然⑯,掩其不善,而著其善。人之视己,如见其肺肝然,则何益矣! 此谓诚于中,形于外,故君子必慎其独也。曾子曰:"十目所视,十手所指,其严乎!"富润屋,德润身,心广体胖,故君子必诚其意。

……

汤之《盘铭》曰:"苟日新,日日新,又日新。"⑪《康诰》曰:"作新民。"⑫《诗》曰:"周虽旧邦,其命惟新。"⑬是故君子无所不用其极。

……

注　释

①明明德:明字前者为动词,有推崇而彰显之意。后者为形容词,有盛明的意思。郑玄注:"明明德,谓显明其至德也。"意即推崇而彰显盛明之美德。《尔雅·释训》:"明明,察也。"明明德,就是察德。

②亲：程子认为是"新"，朱熹从之。"新民"即使人民革旧布新。

③至善：达到最完善的境界。

④知止：知道要达到的地步。

⑤虑：考虑周到，处世精详。

⑥齐：整顿，治理。

⑦格物：《尔雅·释诂》："格，至也。"《大学》郑玄注："格，来也。物犹事也。"意即考察和研究万事万物。知识必须通过对事物的研究才能得到。格物、致知、诚意、正心、修身、齐家、治国、平天下，是儒家研究学问的八个条目。

⑧壹是：一切，一律。

⑨否：不对，不行。

⑩所厚者薄：对应当看重的反而轻视。所薄者厚，对应当看轻的反而重视。

⑪盘铭：指商汤时期在沐浴用的盘上刻的告诫或自警之词。苟(jì)：孔疏解释为"诚也"。《说文·苟部》："自急敕也……犹慎言也。"这三句话的意思是日复一日，精进不已。

⑫作新民：在《康诰》中的本意是将殷民改造为新人，《大学》引此意为鼓励求学者自觉改造，不断自新。

⑬"周虽旧邦"两句：引自于《诗经·大雅·文王》，意思是周朝立国虽然已经很久了，但由于文王能日新其德，故能担当起更新天下的使命，使姬周显得年轻而充满活力。

⑭恶(wù)恶臭：厌恶污秽之气。好(hào)好色：喜欢美色。

⑮自谦(qiàn)：自然而然，自以为快慰、满足。

⑯厌然：郑玄注为"闭藏貌"。这里可以理解为掩饰的意思。

阅读提示

西方人说"目标"，中国人说"道"。目标是眼睛盯着的地方，道通向行路人想要到达的目的地，其间山重水复，柳暗花明。目标就是目标，道是目标和过程的统一。《礼记》中所记载的大学之道主要存于三篇，其一为《大学》所说的"大学之道"，其二为《中庸》所说的"致中和"，其三为《学记》所说的"小成"和"大成"。

《大学》见于《礼记》第四十二篇，其要领通常被概括为三纲八目，集中在开篇的165字中。究竟什么是大学之道？根据《大学》，其中最直接的是三纲。从"在明明德，在亲民，在止于至善"这三纲看，"道"的主要意思是方针、宗旨、目标，或者说是根本理念和精神实质。明德是人的光明本性，它可能被遮蔽了，因此需要明"明德"，把遮蔽物拨开。这实际上是主张人性善，而且可以达到至善。明明德首先是针对自己，开发自己善的本性，其次要求止于至善，善在自己与他人的关系中得以体现。止于至善离不开亲民，亲民是对别人好，对人行仁道。最好的仁道是让别人明明德，而且最好是激发、引导他们主动去明自己的明德，把自己的心灯点亮。亲民也要止于至善，即以至善为最高目标，天下所有的人都明明德了，便是至善境界，达到了理想的状态，可以流连其间了。到了至善，便是三而一，一而三了。三纲归于一，即大学之道；所谓道，即是一，一以贯之，是不可分的，渗透在三纲的每一纲中。

《大学》的宗旨首先给人们指明了大学的最高理想，即一个自我完善（明明德）而又成人之美（亲民）的至善理想，接着就指引了一条通达至善的路：八目。"八目"即"格物""致知"

"诚意""正心""修身""齐家""治国""平天下"。"修身"是根本。从"格物"到"正心"是"修身"的步骤。"齐家""治国""平天下"则是"修身"的目的。用八目的格物、致知来讲,明明德、亲民、止于至善三者就是事(物或止),格这三件事,得到最高的知识(知止);而只有完全实现、体证了这种知识,才算真知,这就是"得止"。无论怎么修行,第一件事总是求知,最后一步则是修得真知。大学是从彻底开发人性(明明德)入手的。作为天下、国家、社会中的一分子,每个人都负有明明德于天下的使命;不在乎是否做国君、天子,而在乎是否能够明达自我的内在"天命"或"明德"。

拓展训练

1.你是如何理解大学之道的?现代大学的本质应该是怎样的?

2.谈谈你对"格物""致知""诚意""正心""修身""齐家""治国""平天下"八个方面之间关系的看法与认识。

阅读推荐

1.(清)阮元校刻:《十三经注疏·礼记正义》,中华书局1980年版。

2.朱熹:《论语集注》,齐鲁书社1992年版。

3.柏拉图:《理想国》,商务印书馆1986年版。

逍遥游

庄　子

庄子,名周,战国宋之蒙(今河南商丘市)人。约生于公元前369年,道家学派的主要代表人物之一,曾为蒙漆园吏。他鄙视富贵,愤世嫉俗,曾拒绝楚威王的聘任,又曾布衣麻鞋见魏王,斥"昏上乱相"之治。庄子以"道"为本体,认为"道"先天地生,无所不在,不可闻见。主张通过"心斋""坐忘"的修养方法,进入齐万物、外生死、无是非、无所待的"逍遥"境界。《庄子》散文极富文学色彩,想象丰富而奇特,善于夸张,行文汪洋恣肆,仪态万方,运用卮言、重言、寓言等手法,将玄奥的哲理与生动的形象及诗意的境界融为一体。《庄子》一书现存三十三篇,分内篇、外篇、杂篇三个部分。一般认为内篇七篇为庄子本人所作。

北冥有鱼①,其名为鲲②。鲲之大,不知其几千里也。化而为鸟,其名为鹏③。鹏之背,不知其几千里也。怒而飞④,其翼若垂天之云⑤。是鸟也,海运则将徙于南冥⑥。南冥者,天池也⑦。

《齐谐》者⑧,志怪者也⑨。《谐》之言曰:"鹏之徙于南冥也,水击三千里⑩,抟扶摇而上者九万里⑪,去以六月息者也⑫。"野马也⑬,尘埃也,生物之以息相吹也⑭。天之苍苍⑮,其正色邪⑯?其远而无所至极邪⑰?其视下也,亦若是则已矣⑱!

且夫水之积也不厚,则其负大舟也无力⑲。覆杯水于坳堂之上⑳,则芥为之舟㉑,置杯焉则胶㉒,水浅而舟大也。风之积也不厚,则其负大翼也无力。故九万里则风斯在下矣㉓,而后乃今培风㉔;背负青天而莫之夭阏者㉕,而后乃今将图南。蜩与学鸠笑之曰㉖:"我决起而飞㉗,枪榆枋㉘,时则不至㉙,而控于地而已矣㉚,奚以之九万里而南为㉛?"适莽苍者㉜,三飧而反㉝,腹犹果然㉞;适百里者,宿舂粮;适千里者,三月聚粮。之二虫㉟又何知?

小知不及大知㊱,小年不及大年㊲。奚以知其然也?朝菌不知晦朔㊳,蟪蛄不知春秋㊴,此小年也。楚之南有冥灵者㊵,以五百岁为春,五百岁为秋;上古有大椿者㊶,以八千岁为春,八千岁为秋,此大年也㊷。而彭祖乃今以久特闻㊸,众人匹之㊹,不亦悲乎?

汤之问棘也是已㊺:"穷发之北㊻有冥海者,天池也。有鱼焉,其广数千里,未有知其修者㊼,其名为鲲。有鸟焉,其名为鹏,背若泰山,翼若垂天之云,抟扶摇羊角而上者九万里㊽,绝云气㊾,负青天,然后图南,且适南冥也。斥鴳笑之曰㊿:'彼且奚适也?我腾跃而上,不过数仞而下,翱翔蓬蒿之间,此亦飞之至也,而彼且奚适也?'"此小大之辩也⓬。

故夫知效一官⓭,行比一乡⓮,德合一君,而征一国者⓯,其自视也,亦若此矣⓰。而宋荣子犹然笑之⓱。且举世而誉之而不加劝⓲,举世而非之而不加沮⓳,定乎内外之分⓴,辩乎荣辱之境,斯已矣㊿。彼其于世,未数数然也㉑。虽然,犹有未树也㉒。

夫列子御风而行㉓,泠然善也㉔,旬有五日而后反。彼于致福者,未数数然也㉕。此虽免乎行，犹有所待者也⑥。

若夫乘天地之正⑩而御六气之辩⑪，以游无穷者⑫，彼且恶乎待哉？故曰：至人无己⑬，神人无功⑭，圣人无名⑮。

尧让天下于许由⑯，曰："日月出矣而爝火不息⑰，其于光也不亦难乎？时雨降矣⑱而犹浸灌⑲；其于泽也⑳不亦劳乎？夫子立而天下治，而我犹尸之㉑，吾自视缺然㉒请致天下㉓。"许由曰："子治天下，天下既已治也，而我犹代子，吾将为名乎？名者，实之宾也。吾将为宾乎？鹪鹩巢于深林㉕，不过一枝；偃鼠饮河㉖，不过满腹。归休乎君㉗，予无所用天下为㉘！庖人虽不治庖，尸祝不越樽俎而代之矣㉚。"

肩吾问于连叔曰㉛："吾闻言于接舆㉜，大而无当，往而不反㉝，吾惊怖其言，犹河汉而无极也㉞。大有径庭㉟，不近人情焉。"连叔曰："其言谓何哉？"曰："'藐姑射之山㊱，有神人居焉。肌肤若冰雪，淖约若处子㊲。不食五谷，吸风饮露。乘云气，御飞龙，而游乎四海之外。其神凝㊳，使物不疵疠而年谷熟㊴。'吾以是狂而不信也㊵。"连叔曰："然，瞽者无以与乎文章之观㊶，聋者无以与乎钟鼓之声；岂唯形骸有聋盲哉，夫知亦有之㊷。是其言也，犹时女也㊸。之人也，之德也，将旁礴万物以为一，世蕲乎乱㊹，孰弊弊焉以天下为事！之人也，物莫之伤，大浸稽天而不溺，大旱金石流土山焦而不热。是其尘垢秕糠将犹陶铸尧、舜者也㊺，孰肯以物为事？"宋人资章甫而适诸越，越人断发文身，无所用之㊻。尧治天下之民，平海内之政，往见四子藐姑射之山㊼、汾水之阳㊽，窅然丧其天下焉㊾。

惠子谓庄子曰㊿："魏王贻我大瓠之种(51)，我树之成而实五石，以盛水浆，其坚不能自举也(52)。剖之以为瓢，则瓠落无所容(53)。非不呺然大也(54)，吾为其无用而掊之(55)。"庄子曰："夫子固拙于用大矣！宋人有善为不龟手之药者，世世以洴澼絖为事。客闻之，请买其方百金(56)。聚族而谋曰：'我世世为洴澼絖，不过数金。今一朝而鬻技百金(57)，请与之。'客得之，以说吴王。越有难，吴王使之将。冬，与越人水战，大败越人，裂地而封之。能不龟手一也，或以封，或不免于洴澼絖，则所用之异也。今子有五石之瓠，何不虑以为大樽，而浮于江湖(58)，而忧其瓠落无所容，则夫子犹有蓬之心也夫(59)！"

惠子谓庄子曰："吾有大树，人谓之樗(60)；其大本拥肿而不中绳墨(61)，其小枝卷曲而不中规矩。立之涂(62)，匠者不顾。今子之言，大而无用，众所同去也。"庄子曰："子独不见狸狌乎(63)？卑身而伏，以候敖者(64)；东西跳梁(65)，不避高下；中于机辟(66)，死于罔罟(67)。今夫斄牛，其大若垂天之云，此能为大矣，而不能执鼠。今子有大树，患其无用，何不树之于无何有之乡，广莫之野(69)，彷徨乎无为其侧(70)，逍遥乎寝卧其下？不夭斤斧(71)，物无害者。无所可用，安所困苦哉(72)！"

注 释

①冥：同"溟"。北冥，北海。
②鲲：原指鱼卵，这里借作大鱼名。
③鹏：古"凤"字，这里借作大鸟名。
④怒而飞：振翅奋飞。
⑤垂：同"陲"，边。垂天之云：天边的云彩。
⑥海运：即海动，指海风鼓动，海涛涌起。

⑦天池:天然大池。

⑧齐谐:书名。一说是人名。

⑨志怪:记载怪异之事。

⑩水击:指鹏开始起飞的阶段,用翅膀拍击水面而行,逐渐加速升空。

⑪抟(tuán):盘旋上升。一说"抟"乃"搏"之讹。搏,拍打。扶摇:即"飙",指借着风势向上升腾。

⑫息:气息,这里指风。去以六月息,指鹏离去时,借助六月里的大风。一说"息"指栖息,意思是说鹏一旦飞起,六个月以后才停下来休息。

⑬野马:指野外蒸腾浮动的雾气,状如奔马,故称"野马"。

⑭息:气息。此句连前意为:野马、尘埃,都是生物的气息吹荡的结果。

⑮苍苍:深蓝色。

⑯正色:犹言"本色",本然之色。

⑰无所至极:没有尽头。此句连上两句意为:天的深蓝色,是它本来的颜色呢,还是由于极远没有尽头才使人看上去是这种颜色呢?

⑱"其视下"二句:鹏从天上往下看,也像这个样子。

⑲"且夫"二句:水如果聚积得不深厚,就没有力量浮起大舟。

⑳坳:地面上的凹陷处。坳堂之上:凹陷的厅堂之上。

㉑芥:小草。芥之为舟:意谓只能浮起一棵小草而已。

㉒胶:粘在地上,浮不起来。

㉓斯:于是。此句意为:大鹏飞上九万里之高空,风于是就在下面托起它了。

㉔而后乃今:犹言"然后才这样"。培:凭。培风:凭借风力。

㉕夭阏(è):阻拦。莫之夭阏:没有什么能阻拦它。

㉖图:图谋。图南:图谋到南方去。

㉗蜩(tiáo):蝉,知了。学鸠:小鸟名,即今之斑鸠。

㉘决起:迅速飞起。

㉙枪:冲、撞。榆枋:两种树名,即榆树和檀树。

㉚时则:犹言"时或"。

㉛控:投、落下。

㉜奚以:何用。为:疑问语气助词。此句意为:何必要飞到九万里高空而向南飞呢?

㉝适:往、至。莽苍:指郊野。

㉞反:同"返"。

㉟果然:饱满的样子。此句连上两句意为:到郊外去的人,只需备三餐饭一天就可回来,肚子还是饱饱的。

㊱宿舂粮:头一天花一宿的时间舂米准备路上所需的粮食。

㊲之:这。二虫:指蜩与学鸠。

㊳知:同"智"。

㊴年:寿命。

㊵朝菌:一种生长期很短、朝生暮死的菌类。晦:夜。朔:旦。晦朔:指一天的时光。

㊶蟪蛄:寒蝉的别名。寒蝉春生夏死,夏生秋死,故曰"不知春秋"。

㊷冥灵:溟海灵龟。一说指大木。

㊸椿:椿树。

㊹"此大年也"四字通行本无,据宋人陈景元《庄子阙误》所考补。

㊺彭祖:古代传说中长寿的人,据说活了八百岁。以久特闻:因为活得长久而特别闻名。

㊻匹:比。匹之:与之相比较,相攀比。

㊼汤:商汤。棘:一作"革",相传为汤的大夫。是已:犹言"是矣"。

㊽穷发:古代传说中的北极地带,所谓"不毛之地"。

㊾修:长。

㊿羊角:即龙卷风,因向上回旋像羊角,故名。

(51)绝:超越。绝云气:超越了云层。

(52)斥鴳(yàn):一种小雀。

(53)仞:八尺为一仞。下:降下。

(54)辩:分辨、区别。小大之辩:此处指斥鴳与大鹏的区别。

(55)知:同"智"。效:功效,此处作胜任解。官:官职。

(56)行:品行。比:合。

(57)而,读为"能",能力。征:信,此处作"取信"解。此句意为:能力可以取信于一国之人。

(58)其:指上述四种人。此:指斥鴳。

(59)宋荣子:即宋钘,战国时思想家,与尹文并称"宋尹"。其学说主张略见于《庄子·天下篇》。犹然:微笑自得之貌。

(60)劝:鼓励。此句意为:举世的人都赞誉他,他也不会因此受到鼓励而更加努力。

(61)沮:沮丧。此句意为:举世的人都非毁他,他也不因此而变得沮丧。

(62)内外之分:内,指自我内心世界;外:指外在的荣辱得失。

(63)斯已矣:如此而已。

(64)数(shuò 朔)数:频频,形容常见。彼其二句意为:他(宋荣子)这种人在世上是不常见的。

(65)树:指道德上的建树。此句谓宋荣子在道德建树方面仍有欠缺。

(66)列子:即列御寇,战国郑人,据传曾得风仙之道,会乘风而行。御风:驾风。

(67)泠然:轻妙的样子。

(68)彼于二句:像列子这样得到乘风而行之福的,也是不常见的。致福:得福。

(69)此虽二句:这样虽然免于步行,还是要有所依凭(有待于风)。

(70)天地之正:天地万物的自然本性。

(71)六气:阴、阳、风、雨、晦、明。辩:同"变",与上文"正"相对。

(72)无穷:指超越时空限制的境界。

(73)无己:忘我,亦即《齐物论》中南郭子綦所谓的"今者吾丧我"。

(74)无功:无意于建立功业。

(75)无名:无意于追求名声。

(76)许由:古代传说中的隐士,曾隐于箕山。

(77)爝(jué)火:火炬。息:同"熄"。

(78)时雨:及时之雨。

⑦浸溉:灌溉。

⑧泽:润泽。

⑧尸:本指庙中的神主。引申用来指空居其位而无其实的人。

⑧缺然:欠缺的样子。

⑧请致天下:请让我把天下交给你。

⑧宾:从属、次要的东西。

⑧鹪鹩:一种善于造巢的小鸟。

⑧偃鼠:地老鼠,善于在田中穿穴,喜欢饮河水。

⑧归休乎君:犹言您回去歇着吧! 您就算了吧!

⑧此句意为:天下对我来说没有任何用处。

⑧庖人:厨师。治庖:指烹饪之事。

⑨尸祝:指太庙祭祀时向神主(尸)致祝词的人,即主祭者。樽俎:祭祀时用来盛放祭品的器皿。樽盛酒,俎盛肉。此句连上句意为:即使庖人不肯干厨房里的活了,尸祝也不会越过权限跑到厨房里去代替庖人。比喻许由不会代尧治理天下。

⑨肩吾、连叔:都是《庄子》中虚构的人物。

⑨接舆:即楚狂接舆,见前《论语·楚狂接舆章》注。

⑨往而不反:指说的话漫无边际,越扯越远,再也回不到开始的地方。

⑨河汉:银河。无极:没有穷尽。

⑨径庭:指差距悬殊。径:门外小路。庭:庭院之中。

⑨藐姑射(yè):传说中的仙山名。

⑨淖约:美好的样子。淖:同"绰"。处子,处女。

⑨神凝:指精神专注。

⑨疵疠:疾病。

⑩是:此,指接舆的话。狂:借为"诳",诳言、谎话。

⑩瞽者:盲人。与:参与。文章:有纹彩的东西。

⑩知:同"智"。此句意谓人的智力方面,也有类似于聋盲的缺陷。

⑩时:通"是"。女:同"汝"。此二句意为:上面这句话说的就是你。

⑩之人也三句:这样的人,有这样的道德,将要包容万事万物为整个世界求得安宁。旁礴:包罗万物。蕲:同"祈",求。乱:治。

⑩弊弊焉:忙碌疲惫的样子。

⑩大浸:大洪水。稽:至。溺:淹没。

⑩金石流:金石熔化而流淌。

⑩陶铸:制造陶器和铸造金属器皿两种工艺。此句意为:用神人身上的污垢和渣滓,都可以制造出尧舜那样的圣人来。

⑩资:采购。章甫:一种礼帽。适:往。诸越:今浙江绍兴一带。诸,犹"于"。越人自称"于越"。

⑪断发文身:头发剪短,身上刺花纹。

⑪无所用之:指礼帽对越人来说毫无用处。

⑫四子:指王倪、啮缺、被衣、许由,都是传说中得道之人。

⑬汾水之阳:汾水的北面,即今山西平阳县,曾为尧之国都。

⑭窅(yǎo)然:怅惘的样子。丧:犹"忘"。

⑮惠子:名施,宋人,先秦名家的代表人物,曾任梁惠王相,是庄子的朋友。

⑯贻:赠送。大瓠(hù):大葫芦。

⑰实:容量。五石(dàn):五十斗。

⑱坚:坚固的程度。举:承受。此句意为:盛满了水的大葫芦,其外壳的坚固程度不足以承受其重量。

⑲瓠落:大而空的样子。无所容:没有东西可放,指没有合适的东西可以放在如此大的瓢里。

⑳呺(xiāo)然:大而无当的样子。

㉑掊(pǒu):击破。

㉒拙于用大:不善于把东西用在大处。

㉓龟(jūn):同"皲",皮肤冻裂。不龟手之药:涂在手上防止皮肤受冻开裂的药。

㉔洴澼(píng pì):漂洗。絖(kuàng):同"纩",细棉絮。

㉕方:药方。百金:一百斤金子。古代金方一寸重一斤为一金。

㉖鬻(yù):出售。鬻技:指出售制不龟手之药的技术。

㉗将:带兵。

㉘裂地而封之:指吴王划出一块土地封给此人做采邑。

㉙虑:缚、结。一说是"摅"的假借字,意为将当中挖空。大樽:即古人所谓"腰舟",形状如酒樽,系在腰间可以渡水。

㉚蓬:一种拳曲不直的草。有蓬之心:比喻心思像蓬草一样狭隘迂曲。

㉛樗(chū):俗名臭椿,一种劣质的树木。

㉜大本:主干。拥肿:同"臃肿"。指木上多赘疣。

㉝涂:同"途"。立之途:长在路边。

㉞狸狌:野猫。一说指黄鼠狼。

㉟敖:同"遨"。敖者:指出来走动的小动物。

㊱跳梁:同"跳踉",即跳跃窜越。

㊲机:捕捉野兽的机关。辟:陷阱。

㊳罔罟(gǔ):捕捉动物的网。罔:通"网"。

㊴犛(lí)牛:即旄牛,产于我国西南地区、体形较大的一种牛。

㊵无何有之乡:一无所有之处。

㊶广莫:犹"旷漠",空旷无边。

㊷彷徨:自由自在地徘徊。

㊸夭:夭折。斤:大斧。此句谓不会遭到斧头砍伐而夭折。

㊹"无所"二句:没有什么用处,又哪里有什么困苦呢?

阅读提示

《逍遥游》是《庄子》的首篇,是最能代表庄子思想和散文艺术的篇章之一。所谓"逍遥游"，即是放荡不拘、怡然自得、游于天地之间的一种绝对的精神自由。也就是说，一个人应当破除功、名、利、禄、权、势、尊、位等的束缚，而使精神活动达到悠游自在，毫无挂碍的境地。在庄子看来，任何凭借、依赖外物的"有所待"都不能达到逍遥游的境界。

全文可以分为两部分。第一部分以小大之辩为行文线索，层层铺垫，又层层否定，最后立论，提出了自己正面的观点：真正逍遥游的境界就是不依赖于任何外物，不受任何外在条件限制的超然物外的自由境界。即所谓"乘天地之正，而御六气之辩，以游无穷者"，成为"无己"的"至人"，"无功"的"神人"，"无名"的"圣人"。而"无己""无功""无名"又是逍遥游境界中由高到低的三个层次。最高境界是达到"无己"状态的"至人"。

第二部分是由对话体寓言构成的。第一段是尧与许由的对话。其对话通过尧与许由让天下之事说明圣人不图名利。即对应主题句中逍遥游的第一层次"圣人无名"。尧与许由都是传说中的上古圣人，他们的让天下最终引出"名""实"问题的讨论。虽然他们是圣人，能够看破名利，精神的自由境界不可谓不高，但比起神人和至人来仍有差距。第二段对话是肩吾与连叔的对话。这一段对话引出接舆所讲的藐姑射之神人的故事。此神人"乘云气，御飞龙，而游乎四海之外"。此神人"将旁礴万物以为一"而不会"弊弊焉以天下为事"。所谓天下之事即"功德"之事。功德是天下有识之士孜孜以求的，但对神人而言就像宋人资章甫于越人，神人根本不以功德为务。尧治理天下，创造了太平盛世，可谓至大功德了，但当他拜会了藐姑射之神人后，"窅然丧其天下焉"。受其"逍遥游"境界的感染，便将"天下功德"之事抛诸脑后了。第三段对话，学者多认为是关于"有用无用"和"无\用\之\用"的讨论。如晋郭象《庄子注》："此章言物各有宜。苟得其宜，安往而不逍遥也。"又说："夫小大之物，苟失其极，则利害之理均。用得其所，则物皆逍遥也。"

《逍遥游》想象丰富而奇特，文笔夸张而活泼，运用大量的寓言、比喻和传说故事，生动形象地阐发其玄奥的哲理，富于文学色彩和艺术感染力。

拓展训练

1. 请正确理解、深入领会《逍遥游》的主旨和意义。
2. 请深入体会本文的结构之奇妙，并说明本文的主旨为什么不在开头直接提出来。
3. 请找出文中属于夸张的文句，并和李白诗中的夸张作比较，指出两者的异同。

阅读推荐

1. 陈鼓应：《庄子今注今译》，中华书局 2016 年版。
2. 《庄子》，中华书局 2015 年版。
3. 刘生良：《鹏翔无疆——〈庄子〉文学研究》，人民出版社 2004 年版。
4. 曹础基：《庄子浅注》，中华书局 2014 年版。

春江花月夜

张若虚

张若虚(660?—720?),扬州(今属江苏)人。曾官兖州兵曹。唐中宗神龙年间,与贺知章、邢巨、包融等,同以吴、越之士,文辞俊秀,名扬京城。开元初年,又与贺知章、包融、张旭齐名,号为"吴中四士"。事迹散见于《旧唐书·贺知章传》《新唐书·刘晏传》《唐诗纪事》等。其诗多散佚,今存诗二首,即《春江花月夜》《代答闺梦还》。其中《春江花月夜》最为著名,后世诗评家誉之为"以孤篇压倒全唐",闻一多《唐诗杂论·宫体诗的自赎》更予以至高评价,称该诗为"诗中的诗,顶峰上的顶峰"。

春江潮水连海平,海上明月共潮生①。
滟滟随波千万里②,何处春江无月明?
江流宛转绕芳甸,月照花林皆似霰③。
空里流霜不觉飞④,汀上白沙看不见⑤。
江天一色无纤尘⑥,皎皎空中孤月轮。
江畔何人初见月?江月何年初照人?
人生代代无穷已⑦,江月年年只相似。
不知江月待何人,但见长江送流水。
白云一片去悠悠,青枫浦上不胜愁⑧。
谁家今夜扁舟子?何处相思明月楼⑨?
可怜楼上月徘徊⑩,应照离人妆镜台。
玉户帘中卷不去,捣衣砧上拂还来⑪。
此时相望不相闻,愿逐月华流照君。
鸿雁长飞光不度,鱼龙潜跃水成文⑫。
昨夜闲潭梦落花⑬,可怜春半不还家。
江水流春去欲尽,江潭落月复西斜⑭。
斜月沉沉藏海雾,碣石潇湘无限路⑮。
不知乘月几人归,落月摇情满江树⑯。

注　释

　　①春江潮水二句写长江下游水面宽阔,江海都涨春潮,水面齐平。明月升起,水边望去,似从浪潮中涌出一样。

②滟(yàn)滟：月光在水面闪闪动荡的样子。

③宛转：弯曲。甸(diàn)：郊外的地方，即郊野。霰(xiàn)：小冰粒，雪珠。

④流霜：此句言月光皎洁如飞霜，古人认为霜是从空中落下的，所以称流霜，飞霜。

⑤汀(tīng)：水边平滩，小洲。

⑥纤尘：细小的灰尘。

⑦穷已：穷尽。

⑧青枫浦：地名，在今湖南浏阳市境内。根据文意这里泛指思妇所居处。浦：水边。

⑨扁(piān)舟：小船。子：游子。明月楼：月色中的闺楼，此指楼中的思妇。

⑩可怜二句设想闺中思妇的相思之苦，曹植《七哀》诗："明月照高楼，流光正徘徊。上有愁思妇，悲叹有馀哀。借问叹者谁，言是宕子妻。"徘徊：来回移动。

⑪玉户：闺房的美称。此二句写思妇深深的离别愁绪，卷拂不去，无法排遣。

⑫文：同"纹"。

⑬闲潭：幽静的水边。

⑭江潭：江边。

⑮碣(jié)石：山名，故址在今河北省境内，此处代表北方。潇湘：两水名，在今湖南省，此处代表南方。无限路：言游子、思妇天各一方，难以相见。

⑯落月一句言繁乱的离愁别绪，随着落月余晖散落在江树之间。

阅读提示

"春江花月夜"是乐府《清商曲·吴声歌》旧题。相传创自陈后主，乃宫廷艳曲。张若虚笔下的"春江花月夜"，已洗脱宫体诗的浓脂腻粉。此诗以春江花月夜为背景，细致、形象而有层次地抒写游子思妇相思离别之情，其间也有对宇宙、人生奥秘的探索。整首诗歌语言清丽，韵律和谐，意境含蓄深远。

全诗开篇扣题，首先勾勒出一幅春江花月夜的壮丽画面：江潮连海，月共潮生。江潮浩瀚无边，似与大海相连，场景开阔，气势宏伟；一轮明月随潮涌生，景象壮观。其中一个"生"字，赋予了明月与潮水鲜活的生命。皓月当空，万里清光，千江共明。月光下的江、原野、花林皆被浸染成银灰色，"流霜不觉飞"，"白沙看不见"，眼前的世界如梦如幻，恍若仙境。诗人细腻的笔触描绘出一个幽美恬静的春江花月夜。这八句，由大到小，由远及近，笔墨逐渐凝聚在一轮孤月上了。

诗人立于江畔，望月冥想："江畔何人初见月？江月何年初照人？"人类何时生？宇宙何时有？对于游子来说，每每思考到这一问题，往往会联想到苦短的人生，进而抒发一定的哀愁。但诗人于此却翻出新意："人生代代无穷已，江月年年只相似。"将短暂的个体生命与绵延久长的整个人类世界打通，使得人类如明月般永恒。想到此，诗人便不再颓废与绝望，言辞间流露出对人生的热爱与追求，使得全诗表现出"哀而不伤"的基调。

仰望明月继续畅想，"不知江月待何人"，江月年年如此，人生代代相继，明月孤悬，究竟等待何人？"但见长江送流水"，月光下，没有盼到归来人，只有江水奔流而去。江月有恨，流水无情，诗人自然地把笔触由上半篇的大自然景色转到了人生图像，引出下半篇男女相思的离愁别恨。"白云"四句总写在月夜中思妇与游子的思念之情。"扁舟子"如悠悠"白云"漂泊不定。"谁家""何处"二句互文见义,非一家一处有此别绪,真是一种相思,两地离愁,言语间诗情荡漾,曲折有致。

"可怜"八句,写思妇对离人的怀念。诗篇中的月是善解人意的,它怜悯思妇,陪伴着她不忍离去:"徘徊""楼上",照在"妆镜台""玉户帘中""捣衣砧上"。岂料思妇触景生情,反而思念更甚。以至于怕见明月,想赶走这恼人的月色,然而,月色"卷不去""拂还来",这一句很形象地写出思妇深深的离愁,始终萦绕心头,难以排遣。思绪翻飞,想象着在外的夫君也一样在望月怀乡,情不自禁,要"逐月华流照君",这是无法实现的,于是,只好把心绪寄托在的"鸿雁""鱼龙"身上,然而,一向以传信为任的鱼雁也难以载去自己的思念之情。最后八句写游子的思归之情。"扁舟子"夜梦归家,花已落,春已过,人还远隔天涯。"江水流春",时光消逝,游子的青春、幸福和憧憬也随之消逝。碣石、潇湘,天各一方,道路遥远。只有"沉沉"斜月,似乎最能体会到游子内心无限的思乡之情。要不它怎会将充盈着离情的月色洒满"江树"?此刻诗人将月光之情、游子之思、诗人之情交织成一片,摇曳生姿,动人心魄。

《春江花月夜》的章法结构,以整齐为基调,以错杂显变化。全诗共三十六句,四句一换韵,共换九韵。随着韵脚的转换变化,平仄交错运用,一唱三叹,富有强烈的音乐节奏感。这种语音与韵味的变化,与诗情的起伏紧密相连,宛转谐美。在句式上,大量使用排比句、对偶句和流水对,起承转合皆妙,文章气韵无穷。

全诗紧紧围绕着"月"展开,"月"是诗歌的线索,通贯上下,诗情随着月轮的升落而起伏曲折。"月"更是诗中情景兼融,诗人传情达意的载体,月色中的江水、沙滩、天空、原野、枫树、花林、飞霜、白沙、扁舟、高楼、镜台、砧石、长飞的鸿雁、潜跃的鱼龙,不眠的思妇以及漂泊的游子,组成了完整的诗歌形象,描绘出一幅景、情、理融合为一且充满人生哲理和生活情趣的画卷。

拓展训练

1.谈谈诗歌中的景、情、理是怎样有机融合为一体的?.

2.闻一多《唐诗杂论·宫体诗的自赎》称该诗为"诗中的诗,顶峰上的顶峰"。对此你如何理解?

阅读推荐

1.程千帆:《张若虚〈春江花月夜〉集评》,《文艺理论研究》,1982 年第 3 期。

2.程千帆:《张若虚〈春江花月夜〉的被理解和被误解》,《中国古代、近代文学研究》,1982 年第 20 期。

3.张伯伟:《宫体诗的"自赎"与七言体的"自振"——文学史上的〈春江花月夜〉》,《社会科学文摘》,2018 年第 10 期。

李白诗二首

李 白

李白（701—762），字太白，号青莲居士，祖籍陇西成纪（今甘肃省秦安西北）人，先世因罪流寓西域。李白出生于碎叶（今吉尔吉斯斯坦共和国北部托克马克附近），约五岁时随家人迁入绵州昌隆县（今四川江油）青莲乡。李白"五岁诵六甲，十岁观百家"，青年时出川，漫游全国各地。天宝元年（742）奉诏入京，供奉翰林，因得罪权贵，很快被赐金放还。安史之乱起，因参加永王李璘幕府，王室内讧，永王兵败，被牵累流放夜郎，途中遇赦。晚年漂泊东南一带，最后病逝于当涂（今属安徽）。其诗想象丰富奇特，风格雄健奔放，色调瑰玮绚丽，语言清新自然。贺知章称其为"天上谪仙人"，杜甫评其"笔落惊风雨，诗成泣鬼神"。现存诗九百多首。

上李邕①

大鹏一日同风起，扶摇直上九万里②。
假令风歇时下来③，犹能簸却沧溟水④。
时人见我恒殊调⑤，见余大言皆冷笑。
宣父犹能畏后生⑥，丈夫未可轻年少⑦。

注 释

①上：呈上。李邕（678—747）：字泰和，广陵江都（今江苏扬州）人，李善之子。善作诗文，精于书法。曾为渝州诸军事节度兼渝州刺史，陈州刺史，北海太守，天宝六年，为李林甫所害，时年七十三，两《唐书》皆有传。其诗文已散佚，今《全唐诗》录诗六首。

②扶摇：由下而上的暴风。

③假令：假使。

④簸却：激扬。沧溟：大海。

⑤恒：常。殊调：与众不同的格调。

⑥宣父：即孔子，贞观十一年（637年）诏尊孔子为宣父。见《新唐书·礼乐志》。
畏后生：《论语·子罕》："后生可畏，焉知来者之不如今也。"

⑦丈夫：对成年男子的通称。

宣州谢朓楼饯别校书叔云①

弃我去者,昨日之日不可留;

乱我心者,今日之日多烦忧。

长风万里送秋雁,对此可以酣高楼。

蓬莱文章建安骨②,中间小谢又清发③。

俱怀逸兴壮思飞,欲上青天揽明月④。

抽刀断水水更流,举杯消愁愁更愁。

人生在世不称意⑤,明朝散发弄扁舟⑥。

注 释

①宣州:今安徽宣州。谢朓:字玄晖,南朝齐杰出的山水诗人,深受李白敬仰。谢朓楼:又称北楼,更名叠嶂楼。谢朓为宣城太守时所建。故址在今安徽宣城陵阳山。校书:校书郎。叔云:李云,做过秘书省校书郎,太白尊称为长辈。或是李华。李华字遐叔,唐代著名文学家,与李白有交往,天宝十一载官监察御史。根据诗文认为指李华较为合适。

②蓬莱文章:指东观经籍。《后汉书·窦章传》:"是时学者称东观为老氏藏室,道家蓬莱山。"此谓汉代文章。建安骨:谓建安诗歌风骨。建安,东汉末献帝年号。

③小谢:指谢朓,其诗风清新,为李白所倾倒。因其晚于谢灵运,唐人称谢灵运为大谢,谢朓为小谢。清发:清丽秀发。

④览:通"揽",摘取。

⑤不称意:不称心。

⑥弄扁舟:指归隐,用范蠡泛舟五湖事。见《史记·货殖列传》:"范蠡既雪会稽之耻,……乃乘扁舟,浮于江湖。"扁舟:小舟。

阅读提示

《上李邕》这首诗,是李白青年时代的作品。在开元七年至九年前后,李白游渝州拜谒了当时极负文名的渝州刺史李邕。因李白少年时曾从梓州赵蕤学过长短纵横之术,喜高谈阔论,论天下王霸大略,而李邕为人自负好名,对李白的这种不拘俗礼,放言高论姿态,很是不悦,甚至产生反感。再加上李白先前李白谒见益州长史苏颋时很受赏识,李邕对待李白的态度可能与苏颋恰恰相反,所以才招致李白的不满。于是,临别之时,年轻气盛的李白上诗李邕,给以回敬,态度相当不客气,显示出一股少年锐气。

诗中,李白以《庄子·逍遥游》中的神鸟大鹏自比,即使是不借助风的力量,它的翅膀一搧,也能将沧溟之水激扬而起,神力无比。诗人寥寥数笔,勾画出的大鹏,恰是年轻自负的诗人自我形象的真实写照。年轻时的李白胸怀大志,气壮山河,极其自信。

诗的后四句,是对李邕怠慢态度的回答:"时人见我恒殊调,见余大言皆冷笑。宣父犹能畏后生,丈夫未可轻年少。""时人",指当时的凡夫俗子,因为此诗是直接给李邕的,李邕毕竟是年长且有名望的大家,所以李白还是注意措辞,说得较为婉转,字面上是指斥"时人",实际上包括李邕。"殊调",与后面的"大言"同义,指不同凡响的言论。李白的宏大抱负,常常不被世人所理解,被人耻笑。李白显然没有料到,李邕这样的名人竟与凡夫俗子一般见识,不识英才,于是,就举出圣人识拔后生的故事,反唇相讥,孔老夫子尚且觉得后生可畏,你李邕难道比圣人还要高明?男子汉大丈夫千万不可轻视年轻人呀!对李邕轻慢态度回敬的同时,也给以揶揄、讽刺,态度相当桀骜。李白敢于指斥与之抗礼,足见青年李白的气识和胆量。自然也可见其傲岸不屈的性格。"不屈己、不干人",笑傲权贵,平交王侯,正是李太白的真正本色。

《宣州谢朓楼饯别校书叔云》是天宝末李白游宣州(今安徽宣城)登谢公楼所作,诗一开始就用散文化的排比句,表达出矛盾而复杂的心情:昨日苦多,今日烦忧,种种苦恼都绕在心头。忽然,诗人笔锋一跳,就落到秋高气爽,登楼酣饮的画面上来:"长风万里送秋雁,对此可以酣高楼。"两位挚友登临谢公楼,作为文人自然要谈到谢朓,谈到其在汉魏风骨传至盛唐中所起的作用,给其诗文创作以肯定和赞扬:"蓬莱文章建安骨,中间小谢又清发。"在赞扬古人的同时,身为文学家和诗仙的两位,也不甘落后,瞬间"逸兴壮思飞",涌起万丈豪情,"欲上青天揽明月",此可谓壮志凌云,无比高兴,这也正是李白诗风的绝妙写照。由"举杯消愁愁更愁"可以知道,两位志同道合的朋友因消愁而饮,于酒酣处,畅论古人,相谈甚洽。谈兴至极,一时酒兴便不知不觉转化为一腔豪情,令人鼓舞。然而正当兴奋之时,情绪又一落千丈,回到现实,面对浓重难以化解的忧愁,"抽刀断水水更流,举杯消愁愁更愁"。罢了罢了,人生在世不如意事十之八九,现实如此黑暗,壮志难酬,自己又无法改变,也只好放浪江湖了。全诗大起大落,一波三折,通篇在悲愤之中又贯穿着一种慷慨豪迈的激情,显示出诗人雄壮豪放的气概。

拓展训练

1. 谈谈你对《上李邕》中李白形象的认识。
2. 《宣州谢朓楼饯别校书叔云》中诗人的心理变化历程是什么?
3. 有人认为《宣州谢朓楼饯别校书叔云》最后两句表现出了诗人消极的态度,对此,你是如何认识的?

阅读推荐

1. 郁贤皓校注:《李太白全集校注》,凤凰出版社2015年版。
2. 周勋初编:《李白研究》,湖北教育出版社2003年版。
3. 葛景春:《李白研究管窥》,河北大学出版社2002年版。

李商隐诗二首

李商隐

李商隐(812—858),字义山,号玉谿生,又号樊南生,祖籍怀州河内(今河南沁阳),祖父起迁荥阳。弱冠,以文谒令狐楚,得其知赏,教授其骈体文章法。开成二年(837)登进士第。后入泾原节度使王茂元幕府为掌书记,因才华出众受到赏识,王茂元遂将女儿许之为妻。令狐楚属于牛党,王茂元与"李党"交好,李商隐因而置身于牛、李党争的夹缝中,这导致他后来长期沉沦下僚,曾担任秘书省书郎、弘农尉,除此之外,多辗转在地方上入幕府为僚。大中十二年(858),归荥阳,年底卒,两《唐书》有传。在晚唐文坛上,李商隐和杜牧齐名,世称"小李杜"。又与温庭筠并称"温李"。其诗多忧国讽时、感慨身世之作,近体尤佳。其中"无题诗",深情绵邈,意境朦胧,尤为后人称颂。通行本有清人冯浩的《玉谿生诗笺注》和《樊南文集评注》。

无 题

相见时难别亦难,东风无力百花残。
春蚕到死丝方尽①,蜡炬成灰泪始干②。
晓镜但愁云鬓改③,夜吟应觉月光寒。
蓬山此去无多路④,青鸟殷勤为探看⑤。

注 释

①丝:与"思"谐音双关,含有相思之意。
②蜡炬:蜡烛。泪:蜡烛燃烧中溢出的蜡油,称为蜡泪,实指人泪。
③云鬓改:指原本是秀发如云,因相思忧愁美发都不再是那么浓密乌黑了。
④蓬山:即蓬莱山,神话传说中的海上仙山。此处应指女子所居处。
⑤青鸟:神话中的鸟,是西王母的使者,诗文中多借指传递消息的人。殷勤:恳切深厚而周到的情意。

锦 瑟

锦瑟无端五十弦①,一弦一柱思华年。
庄生晓梦迷蝴蝶②,望帝春心托杜鹃③。
沧海月明珠有泪④,蓝田日暖玉生烟⑤。
此情可待成追忆?只是当时已惘然!

注　释

①锦瑟:花纹如锦的瑟。古代瑟有五十根弦,诗人因之想到自己年过半百,感叹岁月流逝,回忆青春往事。无端:无缘无故。

②庄生句:用庄周梦为蝴蝶的典故言自己内心的迷惘,忽觉人生如梦,变幻莫测。《庄子·齐物论》:"昔者庄周梦为胡蝶,栩栩然胡蝶也。自喻适志与,不知周也。俄然觉,则蘧蘧然周也。不知周之梦为胡蝶与,胡蝶之梦为周与?"

③望帝:相传战国末年蜀国君主杜宇,号望帝,其魂化为杜鹃鸟,暮春三月啼叫,鸣声凄凉。此句意自己后悔哀伤的心如望帝化魂。

④沧海:大海。珠有泪:据张华《博物志》卷九,"南海外有鲛人,……其眼能泣珠"。

⑤蓝田:山名,在今陕西蓝田县东南,此地产玉。玉生烟:言可望而不可即。司空图《与极浦谈诗书》引戴叔伦语云:"诗家之景如蓝田日暖,良玉生烟,可望而不可置于眉睫之前也。"

阅读提示

"相见时难别亦难"诗是李商隐"无题"系列中较为著名的一篇。一般认为其是一首爱情诗。诗歌开篇即写暮春伤别,因种种原因一对有情人相见困难,见后的离别就更难,句中重复一个"难"字,相见难是客观原因所致,分别难是内心的不情愿,诗人从客观写到主观,意味深远。"东风无力百花残",这一句是景语,也是情语。在古诗文中花残月缺常喻指人事的不美满,此指离别。"东风无力"言别后的人内心百无聊赖,毫无情趣,诗人不言伤心,但伤魂之状如在眼前。接着写别后相思。以"到死丝方尽"之春蚕与"成灰泪始干"的蜡烛,象征至死不渝的深情,明知无望,仍愿坚守,执着追求,可见这份感情的炽热、缠绵、深挚、沉着。颈联则由宏观书写转入特定的场景的描绘,诗人选取两个片段:晨起揽镜,夜凉吟诗,来表达一种思念。诗人假设的情景,尽显细意体贴,体贴中见两人情意深挚。尾联诗人故作宽解,谓对方所居不远,望托青鸟传书。全诗纯情,融比兴与象征、写实与象征为一体,脉络清晰而回环递进。诗歌中相思与离别,希望与失望,现实与梦想,自慰与慰人等种种情绪交织呈现,情感内容极为丰富。关于本诗有无其他寄托,霍松林认为"男女关系与君臣、朋友关系可以相通,故爱情诗亦不排除某种寄托"(《历代好诗诠释》),可另为一解。

《锦瑟》是李商隐的代表作,然而是最难讲解的一篇诗。有人说是写给令狐楚家一个叫"锦瑟"的侍女的爱情诗;有人说是睹物思人,写给故去的妻子王氏的悼亡诗;也有人认为中间四句诗可与瑟的适、怨、清、和四种声调相合,从而推断为描写音乐的咏物诗;还有人认为这是诗人对生平政治遭际回顾的一首诗……千百年来众说纷纭,莫衷一是。若联系诗人的生活经历,结合诗歌中意象,仔细揣摩,这首诗应是李商隐晚年追述生平,自伤身世之辞。

首联由锦瑟而起联想。"无端"因为痴情而生的怨言。"五十弦",以弦多音繁喻思绪纷乱。"思华年",怀恋青春年华,是这首诗的诗眼。这两句由锦瑟联想到自己曾经美好的理想未曾实现,感叹岁月蹉跎,老大无成。颔联借两个典故表达对世事人生的感受。"庄生"句喻世事变幻莫测,令人迷惘难以把握。于是借"望帝"喻指人生坎坷,壮志难酬,只能像杜宇那样将悲情托于杜鹃，发出凄楚的悲叹，叹往事如烟，浮生若梦。颈联又用两典来表现其怨愤："沧海珠泪"象征怀才不遇，深寓沉沦之悲；"良玉生烟"象征自己的美好理想有如日照玉山而散发的烟霭，终成幻影。尾联回应开头，以上这种感情并非如今追忆往事时才有，在当年就已经怅然不堪了。伤痛之深，怨愤之沉，溢于言表。

这首诗很能见出李商隐诗歌的特色：善用典故，通过比喻、象征、暗示等手法，造成朦胧含蕴的意境。辞藻华美，色调浓郁，感慨深长，凄婉浓重。

拓展训练

1. 联系李商隐的诗，讨论李商隐诗歌朦胧多义的特征。
2. 背诵《无题》《锦瑟》。

阅读推荐

1. 刘学锴，余恕诚：《李商隐诗歌集解》，中华书局 1988 年版。
2. 吴振华：《李商隐诗歌艺术研究》，安徽人民出版社 2009 年版。

浣溪沙①

晏　殊

晏殊(991—1055),字同叔,抚州临川(今江西省)人。七岁能文章,十四岁以神童召试,赐同进士出身。官至同中书门下平章事(宰相)兼枢密使(最高军事长官),谥号"元献"。其诗文皆赡丽闲雅,诗属"西昆体",词名最著,与欧阳修齐名。词风与冯延巳相近,闲雅而富于情思,语言婉丽,音韵和谐。词集名《珠玉词》。

一曲新词酒一杯,去年天气旧亭台。夕阳西下几时回?

无可奈何花落去,似曾相识燕归来。小园香径独徘徊②。

注　释

①浣溪沙:唐玄宗时教坊曲名,后来用为词调。又作"浣纱溪"。
②香径:花园中洒满落花的小路。

阅读提示

该词是晏殊词中最为脍炙人口的篇章。这首词描绘作者的诗酒生活,刻画暮春的傍晚景色,抒发了时光流逝、春意难留的惆怅之绪。作品构思精巧,毫不粉饰,在时间和景物的对比中,淋漓尽致地传达出作者的思想感情。

词之上片绾合今昔,叠印时空,重在思昔;下片则巧借眼前景物,重在伤今。全词语言圆转流利,通俗晓畅,清丽自然,意蕴深沉,启人神智,耐人寻味。其中"无可奈何花落去,似曾相识燕归来"一联,情景交融,工巧自然,含蕴丰富,为历代传颂的名句。叶嘉莹在《大晏词的欣赏》一文中说:"晏殊却独能将理性之思致,融入抒情之叙写中,在伤春怨别之情绪内,表现出一种理性之反省及操持,在柔情锐感之中,透露出一种圆融旷达之理性的观照。"

拓展训练

1.该词以"无可奈何花落去,似曾相识燕归来"的名句著称于世。谈谈你对这两句的理解。

2.背诵《浣溪沙》。

阅读推荐

1. (宋)晏殊著,单芳译评:《晏殊珠玉词译评》,甘肃文化出版社 2001 年版。
2. 宛敏灏:《二晏及其词》,文化艺术出版社 2018 年版。

凤凰台上忆吹箫

李清照

李清照(1084—1155?),号易安居士,齐州章丘(今属山东济南)人,年少即有才名。出生于书香仕宦之家,其父李格非为当时著名学者。宋徽宗建中靖国元年(1101),嫁太学生赵明诚。赵明诚是著名的文物收藏家和文物考古学家。夫妻伉俪情深,生活幸福,共同致力于书画金石的搜集整理。金兵入侵中原,明诚病死,李清照流寓南方,后改嫁受虐又离异。晚年孤苦无依,寄人篱下,郁郁而终。李清照是中国古代杰出的才女,擅长书画,通晓金石,工诗词。其词,南渡前多写其悠闲生活,多是清新优美之作;南渡后所作多故国之思与身世之悲,风格凄苦深沉。词集名《漱玉词》,今有赵万里辑本。

香冷金猊①,被翻红浪②,起来慵自梳头③。任宝奁尘满④,日上帘钩。生怕离怀别苦,多少事、欲说还休。新来瘦,非干病酒⑤,不是悲秋。

休休。这回去也,千万遍阳关⑥,也则难留⑦。念武陵人远⑧,烟锁秦楼⑨。惟有楼前流水,应念我、终日凝眸。凝眸处,从今又添,一段新愁。

注 释

①金猊(ní):狮子形的香炉。

②红浪:指红被子乱摊在床上,有如波浪。

③慵:懒。

④宝奁(lián):华贵的梳妆镜匣。

⑤非干病酒:不是因为贪酒而身体不适。

⑥也则:依旧。

⑦阳关:王维《送元二使安西》诗中写道"渭城朝雨浥轻尘,客舍青青柳色新。劝君更尽一杯酒,西出阳关无故人。"后据此诗谱成《阳关三叠》,为唐宋时的送别之曲。此处泛指离歌。

⑧武陵人:此指丈夫赵明诚。

⑨秦楼:即凤台,相传是仙人萧史与秦穆公的女儿弄玉飞升以前所住的地方,这里指词人自己的住所,此语暗示他们的婚姻美满,有如仙侣。

阅读提示

这首词是作者早期和丈夫赵明诚分别时写的。从《〈金石录〉后序》中,可以知道他们夫妇之间感情极好,趣味相同,所以即使是一次短暂的分别,词人在心灵上所承受的负担也是很沉重的。全篇从别前设想到别后,充满离怀别绪,作者用女性特有的敏感,以曲折含蓄的口吻,表达了深婉细腻的感情。

作品开篇紧紧围绕一个"慵"字写内心的愁绪。"香冷金猊,被翻红浪,起来慵自梳头。任宝奁尘满,日上帘钩。"这里写了五件"慵"事:炉中香消烟冷,无心再焚,一慵也;床上锦被乱陈,无心折叠,二慵也;鬓鬟蓬松,无心梳理,三慵也;宝镜尘满,无心拂拭,四慵也;而日上三竿,犹然未觉光阴催人,五慵也。慵而一"任",则其慵态已达极点。词人为何大写"慵"字,目的在写愁。"慵"字是"词眼",使读者从慵懒的状态中感受到她内心深处的那份愁绪。"生怕离怀别苦",开始切题,可是作者笔锋一转,"多少事、欲说还休",万种愁情,本欲说出,却又止住,是心情烦乱,无从说起,或是别有顾虑,不可言说。词情又多了一层波折,愁苦又加重了一层。使得多情人"新来瘦",作者的瘦不似他人由"日日花前常病酒"或"万里悲秋常作客"引起,而是想到与丈夫离别,内心深处有不可说出的"离怀别苦"的缘故。

"休休。这回去也,千万遍阳关,也则难留。"词人一下子从别前写到别后,略去话别的缠绵和饯行的伤感,笔法极为精炼。阳关,送别之歌,唱它千万遍,也终是难留,可见夫妻伉俪情深,难舍难分。"念武陵人远,烟锁秦楼",李清照巧用典故,既写出了她对丈夫赵明诚的思念,也写出赵明诚对其妆楼的凝望,把双方别后相思的感情做了极其精确的概括。承接上句自然写到楼上的自己,心中的"武陵人"已经远去,独自倚楼憔悴凝望。那思念的哀愁,无可与语,也无人理解,唯有"楼前流水""应念我"。可流水毕竟是无知无情,怎会理解自己终日倚楼凝眸的心绪,说的是痴语,然而痴语中尽显作者满怀痴情。"凝眸处,从今又添,一段新愁。"怎么会又添一段新愁呢?细看文本,作者从得知丈夫要离家的消息,就产生了"生怕离怀别苦",此为一段"新愁";丈夫走后,"秦楼"空留一人独守,此又是一段"新愁"。从今而后,山高路远,枉自凝眸,"无人会、登临意",更是愁上加愁。此结尾使情思荡漾无边,留有不尽意味。

这首词虽用了典故,但总体上未脱清照"以浅俗之语,发清新之思"的格调。层层深入,逐步渲染,把内心深处的离愁别念,写得缠绵悱恻,委婉含蓄,余味无穷。

拓展训练

1. 分析这首词的语言特色。
2. 全词心理刻画十分细腻精致,请细加体会。
3. 背诵《凤凰台上忆吹箫》(香冷金猊)。

阅读推荐

1. 王延梯著:《李清照评传》,陕西人民出版社1982年版。
2. 王仲闻校注:《李清照集校注》,人民文学出版社1979年版。
3. (宋)李清照著,徐培均笺注:《李清照集笺注》,上海古籍出版社2017年版。
4. 艾朗诺著:《才女之累——李清照及其接受史》,夏丽丽,赵惠俊译,上海古籍出版社2017年版。

满 庭 芳

秦 观

秦观(1049—1100),早年字太虚,后改字少游,号邗沟居士,学者称其淮海居士。江苏高邮人。北宋中后期著名婉约派词人,"苏门四学士"之一。"少豪隽,慷慨溢于文词",因作《黄楼赋》被苏轼赞为"有屈宋之才"。元丰八年(1085)中进士。宋哲宗元祐年间,苏轼将其推荐于朝,任秘书省正字兼国史院编修。深得帝王赏识,以至于"日有砚墨器币之赐"。哲宗于绍圣元年(1094)亲政,"新党"执政,"旧党"多人遭罢黜。秦观被贬谪郴州(今属湖南)、雷州(今属广东)等地。宋徽宗即位被召回,北归途中卒于藤州(今属广西)。《宋史》有传。

秦观以词闻名,时与黄庭坚齐名。内容多写柔情,也有感慨身世之作。风格清丽婉约,情韵兼胜。清冯煦《蒿庵论词》评曰:"淮海、小山,真古之伤心人也。其淡语皆有味,浅语皆有致,求之两宋词人,实罕其匹。"有《淮海集》传世。

　　山抹微云,天连衰草,画角声断谯门①。暂停征棹②,聊共引樽③。
多少蓬莱旧事④,空回首、烟霭纷纷⑤。斜阳外,寒鸦万点,流水绕孤村。
销魂⑥,当此际,香囊暗解,罗带轻分。谩赢得青楼,薄幸名存⑦。
此去何时见也? 襟袖上、空惹啼痕。伤情处,高城望断,灯火已黄昏。

注　释

①画角:有彩绘装饰的号角。谯门:城门上用以望远的高楼。

②征棹:指远行的船。

③引:拿,取。樽:古代的盛酒器具。

④蓬莱旧事:指男女相恋的往事。

⑤烟霭:指云雾。

⑥销魂:形容因悲伤到极点而心神恍惚的样子。

⑦谩:通"漫",空,徒然。薄幸:薄情。

阅读提示

　　《满庭芳》,因柳宗元"偶地即安居,满庭芳草积"等诗句而得名。据徐培均先生《秦观年谱》,少游于元丰元年(1078)举进士不第,次年五月至越州(今浙江绍兴一带),岁暮离越返乡,词即作于此时。细读文本发现整首词描绘的就是一幅深秋送别图。微云度山,衰草连天,无穷无际。城门楼上断断续续的号角声中,有情人话别举杯送归船。回首多少男女间情事,此刻已化作缕缕烟云散失而去。眼前夕阳西下,万点寒鸦,一弯流水绕孤村。景是凄凉的,情是悲伤的。悲伤之际又有柔情蜜意,心神恍惚,解下香囊以赠。此一别去,不知何时重逢相遇?不觉间泪水已沾湿衣袖。伤心悲情处,舟已行远,城已不见,万家灯火,天色入黄昏。

词中写出了男女离别之情,亦杂糅身世之感。作者以形象的语言,细密的笔致,描写黄昏的景色,烘托迷茫、怅惘的情绪,缠绵悱恻,情韵悠长。在结构上,写景由微云度山起笔,继之以斜阳归鸦,收之以黄昏灯火,时间渐次推移;写事则由停舟钱饮,到赠囊留别,最后是舟发人远,层层叙写,脉络了然。

拓展训练

1. 晁补之曾赞:"'斜阳外,寒鸦万点,流水绕孤村',虽不识字人亦知是天生好言语也。"(宋 赵令时《侯鲭录》卷八引)作何理解?
2. 背诵《满庭芳》(山抹微云)。

阅读推荐

1.(宋)秦观著,徐培均校注:《淮海居士长短句》,上海古籍出版社1985年版。
2.秦宝庭编著:《淮海集研究》,线装书局2016年版。

六丑·蔷薇谢后作①

周邦彦

> 周邦彦(1057—1121),字美成,号清真居士,钱塘(今浙江杭州)人。北宋著名的词人,神宗元丰六年(1083),献《汴都赋》,得到宋神宗的赏识,擢升为太学正。哲宗时期,出任庐州教授、知溧水县。徽宗时期,曾在朝中任秘书监、提举大晟府。他精通音律,曾创作不少新词调。作品多写闺情幽怨,羁旅闲愁,也有咏物之作。言情体物,善于铺叙,格律谨严,语言典丽清雅。词集《片玉集》(又名《清真集》)。

　　正单衣试酒②,怅客里、光阴虚掷。愿春暂留,春归如过翼③。一去无迹。为问花何在?夜来风雨,葬楚宫倾国④。钗钿堕处遗香泽⑤,乱点桃蹊,轻翻柳陌⑥,多情为谁追惜?但蜂媒蝶使,时叩窗隔⑦。

　　东园岑寂。渐蒙笼暗碧⑧。静绕珍丛底⑨、成叹息。长条故惹行客。似牵衣待话,别情无极。残英小、强簪巾帻⑩。终不似一朵钗头颤袅⑪,向人欹侧⑫。漂流处、莫趁潮汐。恐断红、尚有相思字⑬,何由见得。

注　释

　　①蔷薇谢后作:有时题作"落花"。本词是周邦彦的自度曲(自己作曲),是一首咏物的名作,歌咏凋谢的蔷薇花,抒发了伤春情绪。

　　②试酒:品尝新酿成的酒。

　　③过翼:飞过的鸟儿。

　　④楚宫倾国:楚国宫殿里的美人,这里代指蔷薇花。

　　⑤钗钿:女子佩戴的首饰,代指蔷薇的花瓣。

　　⑥乱点桃蹊两句:指蔷薇的花瓣飘落在桃树柳树下的小路上。

　　⑦窗隔:窗格。

　　⑧蒙笼暗碧:指暮春绿叶茂密,景色显得幽暗。

　　⑨珍丛:指蔷薇花丛。

　　⑩巾帻:包裹头发的头巾。

　　⑪颤袅:轻轻地摆动,摇曳生姿貌。

　　⑫欹侧:倾斜。

　　⑬断红:落花。此句化用唐代卢渥在御水河捡到红叶,上有宫女题诗的典故。

这首词看似在咏写落花,实际抒发的是"惜春"之情,更是惜"人生青春"之情。词写得极有特色,颇值一读。

词作开篇"光阴虚掷"定下全词的感情基调——惆怅,以"怅"字贯穿全词。"正单衣试酒,怅客里、光阴虚掷",点明时间,农历四月初。主人公身份是长期羁旅在外的词人。值此春去之际,不禁发出虚度光阴的感叹,写来含浑而不显露。"愿春暂留,春归如过翼。一去无迹。""愿春暂留",表示不忍"虚掷",珍惜春光;"春归如过翼",春不但不留,反而逝如飞鸟,"一去无迹"。三句层层叠加,步步渲染,造成一种紧迫感,烘托出词人愈转愈深的惜春之情。"为问花何在"此句点明题旨,虽显突兀,但是绵密,用的极为巧妙。只五字束住,下文反复缠绵,从"夜来风雨"至上片结束,皆从此一问而出。夜晚凉风袭来,冷冷的冰雨不断拍打着娇嫩的花瓣,使得花瓣四处飘零。自古以来,文人骚客常用落花意象暗指美人,以落花飘零暗示身世飘零,无处寄托。可怜玉碎香消,有谁怜惜,只有蜂媒蝶使,一起飞舞,屡叩窗,算是给以陪伴吧。场景倍显悲凉。

词作下片着意刻画人与花惺惺相惜的生动情景。开首二句起衬托作用,渲染气氛,以此引起下文。词人走出屋子来到园内,花事已过,碧叶茂盛,一片"花落"后"岑寂"的景象,这恰好与"光阴虚掷"、春天"一去无迹"相应和。词人绕着蔷薇花丛,去寻找落花所"遗"之"香泽"。表现出浓浓的惜春之情。花已"无迹",但有"长条",而"故惹行客",话别"牵衣",有同病相怜之意。词人通过拟人的手法,给植物以思维意识活动,让它如此多情、善感。这样一来,整个画面呈现出一派花与人惺惺相惜的温馨场面。"残英小、强簪巾帻。"在"长条"之上,偶然看见一朵残留的小花,词人顺手摘下,插在头巾上,看似有几番闲情逸致,无奈却勾起往事一幕幕,想起了花盛时美人头上簪着的娇艳花朵,回忆起她的风姿绰约,以及二人相聚的欢乐,不由得吐出"终不似"三字,抒发好景不再的喟叹。词人对落花痴情一片,因不愿落花"一去无迹",劝莫要随流水匆匆流去,希冀"断红"上尚有"相思"字。若落花随潮水流去,那上面题的相思句,词人也再难知晓。这几句话满怀深情,表现出词人对落花逝去的依依不舍之情。

整首词看似写蔷薇,却很少对蔷薇进行正面描写,而是景随情变,文随情出,构思巧妙别致。以词人的感情贯穿全词,采用了层层铺叙、曲折尽意的艺术手法,捕捉一些细节,从不同的角度,反复铺陈花尽春空之境和惜花悼春之情,使"惜春""惜人生"的主题逐步深化。

拓展训练

1.(清)黄苏《蓼园词选》中评该词曰:"自叹年老远宦,意境落寞,借花起兴。以下是花,是自己,比兴无端,指与物化,奇情四溢,不可方物,人巧极而天工生矣。"结合文本谈谈你的理解。

2.背诵《六丑·蔷薇谢后作》(正单衣试酒)。

阅读推荐

1.（宋）周邦彦著,罗忼烈笺注:《清真集笺注》,上海古籍出版社 2008 年版。

2.刘杨忠:《周邦彦传论》,陕西人民出版社 1991 年版。

3.纪伟:《〈周邦彦传论〉简评》,《浙江学刊》1993 年第 1 期。

4.钱鸿瑛:《周邦彦研究》,广东人民出版社 1990 年版。

牡丹亭（第十出 惊梦）

汤显祖

汤显祖（1550—1616），字义仍，号若士、海若，别署清远道人，江西临川人。明代戏曲家。他出身于书香门第，自幼聪慧，五岁即能属对联句，二十一岁中举人，因为谢绝了首相张居正的延揽，直到公元1583年（万历十一年）才中进士。次年，于南京先后任太常寺博士、礼部主事。因为向皇帝上《论辅臣科臣疏》，指陈朝廷的种种弊端，弹劾申时行，被贬为广东徐闻典史，后调任浙江遂昌知县，又因不附权贵，于1598年弃官回家，归隐临川。潜心从事戏剧和诗词创作。在戏曲创作方面，反对拟古和拘泥于格律。作有传奇《牡丹亭》《邯郸记》《南柯记》《紫钗记》，合称"临川四梦"或"玉茗堂四梦"，其中《牡丹亭》最为著名。汤显祖在中国乃至世界文学史上都有着重要的地位。

【绕池游】(旦上)梦回莺啭，乱煞年光遍①，人立小庭深院。(贴)注尽沉烟②，抛残绣线，恁今春关情似去年③。

【乌夜啼】(旦)晓来望断梅关④，宿妆残。(贴)你侧着宜春髻子⑤，恰凭阑。(旦)剪不断，理还乱，闷无端。(贴)已分付催花莺燕，借春看。(旦)春香，可曾叫人扫除花径？(贴)分付了。(旦)取镜台衣服来。(贴取镜台衣服上)云髻罢梳还对镜，罗衣欲换更添香。⑥镜台衣服在此。

【步步娇】(旦)袅晴丝吹来闲庭院，摇漾春如线。停半晌整花钿，没揣菱花，偷人半面，迤逗的彩云偏⑦。(行介)步香闺怎便把全身现？(贴)今日穿插的好。

【醉扶归】(旦)你道翠生生出落的裙衫儿茜⑧，艳晶晶花簪八宝填⑨，可知我常一生儿爱好是天然？恰三春好处无人见，不隄防沉鱼落雁鸟惊喧，则怕的羞花闭月花愁颤。(贴)早茶时了，请行。(行介)你看：画廊金粉半零星，池馆苍苔一片青。踏草怕泥新绣袜，惜花疼煞小金铃⑩。(旦)不到园林，怎知春色如许？

【皂罗袍】原来姹紫嫣红开遍，似这般都付与断井颓垣。良辰美景奈何天，赏心乐事谁家院。

恁般景致，我老爷和奶奶再不提起。(合)朝飞暮卷，云霞翠轩。雨丝风片，烟波画船——锦屏人忒看的这韶光贱⑪。(贴)是花都放了，那牡丹还早。

【好姐姐】(旦)遍青山啼红了杜鹃，荼蘼外烟丝醉软⑫。春香呵，牡丹虽好，他春归怎占的先？(贴)成对儿莺燕呵。(合)闲凝眄⑬，生生燕语明如翦，呖呖莺歌溜的圆。(旦)去罢。

(贴)这园子委是观之不足也。(旦)提他怎的？(行介)

【隔尾】观之不足由他缱⑭，便赏遍了十二亭台是枉然，到不如兴尽回家闲过遣。(作到介)(贴)开我西阁门，展我东阁床。瓶插映山紫，炉添沉水香。小姐，你歇息片时，俺瞧老夫人去也。(下)(旦叹介)默地游春转,小试宜春面。春呵,得和你两留连。春去如何遣?咳!恁般天气,好困人也。春香那里?(左右瞧介)(又低首沉吟介)天呵,春色恼人,信有之乎?常观诗词乐府,古之女子,因春感情,遇秋成恨,诚不谬矣。吾今年已二八,未逢折桂之夫;忽慕春情,怎得蟾宫之客?昔日韩夫人得遇于郎⑮,张生偶逢崔氏⑯,曾有《题红记》《崔徽传》二书⑰。此佳人才子,前以密约偷期,后皆得成秦晋。(长叹介)吾生于宦族,长在名门。年已及笄⑱,不得早成佳配,诚为虚度青春。光阴如过隙耳,(泪介)可惜妾身颜色如花,岂料命如一叶乎!

【山坡羊】(旦)没乱里春情难遣⑲,蓦地里怀人幽怨。则为我生小蝉娟,拣名门一例一例里神仙眷。甚良缘,把青春抛的远。俺的睡情谁见?则索因循腼腆。想幽梦谁边?和春光暗流转。迁延,这衷怀那处言?淹煎⑳,泼残生㉑除问天。身子困乏了,且自隐几而眠㉒。(睡介)(梦生介)(生持柳枝上)莺逢日暖歌声滑,人遇风晴笑口开。一径落花随水入,今朝阮肇到天台㉓。小生顺路儿而来,跟着杜小姐回来,怎生不见?(回看介)呀!小姐,小姐。(旦作惊起,相见介)(生)小生那一处不寻访小姐来,却在这里。(旦作斜视不语介)(生)恰好花园内折取垂柳半枝,姐姐,你既淹通书史,可作诗以赏此柳枝乎?(旦作惊喜欲言又止介)(背云)这生素昧平生,何因到此?(生笑介)小姐,咱爱杀你哩。

【山桃红】则为你如花美眷,似水流年。是答儿闲寻遍㉔,在幽闺自怜。小姐,和你那答儿讲话去。(旦作含笑不行)(生作牵衣介)(旦低问介)那边去?(生)转过这芍药栏前,紧靠着湖山石边。(旦低问)秀才,去怎的?(生低答)和你把领扣松,衣带宽,袖稍儿揾着牙儿苫也,则待你忍耐温存一晌眠。(旦作羞)(生前抱)(旦推介)(合)是那处曾相见,相看俨然,早难道这好处相逢无一言。(生强抱旦下)(末花神束发冠红衣插花上)催花御史惜花天㉕,检点春工又一年。蘸客伤心红雨下㉖,勾人悬梦彩云边。吾乃掌管南安府后花园花神是也。因杜知府小姐丽娘,与柳梦梅秀才,后日有姻缘之分。杜小姐游春感伤,致使柳秀才入梦。咱花神专掌惜玉怜香,竟来保护他,要他云雨十分欢幸也。

【鲍老催】单则是混阳蒸变,看他似虫儿般蠢动把风情搧,一般儿娇凝翠绽魂儿颠。

这是景上缘,想内成,因中见。呀!淫邪展污了花台殿㉗。咱待拈片落花儿惊醒他。(向鬼门丢花介㉘)他梦酣春透了怎留连?拈花闪碎的红如片。秀才,才到得半梦儿,梦毕之时,好送杜小姐仍归香阁。吾神去也。(下)

【山桃红】(生旦携手上)这一霎天留人便,草藉花眠。小姐可好?(旦低头介)(生)则把云鬟点,红松翠偏。小姐,休忘了呵?见了你紧相偎,慢厮连,恨不得肉儿般团成片也,逗的个日下胭脂雨上鲜。(旦)你可去呵?(合前)(生)姐姐,你身子乏了,将息,将息。(送旦依前作睡介)(轻拍旦介)姐姐,俺去了。(作回顾介)姐姐,你好十分将息,我再来瞧你那。行来春色三分雨,睡去巫山一片云。(下)(旦作惊醒低叫介)秀才,秀才,你去了也。(又作痴睡介)(老上)夫婿坐黄堂,娇娃立绣窗。怪他裙衩上,花鸟绣双双。孩儿,孩儿,你为甚瞌睡在此?(旦作醒叫秀才介)咳也!(老)孩儿怎的来?(旦作惊起介)奶奶到此。(老)我儿何不做些针指,或观玩书史,舒展情怀?因何昼寝于此?(旦)儿适在花园中闲玩,忽值春暄恼人,故此回房,无可消遣,不觉困倦少息。有失迎接,望母亲恕儿之罪!(老)孩儿,这后花园中冷静,少去闲行。(旦)领母亲严命。(老)孩儿,书堂看书去。(旦)先生不在,且自消停。(老叹介)女孩家长成,自有许多情态,且自由他。正是:宛转随儿女,辛勤做老娘。(下)(旦长叹介,看老下介)哎也天那!今日杜丽娘有些侥幸也。偶到后花园中,百花开遍,睹景伤情,没兴而回。

昼眠香阁，忽遇一生，年可弱冠，丰姿俊妍。于园中折得柳丝一枝，笑对奴家说：姐姐既淹通书史，何不将柳枝题赏一篇。那时待要应他一声，心中自忖，素昧平生，不知名姓，何得轻与交言。正如此想间，只见那生向前，说了几句伤心话儿，将奴搂抱去牡丹亭畔，芍药栏边，共成云雨之欢。两情和合，真个是千般爱惜，万种温存。欢毕之时，又送我睡眠，几声将息。正待自送那生出门，忽值母亲来到，唤醒将来。我一身冷汗，乃是南柯一梦。欠身参礼母亲，又被母亲絮了许多闲话。奴家口虽无言答应，心内思想梦中之事，何曾放怀？行坐不宁，自觉如有所失。娘呵，你叫我学堂看书去，知他看那一种书消闷也？（作掩泪介）

【绵搭絮】雨香云片，才到梦儿边。无奈高堂，唤醒纱窗睡不便。泼新鲜，冷汗黏煎。闪的俺心悠步嚲㉔，意软鬟偏。不争多费尽神情㉚，坐起谁忺、则待去眠。

（贴上）晚妆销粉印，春润费香篝㉛。小姐，熏了被窝睡罢。

【尾声】（旦）困春心，游赏倦，也不索香熏绣被眠。天呵，有心情那梦儿还去不远。

春望逍遥出画堂。间梅遮柳不胜芳。

可知刘阮逢人处。回首东风一断肠。

注　释

①乱煞年光遍：缭乱的春光遍地都是。

②沉烟：一种薰香料，也称沉水香。

③恁：为什么。

④梅关：即大庾岭，宋代在此设有梅关。

⑤宜春髻子：《荆楚岁时记》中载，旧俗立春日，妇女把彩带剪成燕子的形状，戴在发髻上，上面贴着"宜春"二字，故称"宜春髻子"。

⑥"云髻"两句：见唐代诗人薛逢《宫词》诗，描写女子精心梳妆打扮的情态。

⑦迤逗：引惹，引逗。

⑧翠生生：形容色彩鲜艳。

⑨"艳晶晶"一句：戴着光彩夺目的镶嵌着众多宝石的簪子。

⑩"惜花"一句：此处为用典，《开元天宝遗事》载，天宝初，宁王惜花，于后园中纫红丝为绳，密缀金铃，系于花梢之上。每有鸟雀翔集，则令园吏擎铃索以惊之。盖惜花之故也。

⑪锦屏人：闺中女子。

⑫荼蘼（mí）：暮春开花的一种落叶小灌木。

⑬凝眄（miǎn）：斜看，注视。

⑭缠：留恋，不忍离去。

⑮"韩夫人"一句：此句典出唐代传奇故事《流红记》。其写唐僖宗时，书生于佑在御沟中拾得红叶一片，上有题诗四句："流水何太急，深宫尽日闲。殷勤谢红叶，好去到人间。"于佑读之，有所思，于是别取红叶，题诗二句："曾闻叶上题红怨，叶上题诗寄阿谁？"置于御沟上流，使流入宫中。后来这位韩氏宫女被遣出宫，于佑娶之为妻。成婚之日，当二人拿出各自所藏的红叶时，发现一切都是天意，竟然各自都是对方所思之人。于是韩氏写诗咏其事："一联佳句题流水，十载幽思满素怀。今日却成鸾凤友，方知红叶是良媒。"

⑯张生偶逢崔氏：即张生和崔莺莺的爱情故事，参见王实甫的《西厢记》。

⑰《崔徽传》：《崔徽传》出自宋人张君房的小说集《丽情集》，讲述的是妓女崔徽和书生裴敬中相爱的故事。二人分别之后不再相见，崔徽请画工画像并请人带给裴敬中，说"崔徽一旦不及卷中人，徽且为郎死矣！"

⑱及笄：指到了婚配年龄，古代女子到十五岁开始以笄束发，标志已经成年，可以婚嫁。

⑲没乱里：着急，心情烦乱。

⑳淹煎：受煎熬。

㉑泼残生：苦命。泼，骂人的话，表示厌恶。

㉒隐几：靠着几案。

㉓阮肇到天台：此典出自南朝宋刘义庆的《幽明录》，讲述东汉会稽郡剡县人刘晨、阮肇入天台山采药遇到两位仙女，终成婚配的故事。此处指见到情人。

㉔答儿：地方。

㉕催花御史惜花天：元末明初陶宗仪所编《说郛》卷二十七《云仙散录》引《玉尘集》记载"唐穆宗时，每宫中花开，则以重顶帐蒙敲蔽栏槛，置惜花御史掌之"。

㉖蘸：这里指落花沾在人的身上。

㉗展污：玷污。

㉘鬼门：一作古门，指戏台上演员上下场的门。

㉙心悠步𧗾（duǒ）：心绪缠绵，挪不动脚。

㉚不争多：差不多。

㉛香篝：薰香用的熏笼。

阅读提示

传奇是明代戏剧的代表样式，也是一种唱、念、做、舞具备的戏曲艺术。它是在南戏发展的基础上，汲取杂剧的某些长处，并最终形成的戏剧样式。与元杂剧相比，传奇的篇幅较长，情节与内容更曲折丰富，角色设置也更多样，具有规格化、文雅化、声腔化等特点。其中汤显祖的《牡丹亭》代表了明代传奇的最高成就。

《牡丹亭》共55出，近9万字，主要讲述的是南宋时南安杜太守的独生女儿杜丽娘，聪明美丽，自幼学习书画。一日游园，梦中与一手拿柳枝的书生结为夫妻，醒来终日思恋，终于成疾命亡，死后葬于后园梅树之下。柳梦梅赴京赶考途中病倒，在葬杜丽娘的梅花观调养，捡到杜丽娘自画像，朝夕思慕，焚香礼拜，叩之拜之，感动丽娘游魂与之相会。梦梅掘墓开棺，丽娘起死回生，二人结为夫妇，同往临安。柳梦梅应考误期，硬闯试院，作文以识见超卓被取为状元，但因金兵侵犯淮扬，放榜日期延误。柳梦梅听从杜丽娘的安排赴淮扬探望岳父杜宝，却遭误会被抓并解往临安。杜宝因退敌有功，拜为相，回到临安，欲治柳盗墓之罪。此时传来柳梦梅钦定为状元的消息，百般误会，最后闹到皇帝跟前，皇帝下旨令父女夫妻相认、归第成亲，一门团圆，皆大欢喜。

本文所选的第十出《惊梦》，是这部戏剧曲中词最为优美、剧情最为感人、描摹最为生动的段落。杜丽娘在丫鬟春香的"怂恿"下第一次偷偷游览后花园，不禁感叹："原来姹紫嫣红开遍，似这般都付与断井颓垣。良辰美景奈何天，赏心乐事谁家院。"少女怀春，触景生情。丽娘的这种感慨不知引起了多少闺中女子的共鸣，故此四句历来为人们所激赏和传诵。当丽娘想到自己貌美如花,整日囿于深闺,情绪由游园时的欣喜一下子变为愁闷:"可惜妾身颜色如花,岂料命如一叶乎!"生命意识与爱情自由的双重觉醒,使杜丽娘的性格开始转变,也从而引发了剧情的重大转折,从这个角度来说,这一出戏是全剧的一大转折。因情入梦,因梦而与柳生相会,一段姻缘就此开始。原本是深处闺中、习以儒教的贵家小姐,在梦中被柳梦梅抱入怀中行男女欢娱之事时,竟然半推半就,梦醒时分还流连贪欢。就常理来说,此梦荒诞不经,少女怀春,不至于梦中与陌生男子调笑,行温存之事。但从剧作主题来看,此梦的存在是合理的,因为封建礼教的约束,在现实中不可能拥有的幸福追求,也只能寄托于梦中实现。故此梦是突出和肯定了女性的情欲,是对封建礼教的大胆突破与挑战。

《牡丹亭》是一曲青春和爱情的颂歌,它通过杜丽娘和柳梦梅生死离合的爱情故事,热情地歌颂了反对封建礼教,追求自由幸福的爱情和强烈要求个性解放的精神,体现出时代的进步思想。在艺术上,这部剧作情节曲折生动,语言典雅清丽,富有诗情画意,在我国戏剧史上占有重要的地位。

拓展训练

1.《惊梦》一出戏是如何做到虚实相结合的? 请结合你的理解分析。

2. 试比较《西厢记》与《牡丹亭》的爱情观。

阅读推荐

1. 钱南扬校:《汤显祖戏曲集(上、下)》,上海古籍出版社 1978 年版。

2. 徐朔方:《汤显祖评传》,南京大学出版社 1993 年版。

3. 徐朔方:《论汤显祖及其他》,上海古籍出版社 1983 年版。

4. 邹元江:《汤显祖的情与梦》,南京出版社 1998 年版。

婴　宁

蒲松龄

蒲松龄(1640—1715),字留仙,一字剑臣,别号柳泉,亦称柳泉居士,山东省淄川县(今淄博市淄川区)人。清代杰出文学家。蒲氏虽非名门望族,但多读书,获科举功名者代不乏人。蒲松龄的父亲科举不利,弃儒经商。蒲松龄少年时,家境日渐衰落,但天资聪慧,勤于攻读,文思敏捷,十九岁初应童子试,以县、府、道三试第一,考中秀才,此后屡试不中,终生未仕。一生中,除中年时在江南当了一年多幕僚外,绝大多数时间作塾师。这期间他也不断应试,但都失败了,大半生挣扎在科场失意的愁苦中。直至七十一岁才援例为贡生,几年后与世长辞。蒲松龄一生著作颇多,工诗文,善俚曲,其中《聊斋志异》为其代表作。今人有张友鹤辑校《聊斋志异会校会注会评本》等。

　　王子服,莒之罗店人①。早孤。绝惠,十四入泮②。母最爱之,寻常不令游郊野。聘萧氏,未嫁而夭,故求凰未就也③。会上元④,有舅氏子吴生,邀同眺瞩⑤。方至村外,舅家有仆来,招吴去;生见游女如云,乘兴独遨。有女郎携婢,撚梅花一枝,容华绝代,笑容可掬。生注目不移,竟忘顾忌。女过去数武⑥,顾婢曰:"个儿郎目灼灼似贼!"遗花地上,笑语自去。生拾花怅然,神魂丧失,怏怏遂返。至家,藏花枕底,垂头而睡,不语亦不食。母忧之。醮禳益剧⑦,肌革锐减⑧。医师诊视,投剂发表⑨。忽忽若迷。母抚问所由,默然不答。适吴生来,嘱密诘之。吴至榻前,生见之泪下。吴就榻慰解,渐致研诘⑩。生具吐其实,且求谋画。吴笑曰:"君意亦复痴!此愿有何难遂?当代访之。徒步于野,必非世家。如其未字⑪,事固谐矣;不然,拼以重赂,计必允遂。但得痊瘳⑫,成事在我。"生闻之,不觉解颐⑬。吴出告母,物色女子居里。而探访既穷,并无踪绪。母大忧,无所为计。然自吴去后,颜顿开,食亦略进。数日,吴复来。生问所谋。吴绐之曰⑭:"已得之矣。我以为谁何人,乃我姑氏女,即君姨妹行,今尚待聘;虽内戚有婚姻之嫌,实告之,无不谐者。"生喜溢眉宇,问:"居何里?"吴诡曰:"西南山中,去此可三十余里。"生又付嘱再四,吴锐身自任而去。

　　生由此饮食渐加,日就平复。探视枕底,花虽枯,未便凋落。凝思把玩,如见其人。怪吴不至,折柬招之。吴支托不肯赴召。生恚怒⑮,悒悒不欢。母虑其复病,急为议姻;略与商榷,辄摇首不愿。惟日盼吴。吴迄无耗⑯,益怨恨之。转思三十里非遥,何必仰息他人⑰?怀梅袖中,负气自往,而家人不知也。伶仃独步,无可问程,但望南山行去。约三十余里,乱山合沓⑱,空翠爽肌,寂无人行,止有鸟道。遥望谷底,丛花乱树中,隐隐有小里落。下山入村,见舍宇无多,皆茅屋,而意甚修雅。北向一家,门前皆丝柳,墙内桃杏尤繁,间以修竹;野鸟格磔其中⑲。意其园亭,不敢遽入⑳。回顾对户,有巨石滑洁,因据坐少憩。俄闻墙内有女子,长呼"小荣",其声娇细。方伫听间㉑,一女郎由东而西,执杏花一朵,俯首自簪。举头见生,遂不复簪,含笑撚花而入。审视之,即上元途中所遇也。心骤喜。但念无以阶进②;欲呼姨氏,顾从无还往,惧有讹误。门内无人可问,坐卧徘徊,自朝至于日昃③,盈盈望断④,并忘饥渴。时见女子露半面来窥,似讶其不去者⑤。忽一老媪扶杖出,顾生曰:"何处郎君,闻自辰刻便来⑥,以至于今。意将何为?得勿饥耶?"生急起揖之,答云:"将以盼亲。"媪聋聩不闻。又大言之㉗,乃问:"贵戚何姓?"生不能答。媪笑曰:"奇哉!姓名尚自不知,何亲可探?我视郎君,亦书痴耳。不如从我来,啖以粗粝⑧,家有短榻可卧。待明朝归,询知姓氏,再来探访,不晚也。"生方腹馁思啖㉙,又从此渐近丽人,大喜。

从媪入,见门内白石砌路,夹道红花,片片堕阶上;曲折而西,又启一关③,豆棚花架满庭中。肃客入舍㉛,粉壁光明如镜;窗外海棠枝朵,探入室中;裀藉几榻㉜,罔不洁泽。甫坐,即有人自窗外隐约相窥。媪唤:"小荣!可速作黍。"外有婢子嗷声而应③。坐次,具展宗阀㉞。媪曰:"郎君外祖,莫姓吴否?"曰:"然。"媪惊曰:"是吾甥也!尊堂,我妹子。年来以家窭贫㉟,又无三尺男,遂至音问梗塞。甥长成如许,尚不相识。"生曰:"此来即为姨也,匆遽遂忘姓氏。"媪曰:"老身秦姓,并无诞育㉟;弱息仅存㊲,亦为庶产。渠母改醮㊳,遗我鞠养㊴。颇亦不钝,但少教训,嬉不知愁。少顷,使来拜识。"未几,婢子具饭,雏尾盈握㊵。媪劝餐已。婢来敛具。媪曰:"唤宁姑来。"婢应去。良久,闻户外隐有笑声。媪又唤曰:"婴宁,汝姨兄在此。"户外嗤嗤笑不已。婢推之入,犹掩其口,笑不可遏。媪瞋目曰:"有客在,咤咤叱叱㊶,是何景象?"女忍笑而立,生揖之。媪曰:"此王郎,汝姨子。一家尚不相识,可笑人也。"生问:"妹子年几何矣?"媪未能解。生又言之。女复笑不可仰视。媪谓生曰:"我言少教诲,此可见矣。年已十六,呆痴裁如婴儿。"生曰:"小于甥一岁。"曰:"阿甥已十七矣,得非庚午属马者耶?"生首应之。又问:"甥妇阿谁?"答云:"无之。"曰:"如甥才貌,何十七岁犹未聘?婴宁亦无姑家㊷,极相匹敌;惜有内亲之嫌。"生无语,目注婴宁,不遑他瞬㊸。婢向女小语云:"目灼灼,贼腔未改!"女又大笑,顾婢曰:"视碧桃开未?"遽起,以袖掩口,细碎连步而出。至门外,笑声始纵。媪亦起,唤婢襆被,为生安置。曰:"阿甥来不易,宜留三五日,迟迟送汝归。如嫌幽闷,舍后有小园,可供消遣;有书可读。"

次日,至舍后,果有园半亩,细草铺毡,杨花糁径㊹;有草舍三楹,花木四合其所。穿花小步,闻树头苏苏有声,仰视,则婴宁在上。见生来,狂笑欲堕。生曰:"勿尔,堕矣!"女且下且笑,不能自止。方将及地,失手而堕,笑乃止。生扶之,阴捺其腕㊺。女笑又作,倚树不能行,良久乃罢。生俟其笑歇,乃出袖中花示之。女接之曰:"枯矣。何留之?"曰:"此上元妹子所遗,故存之。"问:"存之何意?"曰:"以示相爱不忘也。自上元相遇,凝思成疾,自分化为异物;不图得见颜色,幸垂怜悯。"女曰:"此大细事㊻,至戚何所靳惜㊼?待郎行时,园中花,当唤老奴来,折一巨捆负送之。"生曰:"妹子痴耶?""何便是痴?"曰:"我非爱花,爱撚花之人耳。"女曰:"葭莩㊽之情,爱何待言。"生曰:"我所谓爱,非瓜葛之爱,乃夫妻之爱。"女曰:"有以异乎?"曰:"夜共枕席耳。"女俯思良久,曰:"我不惯与生人睡。"语未已,婢潜至,生惶恐遁去。少时,会母所。母问:"何往?"女答以园中共话。媪曰:"饭熟已久,有何长言,周遮乃尔?"女曰:"大哥欲我共寝。"言未已,生大窘,急目瞪之,女微笑而止。幸媪不闻,犹絮絮究诘,生急以他词掩之。因小语责女。女曰:"适此语不应说耶?"生曰:"此背人语。"女曰:"背他人,岂得背老母。且寝处亦常事,何讳之?"生恨其痴,无术可以悟之。

食方竟,家中人捉双卫来寻生㊾。先是,母待生久不归,始疑;村中搜觅几遍,竟无踪兆。因往询吴。吴忆曩言㊿,因教于西南山村行觅。凡历数村,始至于此。生出门,适相值,便入告媪，且请偕女同归。媪喜曰："我有志，匪伊朝夕○51。但残躯不能远涉；得甥携妹子去，识认阿姨，大好！"呼婴宁。宁笑至。媪曰："有何喜，笑辄不辍？若不笑，当为全人。"因怒之以目。乃曰："大哥欲同汝去，可便装束。"又饷家人酒食，始送之出曰："姨家田产丰裕，能养冗人。到彼且勿归，小学诗礼，亦好事翁姑。即烦阿姨，为汝择一良匹○52。"二人遂发。至山坳，回顾，犹依稀见媪倚门北望也。

抵家，母睹妹丽，惊问为谁。生以姨女对。母曰："前吴郎与儿言者，诈也。我未有姊，何以得甥？"问女，女曰："我非母出。父为秦氏，没时，儿在褓中，不能记忆。"母曰："我一姊适秦氏○53，良确；然姊谢已久○54，那得复存？"因审诘面庞、志赘，一一符合。又疑曰："是矣。然亡已多年，何得复存？"疑虑间，吴生至，女避入室。吴询得故，惘然久之。忽曰："此女名婴宁耶？"生然之。吴极称怪事。问所自知，吴曰："秦家姑去世后，姑丈鳏居○55，祟于狐，病瘵死。狐生女名婴宁，绷卧床上，家人皆见之。姑丈殁，狐犹时来；后求天师符粘壁间，狐遂携女去。将勿此即○57？"彼此疑参○58。但闻室中吃吃皆婴宁笑声。母曰："此女亦太憨生。"吴请面之。母入室，女犹浓笑不顾。母促令出，始极力忍笑，又面壁移时，方出。才一展拜，翻然遽入，放声大笑。满室妇女，为之粲然。

吴请往觇其异○59，就便执柯○60。寻至村所，庐舍全无，山花零落而已。吴忆姑葬处，仿佛不远；然坟垄湮没，莫可辨识，诧叹而返。母疑其为鬼。入告吴言，女略无骇意；又吊其无家，亦殊无悲意，孜孜憨笑而已○61。众莫之测。母令与少女同寝止。昧爽即来省问○63，操女红精巧绝伦。但善笑，禁之亦不可止；然笑处嫣然，狂而不损其媚，人皆乐之。邻女少妇，争承迎之。母择吉将为合卺○64，而终恐为鬼物。窃于日中窥之，形影殊无少异。

至日，使华妆行新妇礼；女笑极不能俯仰，遂罢。生以其憨痴，恐漏泄房中隐事；而女殊密秘，不肯道一语。每值母忧怒，女至，一笑即解。奴婢小过，恐遭鞭楚，辄求诣母共话；罪婢投见，恒得免。而爱花成癖，物色遍戚党；窃典金钗，购佳种，数月，阶砌藩溷○65，无非花者。庭后有木香一架，故邻西家。女每攀登其上，摘供簪玩。母时遇见，辄诃之。女卒不改。

一日，西人子见之，凝注倾倒。女不避而笑。西人子谓女意己属○66，心益荡。女指墙底笑而下。西人子谓示约处，大悦。及昏而往，女果在焉。就而淫之，则阴如锥刺，痛彻于心，大号而踣○67。细视，非女，则一枯木卧墙边，所接乃水淋窍也。邻父闻声，急奔研问，呻而不言。妻来，始以实告。爇火烛窍，见中有巨蝎，如小蟹然。翁碎木捉杀之。负子至家，半夜寻卒。邻人讼生，讦发婴宁妖异○69。邑宰素仰生才，稔知其笃行士○70，谓邻翁讼诬，将杖责之。生为乞免，逐释而出。母谓女曰："憨狂尔尔，早知过喜而伏忧也。邑令神明，幸不牵累；设鹘突官宰○71，必逮妇女质公堂，我儿何颜见戚里？"女正色，矢不复笑○72。母曰："人罔不笑，但须有时。"而女由是竟不复笑，虽故逗，亦终不笑；然竟日未尝有戚容。

一夕，对生零涕。异之。女哽咽曰："曩以相从日浅，言之恐致骇怪。今日察姑及郎，皆过爱无有异心，直告或无妨乎？妾本狐产。母临去，以妾托鬼母，相依十余年，始有今日。妾又无兄弟，所恃者惟君。老母岑寂山阿○73，无人怜而合厝之○74，九泉辄为悼恨。君倘不惜烦费，使地下人消此怨恫，庶养女者不忍溺弃○75。"生诺之，然虑坟冢迷于荒草。女但言无虑。刻日，夫妻舆榇而往○76。女于荒烟错楚中○77，指示墓处，果得媪尸，肤革犹存。女抚哭哀痛。异归○78，寻秦氏墓合葬焉。是夜，生梦媪来称谢，寤而述之。女曰："妾夜见之，嘱勿惊郎君耳。"生恨不邀留。女曰："彼鬼也，生人多，阳气胜，何能久居？"生问小荣，曰："是亦狐，最黠。狐母留以视妾，每摄饵相哺○79，故德之常不去心○80。昨问母，云已嫁之。"由是岁值寒食○81，夫妻登秦墓,拜扫无缺。女逾年,生一子。在怀抱中,不畏生人,见人辄笑,亦大有母风云。

异史氏曰:"观其孜孜憨笑,似全无心肝者;而墙下恶作剧,其黠孰甚焉。至凄恋鬼母,反笑为哭,我婴宁殆隐于笑者矣。窃闻山中有草,名'笑矣乎',嗅之,则笑不可止。房中植此一种,则合欢、忘忧,并无颜色矣;若解语花,正嫌其作态耳。"

注　释

①莒(jǔ):古国名,今山东莒县一带。

②泮(pàn):即泮宫,此指地方官办的学馆。入泮,即考取秀才。

③求凰:指娶妻之意。

④会:值,恰逢。上元:农历正月十五,旧俗称上元节。

⑤眺瞩:登高望远。此指郊游。

⑥武:古代称半步为武。数武,就是几步。

⑦醮禳(jiào ráng):请和尚道士祈福消灾的迷信活动。醮禳益剧,意为请了僧道设坛做法,结果病情反而加重了。

⑧革:皮肤。锐:迅速。肌革锐减,指身体很快消瘦。

⑨投剂发表:指吃药发散祛病。

⑩研诘:仔细询问。

⑪未字:旧指女子尚未许婚。

⑫瘳(chōu):病好。

⑬颐:面颊。解颐,展颜而笑。

⑭绐(dài):欺骗。

⑮恚(huì):恼怒、气愤。

⑯迄:始终。耗:音讯,消息。

⑰仰息:仰人鼻息,此指依赖他人。

⑱合沓(tà):集聚重叠。

⑲格磔(zhé):鸟鸣声。

⑳遽(jù):仓促。

㉑伫(zhù)听:站着静听。

㉒阶进:这里有通过关系或找出合适的理由进去的意思。

㉓日昃(zè):太阳过午偏西。

㉔盈盈:眼波流转的样子。盈盈望断,形容专心地盼望着的神情。

㉕讶:惊异。

㉖辰刻:上午七时至九时之间。

㉗大言:大声说话。

㉘啖(dàn):吃。粗粝:糙米饭。啖以粗粝,拿粗米饭给他吃。

㉙馁:饿。

㉚关:门。

㉛肃:躬身作揖,请进,引进。肃客入舍,让客人先进屋,表示尊敬。

㉜裀(yīn)藉：垫褥，坐垫。

㉝噭(jiào)声而应：大声答应。

㉞宗阀：宗族门第。具展宗阀，指详细说明宗族家世。

㉟窭(jù)贫：贫穷。

㊱诞育：生育。

㊲弱息：幼弱子女，这里指婴宁。

㊳改醮：即改嫁。醮，古代婚娶时用酒祭神的礼式。

㊴鞠养：抚养。鞠，养育，抚养。

㊵雏尾：雏鸡。盈握：满握。雏尾盈握，形容菜肴中家禽肥大。

㊶咤(zhà)咤叱叱：嘻嘻哈哈的样子。

㊷姑家：婆家。

㊸遑：闲暇。

㊹糁(sǎn)：方言，指煮熟的米粒。杨花糁径，指杨花散乱地落满小路。

㊺捘(zùn)：按，捏。阴捘其腕，暗中捏她的手腕。

㊻此大细事：很小的事。靳惜：珍惜，吝惜。

㊼葭莩(jiā fú)：芦苇里的薄膜。比喻亲戚关系疏远淡薄。这里借指亲戚。

㊽周遮：形容言语啰嗦、话多的样子。

㊾卫：驴的别称。双卫，两头驴子。捉双卫，即牵着两头驴。

㊿曩(nǎng)：从前，过去。

51匪：非，不是。伊：语助词。匪伊朝夕，不止一朝一夕了。

52良匹：好配偶，好对象。

53适：出嫁，嫁给。

54殂(cú)谢：死亡，去世。

55鳏(guān)居：年老无妻或丧妻的男子独居。

56祟于狐：被狐女所迷惑。

57将勿：莫非，莫不是。

58疑参：疑惑不定。

59憨(hān)：痴傻。生：语助词。太憨生，谓过于憨傻。

60觇(chān)：看，窥视。

61柯：指斧头的柄。执柯，作媒。

62孜孜：憨笑不停的样子。

63昧爽：天刚亮。省问：问安。

64合卺(jǐn)：旧时结婚新婚夫妇共饮合欢酒的仪式，把一个匏瓜剖成两个瓢，新郎新娘各拿一个饮酒。此指举行婚礼。

65藩：篱笆。溷(hùn)：厕所。阶砌藩溷，庭阶篱笆厕所等处。

66谓女意已属：认为婴宁对他已经有意了。

67踣(bó)：跌倒。

68爇(ruò)：点燃。

69讦(jié)：揭发，告发。

⑦稔(rěn)：熟悉。

⑦鹘(hú)突：即糊涂，不明白事理。

⑦矢：同"誓"，发誓。

⑦岑寂山阿：在山坳中很孤寂。

⑦合厝(cuò)：合葬。厝，安置。

⑦庶：表示希望发生或出现某事，进行推测，但愿，或许，也许。庶养女者不忍溺弃，也许可以使生女孩的人不忍心将其淹死或抛弃。

⑦舆榇(chèn)：用车子装着棺材。

⑦错楚：杂乱的灌木丛。

⑦舁(yú)归：抬着棺木回来。

⑦摄饵：找来食物。相哺：喂养。

⑩德之常不去心：感激不忘。

⑧寒食：寒食节，在清明的前一两日。此指上坟扫墓的风俗。传说春秋时，介之推曾割股奉肉帮助晋公子重耳逃亡，后却避不受封，已为国君的重耳以火烧山，逼他出来，结果介之推母子葬身火海。晋国于是将此日定为寒食节，禁烟火，吃冷食，后世又增加了此日祭扫之俗。

阅读提示

《聊斋志异》中描写爱情的篇章众多，《婴宁》可谓卓然不群。这不仅在于书生王子服与狐女婴宁的爱情故事所体现出来的情爱理想，更在于塑造了婴宁这个天真烂漫的少女形象。

《婴宁》一个突出的特点就是在极真、极幻交织的情节中展开摇曳多姿的爱情描写。整篇小说以王子服见婴宁、想婴宁、寻婴宁、重会婴宁、带回婴宁成婚作为情节线索，其中，描写王子服对婴宁的迷恋、寻其不得的烦恼、向婴宁示爱的莽撞和尴尬是非常细腻而真实的。在情节叙述过程中又从容展开对婴宁性格的描绘刻画，表现这位狐女的神异性。作者层层设置悬念，迟迟不点明婴宁是什么人。从上元节的偶然相遇，吴生到处寻访婴宁的失败，到吴生谎言的神奇应验，和山中那座院落的出现和消失，使得婴宁在作者设置的疑云迷雾中呈现出神秘莫测的特点。直至婴宁说出自己狐生鬼养的身世，才使一切真相大白，原来，一切都是婴宁身为狐妖的神异性暗中使然。王子服与婴宁的爱情并没有受到外力的阻挠和干扰，相反，作者将他们的交往安排在仙境般幽雅的山野小院中，使他们的爱情像山泉一样纯净。体现了蒲松龄对纯洁、心灵契合的理想爱情的向往。

蒲松龄亲切地称婴宁为"我婴宁"，而婴宁也是古代小说中一个崭新的形象。她嗜花爱笑，美丽纯真，丝毫没有受到封建礼教、世俗人情的摧残和污染。她大大方方地将花枝遗落在陌生男子的面前，自由自在地在园中与姨兄共话；她终日"嗤嗤笑不已"，甚至于爬树攀花。在她心里，根本没有什么男女大防的清规戒律和"女德"的沉重阴影。她的性格处处表现出没有受到封建礼教毒害的少女的天性。蒲松龄以浪漫主义的方法赋予婴宁种种美好的人性，但他又将婴宁处理成狐女，将婴宁的生活环境安排在远离俗世的山野小院，此说明作者深知婴宁返璞归真的性格只能在理想中存在，在现实中是无法生存的。婴宁到了王家后，因为"爱笑"多次受到婆婆的责备。当她严惩荒淫无礼的西邻子受到婆婆的训诫后，婴宁"矢不复笑"，天真烂漫的理想性格消失了。从这个意义上来说，《婴宁》又是一篇性格小说，一出美好的人性不见容于世俗人生的性格悲剧。

拓展训练

1.结合文本，分析婴宁的"笑"的深层内涵。
2.分析"婴宁"与《聊斋志异》中其他女性形象的迥异之处。

阅读推荐

1.汪玢玲:《蒲松龄与〈聊斋志异〉研究》，中华书局 2015 年版。
2.袁世硕，徐仲伟:《蒲松龄评传》，南京大学出版社 2011 年版。
3.张友鹤:《聊斋志异（汇校汇注汇评本）》，上海古籍出版社 1997 年版。

故 乡

鲁 迅

鲁迅(1881—1936),中国现代文学的奠基者。原名周樟寿,后改名周树人,字豫才,浙江绍兴人。1918年5月,首次以"鲁迅"作笔名,发表了中国文学史上第一篇白话小说《狂人日记》。代表作有:小说集《呐喊》《彷徨》《故事新编》;散文集《朝花夕拾》;文学论著《中国小说史略》;散文诗集《野草》;杂文集《坟》《热风集》《华盖集》。

我冒着严寒,回到相隔二千余里,别了二十余年的故乡去。

时候既然①是深冬;渐近故乡时,天气又阴晦②了,冷风吹进船舱中,呜呜的响,从篷隙向外一望,苍黄的天底下,远近横着几个萧索③的荒村,没有一些活气。我的心禁不住悲凉起来了。

阿!这不是我二十年来时时记得的故乡?

我所记得的故乡全不如此。我的故乡好得多了。但要我记起他的美丽,说出他的佳处来,却又没有影像④,没有言辞了。仿佛也就如此。于是我自己解释说:故乡本也如此,——虽然没有进步,也未必有如我所感的悲凉,这只是我自己心情的改变罢了,因为我这次回乡,本没有什么好心绪⑤。

我这次是专为了别他而来的。我们多年聚族而居⑥的老屋,已经公同卖给别姓了,交屋的期限,只在本年,所以必须赶在正月初一以前,永别了熟识的老屋,而且远离了熟识的故乡,搬家到我在谋食⑦的异地去。

第二日清早晨我到了我家的门口了。瓦楞上许多枯草的断茎当风抖着,正在说明这老屋难免易主的原因。几房的本家大约已经搬走了,所以很寂静。我到了自家的房外,我的母亲早已迎着出来了,接着便飞出了八岁的侄儿宏儿。

我的母亲很高兴,但也藏着许多凄凉的神情,教我坐下,歇息,喝茶,且不谈搬家的事。宏儿没有见过我,远远的对面站着只是看。

但我们终于谈到搬家的事。我说外间的寓所⑧已经租定了,又买了几件家具,此外须将家里所有的木器卖去,再去增添。母亲也说好,而且行李也略已齐集,木器不便搬运的,也小半卖去了,只是收不起钱来。

"你休息一两天,去拜望亲戚本家一回,我们便可以走了。"母亲说。

"是的。"

"还有闰土,他每到我家来时,总问起你,很想见你一回面。我已经将你到家的大约日期通知他,他也许就要来了。"

这时候,我的脑里忽然闪出一幅神异的图画来:深蓝的天空中挂着一轮金黄的圆月,下面是海边的沙地，都种着一望无际的碧绿的西瓜，其间有一个十一二岁的少年，项带银圈，手捏一柄钢叉，向一匹猹⑨尽力的刺去，那猹却将身一扭，反从他的胯下逃走了。

这少年便是闰土。我认识他时，也不过十多岁，离现在将有三十年了；那时我的父亲还在世，家景也好，我正是一个少爷。那一年，我家是一件大祭祀的值年⑩。这祭祀，说是三十多年才能轮到一回，所以很郑重；正月里供祖像，供品很多，祭器很讲究，拜的人也很多，祭器也很要防偷去。我家只有一个忙月（我们这里给人做工的分三种：整年给一定人家做工的叫长年；按日给人做工的叫短工；自己也种地，只在过年过节以及收租时候来给一定人家做工的称忙月），忙不过来，他便对父亲说，可以叫他的儿子闰土来管祭器的。

我的父亲允许了；我也很高兴，因为我早听到闰土这名字，而且知道他和我仿佛年纪，闰月生的，五行缺土⑪，所以他的父亲叫他闰土。他是能装弶⑫捉小鸟雀的。

我于是日日盼望新年，新年到，闰土也就到了。好容易到了年末，有一日，母亲告诉我，闰土来了，我便飞跑的去看。他正在厨房里，紫色的圆脸，头戴一顶小毡帽，颈上套一个明晃晃的银项圈，这可见他的父亲十分爱他，怕他死去，所以在神佛面前许下愿心，用圈子将他套住了。他见人很怕羞，只是不怕我，没有旁人的时候，便和我说话，于是不到半日，我们便熟识了。

我们那时候不知道谈些什么，只记得闰土很高兴，说是上城之后，见了许多没有见过的东西。

第二日，我便要他捕鸟。他说："这不能。须大雪下了才好。我们沙地上，下了雪，我扫出一块空地来，用短棒支起一个大竹匾，撒下秕谷，看鸟雀来吃时，我远远地将缚在棒上的绳子只一拉，那鸟雀就罩在竹匾下了。什么都有：稻鸡，角鸡，鹁鸪，蓝背……"

我于是又很盼望下雪。

闰土又对我说："现在太冷，你夏天到我们这里来。我们日里到海边检⑬贝壳去，红的绿的都有，鬼见怕⑭也有，观音手也有。晚上我和爹管西瓜去，你也去。"

"管贼么？"

"不是。走路的人口渴了摘一个瓜吃，我们这里是不算偷的。要管的是獾猪⑮，刺猬，猹。月亮地下，你听，啦啦的响了，猹在咬瓜了。你便捏了胡叉，轻轻地走去……"

我那时并不知道这所谓猹的是怎么一件东西——便是现在也没有知道——只是无端的觉得状如小狗而很凶猛。

"他不咬人么？"

"有胡叉呢。走到了，看见猹了，你便刺。这畜生很伶俐，倒向你奔来，反从胯下窜了。他的皮毛是油一般的滑……"

我素不知道天下有这许多新鲜事：海边有如许⑯五色的贝壳；西瓜有这样危险的经历，我先前单知道他在水果店里出卖罢了。

"我们沙地里，潮汛⑰要来的时候，就有许多跳鱼儿只是跳，都有青蛙似的两个脚……"

阿！闰土的心里有无穷无尽的希奇的事，都是我往常的朋友所不知道的。他们不知道一些事，闰土在海边时，他们都和我一样只看见院子里高墙上的四角的天空。

可惜正月过去了，闰土须回家里去，我急得大哭，他也躲到厨房里，哭着不肯出门，但终于被他父亲带走了。他后来还托他的父亲带给我一包贝壳和几支很好看的鸟毛，我也曾送他一两次东西，但从此没有再见面。

现在我的母亲提起了他，我这儿时的记忆，忽而全都闪电似的苏生⑱过来，似乎看到了我的美丽的故乡了。我应声说：

"这好极！他，——怎样？……"

"他？……他景况也很不如意……"母亲说着，便向房外看，"这些人又来了。说是买木器，顺手也就随便拿走的，我得去看看。"

母亲站起身，出去了。门外有几个女人的声音。我便招宏儿走近面前，和他闲话：问他可会写字，可愿意出门。

"我们坐火车去么？"

"我们坐火车去。"

"船呢？"

"先坐船，……"

"哈！这模样了！胡子这么长了！"一种尖利的怪声突然大叫起来。

我吃了一吓，赶忙抬起头，却见一个凸颧骨，薄嘴唇，五十岁上下的女人站在我面前，两手搭在髀⑲间，没有系裙，张着两脚，正像一个画图仪器里细脚伶仃的圆规。

我愕然⑳了。

"不认识了么？我还抱过你咧！"

我愈加愕然了。幸而我的母亲也就进来，从旁说：

"他多年出门，统忘却了。你该记得罢，"便向着我说，"这是斜对门的杨二嫂，……开豆腐店的。"

哦，我记得了。我孩子时候，在斜对门的豆腐店里确乎终日坐着一个杨二嫂，人都叫伊"豆腐西施㉑"。但是擦着白粉，颧骨没有这么高，嘴唇也没有这么薄，而且终日坐着，我也从没有见过这圆规式的姿势。那时人说：因为伊，这豆腐店的买卖非常好。但这大约因为年龄的关系，我却并未蒙着一毫感化，所以竟完全忘却了。然而圆规很不平，显出鄙夷㉒的神色，仿佛嗤笑㉓法国人不知道拿破仑㉔，美国人不知道华盛顿㉕似的，冷笑说：

"忘了？这真是贵人眼高……"

"那有这事……我……"我惶恐着，站起来说。

"那么，我对你说。迅哥儿，你阔了，搬动又笨重，你还要什么这些破烂木器，让我拿去罢。我们小户人家，用得着。"

"我并没有阔哩。我须卖了这些，再去……"

"阿呀呀，你放了道台㉖了，还说不阔？你现在有三房姨太太；出门便是八抬的大轿㉗，还说不阔？吓㉘，什么都瞒不过我。"

我知道无话可说了，便闭了口，默默的站着。

"阿呀阿呀，真是愈有钱，便愈是一毫不肯放松，愈是一毫不肯放松，便愈有钱……"圆规一面愤愤的回转身，一面絮絮的说，慢慢向外走，顺便将我母亲的一副手套塞在裤腰里，出去了。

此后又有近处的本家和亲戚来访问我。我一面应酬，偷空便收拾些行李，这样的过了三四天。

一日是天气很冷的午后，我吃过午饭，坐着喝茶，觉得外面有人进来了，便回头去看。我看时，不由的非常出惊，慌忙站起身，迎着走去。

这来的便是闰土。虽然我一见便知道是闰土，但又不是我这记忆上的闰土了。他身材增加了一倍；先前的紫色的圆脸，已经变作灰黄，而且加上了很深的皱纹；眼睛也像他父亲一样，周围都肿得通红，这我知道，在海边种地的人，终日吹着海风，大抵是这样的。他头上是一顶破毡帽，身上只一件极薄的棉衣，浑身瑟索⑫着；手里提着一个纸包和一支长烟管，那手也不是我所记得的红活圆实的手，却又粗又笨而且开裂，像是松树皮了。

我这时很兴奋，但不知道怎么说才好，只是说：

"阿！闰土哥，——你来了？……"

我接着便有许多话，想要连珠一般涌出：角鸡，跳鱼儿，贝壳，猹，……但又总觉得被什么挡着似的，单在脑里面回旋，吐不出口外去。

他站住了，脸上现出欢喜和凄凉的神情；动着嘴唇，却没有作声。他的态度终于恭敬起来了，分明的叫道：

"老爷！……"

我似乎打了一个寒噤；我就知道，我们之间已经隔了一层可悲的厚障壁了。我也说不出话。

他回过头去说，"水生，给老爷磕头。"便拖出躲在背后的孩子来，这正是一个廿年前的闰土，只是黄瘦些，颈子上没有银圈罢了。"这是第五个孩子，没有见过世面，躲躲闪闪……"

母亲和宏儿下楼来了，他们大约也听到了声音。

"老太太。信是早收到了。我实在喜欢的不得了，知道老爷回来……"闰土说。

"阿，你怎的这样客气起来。你们先前不是哥弟称呼么？还是照旧：迅哥儿。"母亲高兴的说。

"阿呀，老太太真是……这成什么规矩。那时是孩子，不懂事……"闰土说着，又叫水生上来打拱⑬，那孩子却害羞，紧紧的只贴在他背后。

"他就是水生？第五个？都是生人，怕生也难怪的；还是宏儿和他去走走。"母亲说。

宏儿听得这话，便来招水生，水生却松松爽爽同他一路出去了。母亲叫闰土坐，他迟疑了一回，终于就了坐，将长烟管靠在桌旁，递过纸包来，说：

"冬天没有什么东西了。这一点干青豆倒是自家晒在那里的，请老爷……"

我问问他的景况。他只是摇头。

"非常难。第六个孩子也会帮忙了，却总是吃不够……又不太平……什么地方都要钱，没有定规……收成又坏。种出东西来，挑去卖，总要捐几回钱，折了本；不去卖，又只能烂掉……"

他只是摇头；脸上虽然刻着许多皱纹，却全然不动，仿佛石像一般。他大约只是觉得苦，却又形容不出，沉默了片时，便拿起烟管来默默的吸烟了。

母亲问他，知道他的家里事务忙，明天便得回去；又没有吃过午饭，便叫他自己到厨下炒饭吃去。

他出去了；母亲和我都叹息他的景况：多子，饥荒，苛税，兵，匪，官，绅，都苦得他像一个木偶人了。母亲对我说，凡是不必搬走的东西，尽可以送他，可以听他自己去拣择。

下午，他拣好了几件东西：两条长桌，四个椅子，一副香炉和烛台，一杆抬秤。他又要所有的草灰（我们这里煮饭是烧稻草的，那灰，可以做沙地的肥料），待我们启程的时候，他用船来载去。

夜间,我们又谈些闲天,都是无关紧要的话;第二天早晨,他就领了水生回去了。

又过了九日,是我们启程的日期。闰土早晨便到了,水生没有同来,却只带着一个五岁的女儿管船只。我们终日很忙碌,再没有谈天的工夫。来客也不少,有送行的,有拿东西的,有送行兼拿东西的。待到傍晚我们上船的时候,这老屋里的所有破旧大小粗细东西,已经一扫而空了。

我们的船向前走,两岸的青山在黄昏中,都装成了深黛⑧颜色,连着退向船后梢去。

宏儿和我靠着船窗,同看外面模糊的风景,他忽然问道:

"大伯! 我们什么时候回来?"

"回来? 你怎么还没有走就想回来了。"

"可是,水生约我到他家玩去咧……"他睁着大的黑眼睛,痴痴的想。

我和母亲也都有些惘然㉚,于是又提起闰土来。母亲说,那豆腐西施的杨二嫂,自从我家收拾行李以来,本是每日必到的,前天伊在灰堆里,掏出十多个碗碟来,议论之后,便定说是闰土埋着的,他可以在运灰的时候,一齐搬回家里去;杨二嫂发现了这件事,自己很以为功,便拿了那狗气杀(这是我们这里养鸡的器具,木盘上面有着栅栏,内盛食料,鸡可以伸进颈子去啄,狗却不能,只能看着气死),飞也似的跑了,亏伊装着这么高底㉜的小脚,竟跑得这样快。

老屋离我愈远了;故乡的山水也都渐渐远离了我,但我却并不感到怎样的留恋。我只觉得我四面有看不见的高墙,将我隔成孤身,使我非常气闷;那西瓜地上的银项圈的小英雄的影像,我本来十分清楚,现在却忽地模糊了,又使我非常的悲哀。

母亲和宏儿都睡着了。

我躺着,听船底潺潺的水声,知道我在走我的路。我想:我竟与闰土隔绝到这地步了,但我们的后辈还是一气,宏儿不是正在想念水生么。我希望他们不再像我,又大家隔膜㉝起来……然而我又不愿意他们因为要一气,都如我的辛苦展转㉞而生活,也不愿意他们都如闰土的辛苦麻木而生活,也不愿意都如别人的辛苦恣睢㉟而生活。他们应该有新的生活,为我们所未经生活过的。

我想到希望,忽然害怕起来了。闰土要香炉和烛台的时候,我还暗地里笑他,以为他总是崇拜偶像,什么时候都不忘却。现在我所谓希望,不也是我自己手制的偶像么? 只是他的愿望切近,我的愿望茫远罢了。

我在朦胧中,眼前展开一片海边碧绿的沙地来,上面深蓝的天空中挂着一轮金黄的圆月。我想:希望是本无所谓有,无所谓无的。这正如地上的路;其实地上本没有路,走的人多了,也便成了路。

注　释

①既然:这里是已然的意思。

②阴晦(huì):阴沉昏暗。

③萧索:荒凉、冷落的意思。

④影像:这里是印象的意思。

⑤心绪:心情。

⑥聚族而居:同族各家聚在一处居住。

⑥聚族而居:同族各家聚在一处居住。

⑦谋食:谋生。

⑧寓所:寄居的房子。

⑨猹(chá):作者1929年5月4日给舒新城的信中说道"'猹'字是我据乡下人所说的声音,生造出来的……现在想起来,也许是獾罢。"

⑩大祭祀的值年:大祭祀,指旧社会大家族全族对祖先的祭典。值年,大家族分若干房,每年由各房轮流主持祭祀活动,轮到的叫"值年"。

⑪五行(xíng)缺土:五行,即金木水火土。旧时迷信说法,人的生辰八字要五行俱全,才吉利;五行缺土,不吉利,补救的办法是,用土或土字作偏旁的字取名。

⑫弶(jiàng):一种捉鸟或鼠的简单装置。

⑬捡:同"捡",拾取。

⑭鬼见怕:和下文的"观音手"都是小贝壳的名称。旧时浙江沿海的人把这种小贝壳用线串在一起,戴在孩子的手腕或脚踝上,说是可以"避邪"。这类名称就是根据"避邪"的意思取的。

⑮獾(huān)猪:即猪獾,头长嘴尖,样子像猪,喜在夜间活动,损坏庄稼。

⑯如许:这么些。

⑰潮汛(xùn):定期上涨的潮水。

⑱苏生:苏醒,重现。

⑲髀(bì):大腿外面靠上的部位。

⑳愕(è)然:吃惊的样子。

㉑西施:春秋时越国一个美女的名字,后来用作美女的代称。

㉒鄙夷:看不起。

㉓嗤(chī)笑:讥笑。

㉔拿破仑(1769—1821):即拿破仑·波拿巴,法国资产阶级革命时期的军事家、政治家。1799年担任共和国执政。1804年建立法兰西第一帝国,自称拿破仑一世。

㉕华盛顿(1732—1799):即乔治·华盛顿,曾领导美国的独立战争,历时八年,打败英国殖民主义者,取得了独立,当选为美国第一任总统。

㉖道台:"道"是清朝地方行政区划名,长官称为"道台"。文中"放了道台",即做了大官的意思。

㉗八抬的大轿:八个人抬的大轿。

㉘吓(hè):感叹词。

㉙瑟索:即瑟缩,身体因寒冷、受惊等而蜷缩或兼抖动。

㉚黛:青黑色。

㉛惘(wǎng)然:心里好像失去了什么的样子。

㉜高底:从前裹脚女人的鞋往往装上木质的高底。

㉝隔膜:彼此思想感情不相通。

㉞展转:这里形容生活不安定,到处奔波。

㉟恣睢(zìsuī):放纵,放任。

　　小说写"我""回到相隔二千余里,别了二十余年的故乡",通过自己在故乡的所见所闻表达了离乡多年后重新回乡的一番物是人非的感慨。小说一开始所极力渲染的那种悲凉的气氛,是为后面的感慨作铺垫:"时候既然是深冬……没有一些活气。"这也正是"我"此次回乡的悲凉心境的反映。作者忍不住怀疑"这可是我二十年来时时记得的故乡?"旋即转入对故乡的回忆:"我的故乡好得多了。"但又恍然意识到"故乡本也如此",只不过是"我"的心境变化而已,"因为我这次回乡,本来就没什么好心绪"。这"心境的变化"表明"我"在经过了二十多年的离本乡、"走异路,逃异地",到现代都市"寻求别样的人们"这一段隐藏在小说背后的曲折经历之后,却仍然在为生活而"辛苦辗转"的失落和悲哀,而这一切正是作为一个现代知识分子的普遍困惑和迷茫。带着这样的心绪,"我"回到了久别的故乡,心中自然感到了无限的凄凉。在这个意义上,"回乡"也正是"寻梦",从而带有了一层形而上的人生况味,表达了一个出走异乡的现代文明人对于故乡的眷恋,一种难以割舍的乡土情怀。

　　然而"我"又是带着失望与悲凉离开故乡的,因为这故乡已不能带给"我"所需的慰藉和满足,小说因此蒙上一层浓郁的悲雾,如茅盾所言:"悲哀那人与人之间的不了解,隔膜。"这"隔膜"具体体现在"我"与闰土的身上。小说写到"我"在听到母亲提及闰土时,脑子忽然闪出了一幅"神异的图画","似乎看到了我的美丽的故乡了"。这图画正是"我"记忆中美好童年的幻影,而"我"这次回乡,一半也是想要寻回那已经逝去的美好回忆,然而并不能,因为那"时时记得的故乡"不过是"心象世界里的幻影"而已,那一幅神异的画面,其实是"我"幼年时凭着一颗童稚的心,根据闰土的描述而幻想出来的梦罢了。可以说,闰土的出现给"我"的童年带来无尽的欢乐,虽然"我"一直未能亲身体会到闰土所讲的装弶捉小鸟雀、海边拾贝壳和瓜田刺猹的乐趣,这些欢乐的记忆只在"我"脑中蕴藏、发酵,加上农村淳朴的乡情,最后汇结成了那一幅神异的图画。也就是说,那美妙的"故乡"从未在现实中真正存在过,所谓的"我"所记得的"好得多了"的故乡也只是永远存在于童年时光的美好回忆中,——真正有过的,不过是"我"所幻化的故乡的美妙而已。因此要"我""记起它的美丽,说出它的佳处来","我"就"没有影像,没有言辞"了。那么所谓的"寻梦",也只是一种充满渴望的幻象而已,一个永远悬置而不可到达的梦境。这是在小说一开始就已潜藏的一个困扰现代人的悲哀——精神家园的失落。小说从"还乡"到再次"出走",真切地记录了现代知识分子在乡土情结与现代性渴望之间纠缠难解的心路历程。

　　二十多年后"我"见到闰土的隔膜,正是"我"对故乡美好幻想的破灭。茅盾将这"隔膜"归咎于"历史遗传的阶级观念",这是从社会学角度来看待的。闰土见到"我"时,分明叫出的那一声"老爷",让"我"感到我们之间已经隔着一层"可悲的厚障壁"。母亲听了后说:"阿,你怎的这样客气起来。你们先前不是哥弟称呼么?还是照旧:迅哥儿。"闰土却说:"阿呀,老太太真是……这成什么规矩。那时是孩子,不懂事……"而这"规矩",便正是从祖祖辈辈"历史遗传"下来的尊卑有序的等级观念,亦即封建宗法制的儒家主流文化的体现,而闰土叫水生"给老爷磕头",将这等级观念继续遗传下去,"我"对这种麻木和不自觉感到了窒息般的心酸。从某种角度来看,乡村社会的人们带着一种既势利又羡慕的眼光打量衣锦还乡者,而回归者却永远是怀着一种浓郁的乡土情结来期待故乡的温情。这种心理的错位即是另一种

"隔膜",是出走还乡的现代人普遍遭遇到的难以磨灭的情感伤痛。这样看来,"我"与"闰土"之间的"隔膜",其实已深入到现代人的普遍性生活经验和生命体验之中了;而且,"我"的离乡寻梦,追求现代文明的一种"飞向远方、高空"的生活和理想追求,和闰土坚守故土的传统农民保守的生活和生命观念之间,犹如两条相交的线条,从过去到未来,向着巨大的时空方向无限地背离;而这种背离也并不因我们从小想要"一气"的亲密而有所改变,正是残酷的生活(或者说是命运)将人们推向不同的人生轨道,并越走越远。或许在现代人的生存体验中,他们渴望超越这种社会既定阶层,不论是在物质上还是精神上,无论他们在外面的世界闯荡得如何成功或失败,他们都不想在故乡这一特定的空间遭遇这种"隔膜"与背离。但他们却无法改变这一点,就像鲁迅无法让闰土一如既往地接受自己一样,因而不免有着深沉的压抑和悲哀。这种悲哀又在"我们"的后代,水生和宏儿身上继续延续;两个孩子一方面让我们看到"我"与闰土的昨天,另一方面也留下无尽的内心纠结和困惑:是不是水生和宏儿将来也会如今日的"我"和闰土一样地隔膜起来,还是他们真的会有更好的生活。整篇小说几乎在阐释这样一个富有意味的"绝望的轮回"。

拓展训练

1.故乡是一个人的来处,在鲁迅笔下,他的"来处"还是他记忆中的"来处"吗? 如果不是,那现在的故乡和以前有哪些不同呢?

2.作者在本文中一直用第 人称进行写作,那本文是一篇完全纪实的文学作品吗?

3.《故乡》这篇文章的题目在文章中有什么作用?

阅读推荐

1.鲁迅:《呐喊》,人民文学出版社2015年版。

2.鲁迅:《朝花夕拾》,人民文学出版社2015年版。

你是人间的四月天

——一句爱的赞颂

林徽因

林徽因(1904—1955),原名徽音,福建闽侯人,建筑师、作家、新月派诗人之一。其一生著述甚多,其中包括散文、诗歌、小说、剧本、译文和书信等作品,代表作《你是人间四月天》《九十九度中》等,出版诗集《林徽因诗集》等。

我说 你是人间的四月天;
笑响点亮了四面风;
轻灵在春的光艳中交舞着变。

你是四月早天里的云烟,
黄昏吹着风的软,
星子在无意中闪,细雨点洒在花前。

那轻,那娉婷①,你是,
鲜妍②百花的冠冕③你戴着,
你是天真,庄严,你是夜夜的月圆。

雪化后那片鹅黄,你像;
新鲜初放芽的绿,你是;
柔嫩喜悦,水光浮动着你梦期待中白莲。

你是一树一树的花开,
是燕在梁间呢喃④,——你是爱,是暖,
是希望,你是人间的四月天!

注　释

①娉婷(pīng tíng):女子容貌姿态娇好的样子。
②鲜妍:光彩美艳的样子。
③冠冕(miǎn):古代皇冠或官员的帽子,比喻第一,体面,光彩。
④呢喃(ní nán):象声词,形容燕子的叫声。

阅读提示

林徽因的诗如其人,宛如一阵清新的风,既不甜腻,也不灼热,温暖而纯净,绵软而轻柔,极富女性的细腻与深情,让人从心底感受到一种愉快和舒适。这首《你是人间的四月天》更是新月派诗歌诗美原则的完美体现,整首诗音律和谐,具有丰富的想象感和意境美,语言讲究节与节的匀称、句与句的齐整,无论是表达意蕴还是文章结构都别具一格,其艺术特色主要体现为以下几个方面。

1.形式纯熟,意象巧妙

这首诗用"人间的四月天"来表达美好的情感,可谓匠心独运。作者用轻风、云烟、星子、细雨、百花、圆月、白莲等刻画四月的景色,描绘出和风习习、阳光和煦的景象,细腻而韵味无穷。四月是蕴含希望、热情与梦想的时节,是每个人心中美好的伊甸园。因此,用四月天来形容的情感,是来自心底最深处的真挚情感。同时,作者在结尾处再次点题"你是人间的四月天",与诗歌第一段首尾呼应,淋漓尽致地表达"爱""暖"和"希望",使情感得到再一次升华。

2.手法多样,情感真挚

这首诗的一大特点是用大量的比喻和感官描写,对意象和情感进行雕琢和塑造,却无刻意之感,反而巧妙地将深刻的感情隐藏在华丽的语言和修饰中,让人不觉被诗中唯美的意境和诗意的感情所打动,与诗人一起沉浸在美好的情感中。作者采用大量排比手法,如"雪化后那片鹅黄,你像;新鲜初放芽的绿,你是",并采用倒装句式,使作品具有浑然天成的音乐节奏,音节优美,朗朗上口。为了抒发深沉浓烈的爱,作者用"娉婷"且"鲜妍"的"百花的冠冕你戴着",写出万般宠爱的风姿。同时用"鹅黄""绿""白"描写花的绚丽与生机勃勃,突出对爱的无限期待与渴求之情。

3.角度多重,感官体验

全诗从多个角度描写四月天的特点,无论是柔和恬静,还是百鸟欢鸣,作者都善于调动多种感官加以表现。如对四面风的描写,一个"笑响",一个"点亮",由听觉到视觉再到感觉赋予抽象的风以灵气与生命力。对四月景的描写,视觉上有"一树一树的花开",听觉上有"燕在梁间呢喃",触觉上有布满空间的"暖",带给读者多重感官冲击。同时,作者运用云烟缥缈的轻柔表现四月天的静,用吹着的风、闪动的星子和洒在花前的细雨点,勾勒出四月天的灵动,动静结合,相得益彰。

拓展训练

1.这首诗是作者写给谁的?
2.作者笔下的"四月天"有哪些特点?
3.这首诗表达了作者什么情感?

阅读推荐

1.董小玉,韩敏:《中外诗歌名篇赏析》,西南师范大学出版社2014年版。
2.白落梅:《你若安好,便是晴天——林徽因的人间四月》,中国华侨出版社2013年版。

边城(节选)①

沈从文

> 沈从文(1902—1988),原名沈岳焕,湖南凤凰县人,著名作家、历史文物研究者,"京派小说"的代表作家。14 岁时,他投身行伍,浪迹湘川黔边境地区,1924 年开始文学创作,抗战爆发后到西南联大任教,1946 年回到北京大学任教,新中国成立后在中国历史博物馆和中国社会科学院历史研究所工作,主要从事中国古代服饰的研究,1988 年病逝于北京。沈从文一生共出版了《石子船》《从文子集》等 30 多部短篇小说集和《边城》《长河》等 6 部中长篇小说。

一

由四川过湖南去,靠东有一条官路。这官路将近湘西边境到了一个地方名为"茶峒"的小山城时,有一小溪,溪边有座白色小塔,塔下住了一户单独的人家。这人家只一个老人,一个女孩子,一只黄狗。

小溪流下去,绕山岨流②,约三里便汇入茶峒的大河。人若过溪越小山走去,则只一里路就到了茶峒城边。溪流如弓背,山路如弓弦,故远近有了小小差异。小溪宽约二十丈,河床为大片石头作成。静静的水即或深到一篙不能落底,却依然清澈透明,河中游鱼来去皆可以计数。小溪既为川湘来往孔道,水常有涨落,限于财力不能搭桥,就安排了一只方头渡船。这渡船一次连人带马,约可以载二十位搭客过河,人数多时则反复来去。渡船头竖了一枝小小竹竿,挂着一个可以活动的铁环,溪岸两端水槽牵了一段废缆,有人过渡时,把铁环挂在废缆上,船上人就引手攀缘那条缆索,慢慢的牵船过对岸去。船将拢岸了,管理这渡船的,一面口中嚷着"慢点慢点",自己霍的跃上了岸,拉着铁环,于是人货牛马全上了岸,翻过小山不见了。渡头为公家所有,故过渡人不必出钱。有人心中不安,抓了一把钱掷到船板上时,管渡船的必为一一拾起,依然塞到那人手心里去,俨然吵嘴时的认真神气:"我有了口粮,三斗米,七百钱,够了。谁要这个!"

但不成,凡事求个心安理得,出气力不受酬谁好意思,不管如何还是有人给钱的。管船人却情不过,也为了心安起见,便把这些钱托人到茶峒去买茶叶和草烟,将茶峒出产的上等草烟,一扎一扎挂在自己腰带边,过渡的谁需要这东西必慷慨奉赠。有时从神气上估计那远路人对于身边草烟引起了相当的注意时,便把一小束草烟扎到那人包袱上去,一面说,"不吸这个吗,这好的,这妙的,味道蛮好,送人也合式!"茶叶则在六月里放进大缸里去,用开水泡好,给过路人解渴。

管理这渡船的,就是住在塔下的那个老人。活了七十年,从二十岁起便守在这小溪边,五十年来不知把船来去渡了若干人。年纪虽那么老了,本来应当休息了,但天不许他休息,他仿佛便不能够同这一分生活离开。他从不思索自己的职务对于本人的意义,只是静静的很忠实的在那里活下去。代替了天,使他在日头升起时,感到生活的力量,当日头落下时,又不至于思量与日头同时死去的,是那个伴在他身旁的女孩子。他唯一的朋友为一只渡船与一只黄狗,唯一的亲人便只那个女孩子。

女孩子的母亲,老船夫的独生女,十五年前同一个茶峒军人,很秘密的背着那忠厚爸爸发生了暧昧关系。有了小孩子后,这屯戍军士便想约了她一同向下游逃去。但从逃走的行为上看来,一个违悖了军人的责任,一个却必得离开孤独的父亲。经过一番考虑后,军人见她无远走勇气自己也不便毁去作军人的名誉,就心想:一同去生既无法聚首,一同去死当无人可以阻拦,首先服了毒。女的却关心腹中的一块肉,不忍心,拿不出主张。事情业已为作渡船夫的父亲知道,父亲却不加上一个有分量的字眼儿,只作为并不听到过这事情一样,仍然把日子很平静的过下去。女儿一面怀了羞惭一面却怀了怜悯,仍守在父亲身边,待到腹中小孩生下后,却到溪边吃了许多冷水死去了。在一种近于奇迹中,这遗孤居然已长大成人,一转眼间便十三岁了。为了住处两山多篁竹,翠色逼人而来,老船夫随便为这可怜的孤雏拾取了一个近身的名字,叫作"翠翠"。

翠翠在风日里长养着,把皮肤变得黑黑的,触目为青山绿水,一对眸子清明如水晶。自然既长养她且教育她,为人天真活泼,处处俨然如一只小兽物。人又那么乖,如山头黄麂一样③,从不想到残忍事情,从不发愁,从不动气。平时在渡船上遇陌生人对她有所注意时,便把光光的眼睛瞅着那陌生人,作成随时皆可举步逃入深山的神气,但明白了人无机心后,就又从从容容的在水边玩耍了。

老船夫不论晴雨,必守在船头。有人过渡时,便略弯着腰,两手缘引了竹缆,把船横渡过小溪。有时疲倦了,躺在临溪大石上睡着了,人在隔岸招手喊过渡,翠翠不让祖父起身,就跳下船去,很敏捷的替祖父把路人渡过溪,一切皆溜刷在行,从不误事。有时又和祖父黄狗一同在船上,过渡时和祖父一同动手,船将近岸边,祖父正向客人招呼:"慢点,慢点"时,那只黄狗便口衔绳子,最先一跃而上,且俨然懂得如何方为尽职似的,把船绳紧衔着拖船拢岸。

风日清和的天气,无人过渡,镇日长闲,祖父同翠翠便坐在门前大岩石上晒太阳。或把一段木头从高处向水中抛去,嗾使身边黄狗自岩石高处跃下④,把木头衔回来。或翠翠与黄狗皆张着耳朵,听祖父说些城中多年以前的战争故事。或祖父同翠翠两人,各把小竹做成的竖笛,逗在嘴边吹着迎亲送女的曲子。过渡人来了,老船夫放下了竹管,独自跟到船边去,横溪渡人,在岩上的一个,见船开动时,于是锐声喊着:

"爷爷,爷爷,你听我吹,你唱!"

爷爷到溪中央便很快乐的唱起来,哑哑的声音同竹管声振荡在寂静空气里,溪中仿佛也热闹了一些。(实则歌声的来复,反而使一切更寂静一些了。)

有时过渡的是从川东过茶峒的小牛,是羊群,是新娘子的花轿,翠翠必争着作渡船夫,站在船头,懒懒的攀引缆索,让船缓缓地过去。牛羊花轿上岸后,翠翠必跟着走,站到小山头,目送这些东西走去很远了,方回转船上,把船牵靠近家的岸边。且独自低低的学小羊叫着,学母牛叫着,或采一把野花缚在头上,独自装扮新娘子。

茶峒山城只隔渡头一里路,买油买盐时,逢年过节祖父得喝一杯酒时,祖父不上城,黄狗就伴同翠翠入城里去备办东西。到了卖杂货的铺子里,有大把的粉条,大缸的白糖,有炮仗,有红蜡烛,莫不给翠翠很深的印象,回到祖父身边,总把这些东西说个半天。那里河边还有许多上行船,百十船夫忙着起

《边城》节选

卸百货。这种船只比起渡船来全大得多，有趣味得多，翠翠也不容易忘记。

注释

①岨(jū)：同"砠"，覆盖薄土的石山。

②麂(jǐ)：鹿科哺乳动物的一种，体型较小，雄的有长牙和短角。腿细而有力，善于跳跃，毛棕色，皮很柔软，可以制革。

③嗾(sòu)：使狗声，亦即唤狗声。

阅读提示

一方水土养一方人，沈从文笔下的湘西有一种不为世俗所沾染的淳朴自然美。作者将边城写得如世外桃源一般，寄托了自己对这种田园牧歌式生活的向往。更令人向往的是边城人的仗义淳朴，即便是妓女也让人生不出一丝鄙夷之心。而老船夫不收钱、买烟叶、买茶叶的行为也更让喜欢斤斤计较的世俗人感到羞愧。这样的风俗人情、自然美景，才会孕育出翠翠、傩送这样纯美至善的湘西儿女。

《边城》寄寓着沈从文"爱"与"美"的美学理想，是他的作品中最能表现人性美的一部。小说以翠翠的爱情悲剧为线索，淋漓尽致地表现了湘西地方的风情美和人性美，为我们绘就一幅田园牧歌式的湘西世界。沈从文曾表示："我要表现的本是一种'人生形式'，一种'优美、健康、自然，而又不悖乎人性的人生形式'。"小说以牧歌式的情调描绘出田园诗般的边城世界，这里的人民保持着淳朴自然、真挚善良的人性美和人情美。他们诚实勇敢、乐善好施、热情豪爽、轻利重义、守信自约，"凡事只求个心安理得"，就连吊脚楼妓女的性情也浸染着边民的淳厚，俨然是一个安静平和的桃源仙境。这里的人民，诗意地生活，诗意地栖居，这是抒情诗，也是风俗画。

《边城》以撑渡老人的外孙女翠翠与船总的两个儿子天保、傩送的爱情为线索，表达了对田园牧歌式生活的向往和追求。这种宁静的生活若和当时动荡的社会相对比，简直就是一块脱离滚滚尘寰的"世外桃源"。在这块世外桃源中生活的人们充满了原始的、内在的、本质的"爱"。正因为这"爱"才使得川湘交界的湘西小城、酉水岸边茶峒里的"几个愚夫俗子，被一件普通人事牵连在一处时，各人应得的一份哀乐，为人类'爱'字作一度恰如其分的说明"。《边城》正是通过抒写青年男女之间的纯美情爱、祖孙之间的真挚亲爱、邻里之间的善良互爱来表现人性之美。作者想要通过翠翠、傩送的爱情悲剧，去淡化现实的黑暗与痛苦，去讴歌一种古朴的象征着"爱"与"美"的人性与生活方式。翠翠与傩送这对互相深爱对方的年轻人既没有海誓山盟、卿卿我我，也没有离经叛道的惊世骇俗之举，更没有充满铜臭味的金钱和权势交易，有的只是原始乡村孕育下的自然的男女之情，这种情感像阳光下的花朵一样，清新而健康。作者不仅对两个年轻人对待"爱"的方式给予热切的赞扬，而且也热情地讴歌了他们所体现出的湘西人民行为的高尚和灵魂的纯美。

拓展训练

1. 谈一谈本文所描述的湘西景色特点。
2. 选文中的景色描写与本部小说的主旨有何关系?
3. 试分析翠翠与爷爷这两个人物的性格特征。

阅读推荐

1. 金介甫:《沈从文传》,国际文化出版公司 2009 年版。
2. 张新颖:《沈从文精读》,复旦大学出版社 2006 年版。

日出（节选）

曹　禺

　　曹禺（1910—1996），原名万家宝，祖籍湖北潜江，生于天津一个没落的旧官僚家庭。中学时便积极参加文学社活动，参演话剧。1928年入读南开大学政治系，1930年转入清华大学外文系，1934年发表剧作《雷雨》，后陆续写成《日出》《原野》《蜕变》《北京人》等。1949年后作有《胆剑篇》《王昭君》等剧本。

第二幕（节选）

　　景同第一幕，还是××旅馆那间华丽的休息室。

　　天快黑了，由窗户望出，外面反映着一片夕阳；屋内暗淡，几乎需要燃起灯才看得清楚。窗外很整齐地传进来小工们打地基的桩歌，由近渐远，掺杂着渐移渐远多少人的步伐和沉重的石块落地的闷塞声音。这些工人们在此处一共唱着两种打桩的歌：（他们的专门名词是"叫号"）一是"小海号"，一是"轴号"。现在他们正沉重地呼着"小海号"，一个高亢兴奋的声音领唱，二三十人以低重而悲哀的腔调接和着。中间夹杂，当着唱声停顿时候，两三排"木夯"（木夯也是一种砸地的工具，木做的，两个人握着柄，一步一移向前砸。一排多半是四个夯，八个人）哼哼唷，哼哼唷，砸地的工作声。这种声音几乎一直在这一幕从头到尾，如一群含着愤怒的冤魂，抑郁暗塞地哼着，充满了警戒和恐吓。他们用一种原始的语言来唱出他们的忧郁，痛苦，悲哀和奋斗中的严肃，所以在下面这段夯歌——"小海号"——里找不着一个字，因为用字来表达他们的思想和情感是笨拙而不可能的事。他们每句结尾的音梢带着北方的粗悍。而他们是这样唱的：

小海号

　　上列谱中，每小节打二拍，第一拍表示重砸，第二拍表示轻砸。

　　唱了一半，停顿时又听见砸木夯的小工们哼唷哼唷哼唷地走过去。直到一点也听不见的时候又走回来。这时福升一个人在房里收拾桌上的烟具，非常不耐烦的样子，频倾向外望出，一面流着眼泪打着呵欠。但是外面的木夯声益发有力地工作着，Heng—Heng—Hei。Heng—Hei 一排一排的木夯落在湿松的土壤上发出严肃而沉闷的声音，仿佛是一队木偶兵机械似地迈着不可思议的整齐的步伐。

王福升：（捺不住了，忽然对着窗口，一连吐了三口唾沫）呸！呸！呸！Hei—Hei！总他妈的
　　　　Hei—Hei！这楼要是盖好，还不把人吵死。（窗外又听是远远举着"石硪"打地基的
　　　　工人们很沉重地唱着"小海号"，他伸长耳朵对着窗外厌恶地听一会。）听！听！没完
　　　　了！就靠白天睡会觉，这帮死不了的唱起来没完啦！眼看着就要煞黑，还是干了唱，

唱了干,真他妈的不嫌麻烦,天生吃窝窝头就咸菜的脑袋。哼,我有儿子,饿死也不干这个! 呸! (又吐一口唾沫。然而"叫号"的小工们越唱越响了,并且也改了调门,这次他门高亢而兴奋地唱和着"轴号",用乐谱下一行的词,即"老阳西落,砸得好心焦,不卖点命,谁也不饶"。)

王福升:(听了一半,他忽然坐下,把两只耳朵里塞好了的纸团取出来,挖挖耳朵,挑战地坐下来)来吧! 唱吧! 你 hei—hei 吧! 你放开嗓子唱吧! 我跟你算泡上啦,我听,你唱,他妈看谁耗过谁! (爽性闭着眼,静听起来)看谁耗过谁!

　　　(当然外边的人们越唱越有劲)

　　　(方达生进。唱声又渐远。)

王福升:(觉得背后有人,立起,回过头)哦,方先生,您早起来了?

方达生:(不明白他问的意思)自然——天快黑了。

王福升:(难得有一个人在面前让他发发牢骚)不起? 人怎么睡得着! 就凭这帮混帐,欠挨刀的小工子们——

方达生:(指窗外,叫他不要说话)嘘,你听!

王福升:(误会了意思)不要紧,我才不怕他们呢,夜晚熬一宿,我就靠白天睡会觉,他们嚷嚷嚷,嚷嚷嚷,吵了一整天,这帮饿不死的东西——

方达生:(又指指窗外,非常感觉兴趣,低声)你听,听他们唱,不要说话。

王福升:(嘿然)哦,您叫我听他们唱啊!

方达生:(不客气地)对了。

　　　(外面正唱着。"老阳西落……砸得好心焦……不卖点命……谁也不饶。"唱完最后一句,不知为什么窗外哄然一阵笑声,但立刻又听见那木偶似地步伐,heng—heng—hei 地远去。)

方达生:(扶窗,高兴地往下望)唱得真好听!

王福升:(莫名其妙)好听?

方达生:(叹一口气,但是愉快地)他们真快活! 你看他们满脸的汗,唱得那么高兴!

王福升:(讪笑)天生的那份穷骨头噻。要不,一辈子就会跟人打夯,卖苦力,盖起洋楼给人家住噻?

方达生:这楼是谁盖的?

王福升:谁盖的,反正有钱的人盖的吧。大丰银行盖的,潘四爷盖的,大概连(指左边屋内)在屋里的顾八奶奶也有份,(无聊地)有钱未! 您看,(随手一指)就盖大洋楼。(阿Q式地感慨系之)越有钱的越有钱噻!

方达生:顾八奶奶? 你说的是不是满脸擦着胭脂粉的老东西?

王福升:对了,就是她! 老来俏,人老心不老,人家有钱,您看,哪个不说她年青,好看? 不说旁的,连潘四爷还恭维着她呢。您看刚才潘四爷不是陪着小姐,顾八奶奶一同到屋里(指左边)打麻将去啦么? 顾八奶奶阔着得呢!

方达生:怎么? 我出去一会子啦,(厌恶)这帮人现在还在这屋子里打牌,没有走?

王福升:走? 上哪儿去? 天快黑了,客来多了,更不走了。

方达生:(来回走了两趟)这地方真是闷气得使人讨厌,连屋子也这么黑。

王福升:哼,这屋子除了早上见点日头,整天见不着阳光,怎么不黑?

方达生:(点头)没有太阳,对了,这块地方太阳是不常照着的。

王福升：反正就是那么一回子事，有老阳儿又怎么样，白天还是照样得睡觉，到晚上才活动起来。白天死睡，晚上才飕飕地跑，我们是小鬼，我们用不着太阳。

方达生：对了，太阳不是我们的，(沉吟)那么，太阳是谁的呢？

王福升：(不懂)谁的？(傻笑)管它是谁的呢？

方达生：(替他接下)反正是这么一回子事，是不是？

王福升：对了，就那么一回子事，哈哈。

〔敲门声。〕

方达生：有人敲门。

王福升：谁？(敲门声，福正要开门)

方达生：你等等，我不大愿意见这些人，我先到那屋去。

《日出》节选

阅读提示

　　曹禺的剧作《雷雨》标志着中国话剧艺术的成熟，可读性与可操作性高度统一，奠定了话剧作为综合艺术在新文学史上的地位。该剧一经演出便引起轰动。两年后，曹禺写成《日出》，这是一部描写社会悲剧的现实主义力作，显示出作者创作思想上的一些变化，剧作采取散点透视的方法，着力表现日常生活，分别通过高级旅馆和低等妓院，描写两个截然不同的世界，控诉"损不足以奉有余"的不合理社会。

　　陈白露是其中极富深度的一个艺术形象，从一个"天真可喜的女孩子"变为一个深陷灯红酒绿生活而无力自拔的交际花，最后她选择自杀来结束自己的生命困局。作者在此揭示了人生的一种困境，同时也留下希望，剧中另一个人物方达生与"日出"的意象便是两个给予希望的象征。

拓展训练

1.陈白露是《日出》中处于中心的人物形象，谈谈你对这一艺术形象的认识和理解。

2.曹禺戏剧的艺术特点是什么？如何认识曹禺在中国现代戏剧中的重要地位？

阅读推荐

1.曹禺：《雷雨·日出：曹禺作品菁华集》，湖南文艺出版社2013年版。

2.朱栋霖：《曹禺：心灵的艺术》，北京大学出版社2010年版。

封　锁

张爱玲

张爱玲（1920—1995），中国现代女作家，原名张煐，笔名梁京，祖籍河北丰润，生于上海。7 岁开始写小说，12 岁开始在校刊和杂志上发表作品。1943 至 1944 年，创作和发表了《沉香屑·第一炉香》《沉香屑·第二炉香》《茉莉香片》《倾城之恋》《红玫瑰与白玫瑰》等小说。1955 年，张爱玲赴美国定居，创作多部英文小说。1969 年后主要从事古典小说的研究，著有红学论集《红楼梦魇》。1995 年 9 月在美国洛杉矶去世，终年 75 岁。有《张爱玲全集》行世。

开电车的人开电车。在大太阳底下，电车轨道像两条光莹莹的，水里钻出来的曲蟮，抽长了，又缩短了；抽长了，又缩短了，就这么样往前移——柔滑的，老长老长的曲蟮，没有完，没有完……开电车的人眼睛盯住了这两条蠕蠕的车轨，然而他不发疯。

如果不碰到封锁，电车的进行是永远不会断的。封锁了。

摇铃了。"叮玲玲玲玲玲，"每一个"玲"字是冷冷的一小点，一点一点连成了一条虚线，切断了时间与空间。

电车停了，马路上的人却开始奔跑，在街的左面的人们奔到街的右面，在右面的人们奔到左面。商店一律地沙啦啦拉上铁门。女太太们发狂一般扯动铁栅栏，叫道："让我们进来一会儿！我这儿有孩子哪，有年纪大的人！"然而门还是关得紧腾腾的。铁门里的人和铁门外的人眼睁睁对看着，互相惧怕着。

电车里的人相当镇静。他们有座位可坐，虽然设备简陋一点，和多数乘客的家里的情形比较起来，还是略胜一筹。街上渐渐地也安静下来，并不是绝对的寂静，但是人声逐渐渺茫，像睡梦里所听到的芦花枕头里的赶咐。这庞大的城市在阳光里眨着了，重重地把头搁在人们的肩上，口涎顺着人们的衣服缓缓流下去，不能想象的巨大的重量压住了每一个人。

上海似乎从来没有这么静过——大白天里！一个乞丐趁着鸦雀无声的时候，提高了喉咙唱将起来："阿有老爷太太先生小姐做做好事救救我可怜人哇？阿有老爷太太……"然而他不久就停了下来，被这不经见的沉寂吓噤住了。

还有一个较有勇气的山东乞丐，毅然打破了这静默。他的嗓子浑圆嘹亮："可怜啊可怜！一个人啊没钱！"悠久的歌，从一个世纪唱到下一个世纪。音乐性的节奏传染上了开电车的。开电车的也是山东人。他长长地叹了一口气，抱着胳膊，向车门上一靠，跟着唱了起来："可怜啊可怜！一个人啊没钱！"

电车里，一部分的乘客下去了。剩下的一群中，零零落落也有人说句把话。靠近门口的几个公事房里回来的人继续谈讲下去。一个人撒喇一声抖开了扇子，下了结论道："总而言之，他别的毛病没有，就吃亏在不会做人。"另一个鼻子里哼了一声，冷笑道："说他不会做人，他把上头敷衍得挺好的呢！"

一对长得颇像兄妹的中年夫妇把手吊在皮圈上，双双站在电车的正中，她突然叫道："当心别把裤子弄脏了！"他吃了一惊，抬起他的手，手里拎着一包熏鱼。他小心翼翼使那油汪汪的纸口袋与他的西装裤子维持二寸远的距离。他太太兀自絮叨道："现在干洗是什么价钱？做一条裤子是什么价钱？"

坐在角落里的吕宗桢，华茂银行的会计师，看见了那熏鱼，就联想到他夫人托他在银行附近一家面食摊子上买的菠菜包子。女人就是这样！弯弯扭扭最难找的小胡同里买来的包子必定是价廉物美的！她一点也不为他着想——一个齐齐整整穿着西装戴着玳瑁边眼镜提着公事皮包的人，抱着报纸里的热腾腾的包子满街跑，实在是不像话！然而无论如何，假使这封锁延长下去，耽误了他的晚饭，至少这包子可以派用场。他看了看手表，才四点半。该是心理作用罢？他已经觉得饿了。他轻轻揭开报纸的一角，向里面张了一张。一个个雪白的，喷出淡淡的麻油气味。一部分的报纸粘住了包子，他谨慎地把报纸撕了下来，包子上印了铅字，字都是反的，像镜子里映出来的，然而他有这耐心，低下头去逐个认了出来：

"讣告……申请……华股动态……隆重登场候教……"都是得用的字眼儿，不知道为什么转载到包子上，就带点开玩笑性质。也许因为"吃"是太严重的一件事了，相形之下，其他的一切都成了笑话。吕宗桢看着也觉得不顺眼，可是他并没有笑，他是一个老实人。他从包子上的文章看到报上的文章，把半页旧报纸读完了，若是翻过来看，包子就得跌出来，只得罢了。他在这里看报，全车的人都学了样，有报的看报，没有报的看发票，看章程，看名片。任何印刷物都没有的人，就看街上的市招。他们不能不填满这可怕的空虚——不然，他们的脑子也许会活动起来。思想是痛苦的一件事。

只有吕宗桢对面坐着的一个老头子，手心里骨碌碌骨碌碌搓着两只油光水滑的核桃，有板有眼的小动作代替了思想。

他剃着光头，红黄皮色，满脸浮油，打着皱，整个的头像一个核桃。他的脑子就像核桃仁，甜的，滋润的，可是没有多大意思。

老头子右首坐着吴翠远，看上去像一个教会派的少奶奶，但是还没有结婚。她穿着一件白洋纱旗袍，滚一道窄窄的蓝边——深蓝与白，很有点讣闻的风味。她携着一把蓝白格子小遮阳伞。头发梳成千篇一律的式样，唯恐唤起公众的注意。

然而她实在没有过分触目的危险。她长得不难看，可是她那种美是一种模棱两可的，仿佛怕得罪了谁的美，脸上一切都是淡淡的，松弛的，没有轮廓。连她自己的母亲也形容不出她是长脸还是圆脸。

在家里她是一个好女儿，在学校里她是一个好学生。大学毕了业后，翠远就在母校服务，担任英文助教。她现在打算利用封锁的时间改改卷子。翻开了第一篇，是一个男生做的，大声疾呼抨击都市的罪恶，充满了正义感的愤怒，用不很合文法的，吃吃艾艾的句子，骂着"红嘴唇的卖淫妇……大世界……下等舞场与酒吧间"。翠远略略沉吟了一会，就找出红铅笔来批了一个"A"字。若在平时，批了也就批了，可是今天她有太多的考虑的时间，她不由地要质问自己，为什么她给了他这么好的分数；不问倒也罢了，一问，她竟涨红了脸。她突然明白了：因为这学生是胆敢这么毫无顾忌地对她说这些话的唯一的一个男子。

他拿她当做一个见多识广的人看待；他拿她当做一个男人，一个心腹。他看得起她。翠远在学校里老是觉得谁都看不起她——从校长起，教授、学生、校役……学生们尤其愤慨得厉害："申大越来越糟了！一天不如一天！用中国人教英文，照说，已经是不应当，何况是没有出过洋的中国人！"翠远在学校里受气，在家里也受气。吴家是一个新式的，带着宗教背景的模范家庭。家里竭力鼓励女儿用功读书，一步一步往上爬，爬到了顶儿尖儿上——一个二十来岁的女孩子在大学里教书！打破了女子职业的新纪录。然而家长渐渐对她失掉了兴趣，宁愿她当初在书本上马虎一点，匀出点时间来找一个有钱的女婿。

她是一个好女儿，好学生。她家里都是好人，天天洗澡，看报，听无线电向来不听申曲滑稽京戏什么的，而专听贝多芬、瓦格涅的交响乐，听不懂也要听。世界上的好人比真人多……翠远不快乐。

生命像圣经，从希伯莱文译成希腊文，从希腊文译成拉丁文，从拉丁文译成英文，从英文译成国语。翠远读它的时候，国语又在她脑子里译成了上海话。那未免有点隔膜。

翠远搁下了那本卷子，双手捧着脸。太阳滚热地晒在她背脊上。

隔壁坐着个奶妈，怀里躺着小孩，孩子的脚底心紧紧抵在翠远的腿上。小小的老虎头红鞋包着柔软而坚硬的脚……

这至少是真的。

电车里，一位医科学生拿出一本图画簿，孜孜修改一张人体骨骼的简图。其他的乘客以为他在那里速写他对面眈着的那个人。大家闲着没事干，一个一个聚拢来，三三两两，撑着腰，背着手，围绕着他，看他写生。拎着熏鱼的丈夫向他妻子低声道："我就看不惯现在兴的这些立体派，印象派！"他妻子附耳道："你的裤子！"

那医科学生细细填写每一根骨头，神经，筋络的名字。有一个公事房里回来的人将折扇半掩着脸，悄悄向他的同事解释道："中国画的影响。现在的西洋画也时兴题字了，倒真是'东风西渐'！"

吕宗桢没凑热闹，孤零零地坐在原处。他决定他是饿了。

大家都走开了，他正好从容地吃他的菠菜包子，偏偏他一抬头，瞥见了三等车厢里有他一个亲戚，是他太太的姨表妹的儿子。他恨透了这董培芝。培芝是一个胸怀大志的清寒子弟，一心只想娶个略具资产的小姐。吕宗桢的大女儿今年方才十三岁，已经被培芝睃在眼里，心里打着如意算盘，脚步儿越发走得勤了。吕宗桢一眼望见了这年青人，暗暗叫声不好，只怕培芝看见了他，要利用这绝好的机会向他进攻。若是在封锁期间和这董培芝困在一间屋子里，这情形一定是不堪设想！

他匆匆收拾起公事皮包和包子，一阵风奔到对面一排座位上，坐了下来。现在他恰巧被隔壁的吴翠远挡住了，他表侄绝对不能够看见他。翠远回过头来，微微瞪了他一眼。糟了！这女人准是以为他无缘无故换了一个座位，不怀好意。他认得出那被调戏的女人的脸谱——脸板得纹丝不动，眼睛里没有笑意，嘴角也没有笑意，连鼻洼里都没有笑意，然而不知道什么地方有一点颤巍巍的微笑，随时可以散布开来。觉得自己太可爱了的人，是熬不住要笑的。

该死，董培芝毕竟看见了他，向头等车厢走过来了，谦卑地，老远地就躬着腰，红喷喷的长长的面颊，含有僧尼气息的灰布长衫——一个吃苦耐劳，守身如玉的青年，最合理想的乘龙快婿。宗桢迅疾地决定将计就计，顺水推舟，伸出一只手臂来搁在翠远背后的窗台上，不声不响宣布了他的调情的计划。他知道他这么一来，并不能吓退了董培芝，因为培芝眼中的他素来是一个无恶不作的老年人。由培芝看来,过了三十岁的人都是老年人,老年人都是一肚子的坏。培芝今天亲眼看见他这样下流,少不得一五一十要去报告给他太太听——气气他太太也好!谁叫她给他弄上这么一个表侄!气,活该气!

他不怎么喜欢身边这女人。她的手臂,白倒是白的,像挤出来的牙膏。她的整个的人像挤出来的牙膏,没有款式。

他向她低声笑道:"这封锁,几时完哪?真讨厌!"翠远吃了一惊,掉过头来,看见了他搁在她身后的那只胳膊,整个身子就僵了一僵,宗桢无论如何不能容许他自己抽回那只胳膊。他的表侄正在那里双眼灼灼望着他,脸上带着点会心的微笑。如果他夹忙里跟他表侄对一对眼光,也许那小子会怯怯地低下头去——处女风韵的窘态;也许那小子会向他挤一挤眼睛——谁知道?

他咬一咬牙,重新向翠远进攻。他道:"您也觉着闷罢? 我们说两句话,总没有什么要紧! 我们——我们谈谈!"他不由自主的,声音里带着哀恳的调子。翠远重新吃了一惊,又掉回头来看了他一眼。他现在记得了,他瞥见她上车的——非常戏剧化的一刹那,但是那戏剧效果是碰巧得到的,并不能归功于她。他低声道:"你知道么? 我看见你上车,前头的玻璃上贴的广告,撕破了一块,从这破的地方我看见你的侧面,就只一点下巴。"是乃络维奶粉的广告,画着一个胖孩子,孩子的耳朵底下突然出现了这女人的下巴,仔细想起来是有点吓人的。"后来你低下头去从皮包里拿钱,我才看见你的眼睛,眉毛,头发。"拆开来一部分一部分地看,她未尝没有她的一种风韵。

翠远笑了。看不出这人倒也会花言巧语——以为他是个靠得住的生意人模样! 她又看了他一眼。太阳光红红地晒穿他鼻尖下的软骨。他搁在报纸包上的那只手,从袖口里出来,黄色的,敏感的——一个真的人! 不很诚实,也不很聪明,但是一个真的人! 她突然觉得炽热,快乐。她背过脸去,细声道:"这种话,少说些罢!"

宗桢道:"嗯?"他早忘了他说了些什么。他眼睛盯着他表侄的背影——那知趣的青年觉得他在这儿是多余的,他不愿得罪了表叔,以后他们还要见面呢,大家都是快刀斩不断的好亲戚;他竟退回三等车厢去了。董培芝一走,宗桢立刻将他的手臂收回,谈吐也正经起来。他搭讪着望了一望她膝上摊着的练习簿,道:"申光大学……您在申光读书!"

他以为她这么年青? 她还是一个学生? 她笑了,没做声。

宗桢道:"我是华济毕业的。华济。"她颈子上有一粒小小的棕色的痣,像指甲刻的印子。宗桢下意识地用右手捻了一捻左手的指甲,咳嗽了一声,接下去问道:"您读的是哪一科?"

翠远注意到他的手臂不在那儿了,以为他态度的转变是由于她端凝的人格,潜移默化所致。这么一想,倒不能不答话了,便道:"文科。您呢?"宗桢道:"商科。"他忽然觉得他们的对话,道学气太浓了一点,便道:"当初在学校里的时候,忙着运动,出了学校,又忙着混饭吃。书,简直没念多少!"翠远道:"你公事忙?"宗桢道:"忙得没头没脑。早上乘电车上公事房去,下午又乘电车回来,也不知道为什么去,为什么来! 我对于我的工作一点也不感到兴趣。说是为了挣钱罢,也不知道是为谁挣的!"翠远道:"谁都有点家累。"

宗桢道:"你不知道——我家里——咳,别提了!"翠远暗道:"来了! 他太太一点都不同情他! 世上有了太太的男人,似乎都是急切需要别的女人的同情。"宗桢迟疑了一会,方才吞吞吐吐,万分为难地说道:"我太太——一点都不同情我。"

翠远皱着眉毛望着他,表示充分了解。宗桢道:"我简直不懂我为什么天天到了时候就回家去。回到哪儿去？实际上我是无家可归的。"他褪下眼镜来，迎着亮，用手绢子拭去上面的水渍，道："咳！混着也就混下去了，不能想——就是不能想！"近视眼的人当众摘下眼镜子，翠远觉得有点秽亵，仿佛当众脱衣服似的，不成体统。宗桢继续说道："你——你不知道她是怎么样的一个女人！"翠远道："那么，你当初……"宗桢道："当初我也反对来着。她是我母亲给订下的。我自然是愿意让我自己拣，可是……她从前非常的美……我那时又年青……年青的人，你知道……"翠远点点头。

宗桢道："她后来变成了这么样的一个人——连我母亲都跟她闹翻了，倒过来怪我不该娶了她！她……她那脾气——她连小学都没有毕业。"翠远不禁微笑道："你仿佛非常看重那一纸文凭！其实，女子教育也不过是那么一回事！"她不知道为什么她说出这句话来，伤了她自己的心。宗桢道："当然哪，你可以在旁边说风凉话，因为你是受过上等教育的。你不知道她是怎么样的一个——"他顿住了口，上气不接下气，刚戴上了眼镜子，又褪下来擦镜片。翠远道："你说得太过分了一点罢？"宗桢手里捏着眼镜，艰难地做了一个手势道："你不知道她是——"翠远忙道："我知道，我知道。"她知道他们夫妇不和，决不能单怪他太太，他自己也是一个思想简单的人。他需要一个原谅他，包涵他的女人。

街上一阵乱，轰隆轰隆来了两辆卡车，载满了兵。翠远与宗桢同时探头出去张望；出其不意地，两人的面庞异常接近。在极短的距离内，任何人的脸都和寻常不同，像银幕上特写镜头一般的紧张。宗桢和翠远突然觉得他们俩还是第一次见面。在宗桢的眼中，她的脸像一朵淡淡几笔的白描牡丹花，额角上两三根吹乱的短发便是风中的花蕊。

他看着她，她红了脸，她一脸红，让他看见了，他显然是很愉快。她的脸就越发红了。

宗桢没有想到他能够使一个女人脸红，使她微笑，使她背过脸去，使她掉过头来。在这里，他是一个男子。平时，他是会计师，他是孩子的父亲，他是家长，他是车上的搭客，他是店里的主顾，他是市民。可是对于这个不知道他的底细的女人，他只是一个单纯的男子。

他们恋爱着了。他告诉她许多话，关于他们银行里，谁跟他最好，谁跟他面和心不和，家里怎样闹口舌，他的秘密的悲哀，他读书时代的志愿……无休无歇的话，可是她并不嫌烦。恋爱着的男子向来是喜欢说，恋爱着的女人向来是喜欢听。恋爱着的女人破例地不大爱说话，因为下意识地她知道：男人彻底地懂得了一个女人之后，是不会爱她的。

宗桢断定了翠远是一个可爱的女人——白，稀薄，温热，像冬天里你自己嘴里呵出来的一口气。你不要她，她就悄悄地飘散了。她是你自己的一部分，她什么都懂，什么都宽宥你。你说真话，她为你心酸；你说假话，她微笑着，仿佛说："瞧你这张嘴！"

宗桢沉默了一会，忽然说道："我打算重新结婚。"翠远连忙做出惊慌的神气，叫道："你要离婚？那……恐怕不行罢？"

宗桢道："我不能够离婚。我得顾全孩子们的幸福。我大女儿今年十三岁了，才考进了中学，成绩很不错。"翠远暗道："这跟当前的问题又有什么关系？"她冷冷地道："哦，你打算娶妾。"宗桢道："我预备将她当妻子看待。我——我会替她安排好的。我不会让她为难。"翠远道："可是，如果她是个好人家的女孩子，只怕她未见得肯罢？种种法律上的麻烦……"宗桢叹了口气道："是的。你这话对。我没有这权利。我根本不该起这种念头……我年纪也太大了。我已经三十五了。"翠远缓缓地道："其实，照现在的眼光看来，那倒也不算大。"宗桢默然。半晌方说道："你……几岁？"翠远低下头去道："二十五。"宗桢顿了一顿，又道："你是自由的么？"翠远不答。宗桢道："你不是自由的。即使你答应了，你的家里人也不会答应的，是不是？……是不是？”

　　翠远抿紧了嘴唇。她家里的人——那些一尘不染的好人——她恨他们！他们哄够了她。他们要她找个有钱的女婿，宗桢没有钱而有太太——气气他们也好！气，活该气！

　　车上的人又渐渐多了起来，外面许是有了"封锁行将开放"的谣言，乘客一个一个上来，坐下，宗桢与翠远给他们挤得紧紧的，坐近一点，再坐近一点。

　　宗桢与翠远奇怪他们刚才怎么这样的糊涂，就想不到自动地坐近一点，宗桢觉得她太快乐了，不能不抗议。他用苦楚的声音向她说："不行！这不行！我不能让你牺牲了你的前程！你是上等人，你受过这样好的教育……我——我又没有多少钱，我不能坑了你的一生！"可不是，还是钱的问题。他的话有理。翠远想道："完了。"以后她多半是会嫁人的，可是她的丈夫决不会像一个萍水相逢的人一般的可爱——封锁中的电车上的人……一切再也不会像这样自然。再也不会……呵，这个人，这么笨！这么笨！她只要他的生命中的一部分，谁也不希罕的一部分。他白糟蹋了他自己的幸福。那么愚蠢的浪费！她哭了，可是那不是斯斯文文的，淑女式的哭。她简直把她的眼泪唾到他脸上。他是个好人——世界上的好人又多了一个！

　　向他解释有什么用？如果一个女人必须倚仗着她的言语来打动一个男人，她也就太可怜了。

　　宗桢一急，竟说不出话来，连连用手去摇撼她手里的阳伞。她不理他。他又去摇撼她的手，道："我说——我说——这儿有人哪！别！别这样！等会儿我们在电话上仔细谈。你告诉我你的电话。"翠远不答。他逼着问道："你无论如何得给我一个电话号码。"翠远飞快地说了一遍道："七五三六九。"

　　宗桢道："七五三六九？"她又不做声了。宗桢嘴里喃喃重复着："七五三六九，"伸手在上下的口袋里掏摸自来水笔，越忙越摸不着。翠远皮包里有红铅笔，但是她有意地不拿出来。

　　她的电话号码，他理该记得。记不得，他是不爱她，他们也就用不着往下谈了。

　　封锁开放了。"叮玲玲玲玲玲"摇着铃，每一个"玲"字是冷冷的一点，一点一点连成一条虚线，切断时间与空间。

　　一阵欢呼的风刮过这大城市。电车当当当往前开了。宗桢突然站起身来，挤到人丛中，不见了。翠远偏过头去，只做不理会。他走了。对于她，他等于死了。电车加足了速力前进，黄昏的人行道上，卖臭豆腐干的歇下了担子，一个人捧着文王神卦的匣子，闭着眼霍霍地摇。一个大个子的金发女人，背上背着大草帽，露出大牙齿来向一个意大利水兵一笑，说了句玩笑话。翠远的眼睛看到了他们，他们就活了，只活那么一刹那。车往前当当地跑，他们一个个的死去了。

　　翠远烦恼地合上了眼。他如果打电话给她，她一定管不住她自己的声音，对他分外的热烈，因为他是一个死去了又活过来的人。

　　电车里点上了灯，她一睁眼望见他遥遥坐在他原先的位子上。她震了一震——原来他并没有下车去！她明白他的意思了：封锁期间的一切，等于没有发生。整个的上海打了个盹，做了个不近情理的梦。

　　开电车的放声唱道："可怜啊可怜！一个人啊没钱！可怜啊可……"一个缝穷婆子慌里慌张掠过车头，横穿过马路。开电车的大喝道："猪猡！"

　　吕宗桢到家正赶上吃晚饭。他一面吃一面阅读他女儿的成绩报告单，刚寄来的。他还

阅读中国

记得电车上那一回事,可是翠远的脸已经有点模糊——那是天生使人忘记的脸。他不记得她说了些什么,可是他自己的话他记得很清楚——温柔地:

"你——几岁?"慷慨激昂地:"我不能让你牺牲了你的前程!"

饭后,他接过热手巾,擦着脸,踱到卧室里来,扭开了电灯。一只乌壳虫从房这头爬到房那头,爬了一半,灯一开,它只得伏在地板的正中,一动也不动。在装死么?在思想着么?整天爬来爬去,很少有思想的时间罢?然而思想毕竟是痛苦的。宗桢捻灭了电灯,手按在机括上,手心汗潮了,浑身一滴滴沁出汗来,像小虫子痒痒地在爬。他又开了灯,乌壳虫不见了,爬回窠里去了。

阅读提示

《封锁》出版于1943年11月,初见于上海《天地》月刊第2期,后收入张爱玲小说集《传奇》。小说的年代背景是1943年8月,描述的是旧上海的某一天,电车被封锁的短暂一刻所上演的人情世态。《封锁》被《天地》主编苏青赞为"中国近年来最佳之短篇小说"。

张爱玲是中国现代文学史上一位独具魅力的作家,她的小说无论是选材、立意,还是人物塑造、叙事结构和语言技巧无不显现出强烈的个人特色,取得了较为突出的成就。张爱玲的创作巅峰期主要是20世纪40年代,这是中国文学史上一个特殊的时代,形成了国统区文学、解放区文学和沦陷区文学并存的局面。在"孤岛"上海,作家们面临着"言"与"不言"的双重压力,于是在政治和风月之外,将目光转向写普通人的日常世俗生活。张爱玲就是在这种背景下突兀而出,她摆脱主流文学的影响,用自己的传奇故事营造出一个政治之外的生活天地,把关怀的焦点放在普通人身上。张爱玲非常重视继承写实小说的传统,但又摒弃了写实小说中常见的因果报应和教化宣传对小说形式的禁锢,以平淡、自然、真实的笔触摹画生活。张爱玲早期的小说集《传奇》皆有所本,其中所表现的市民形象都是软弱的凡人,不是英雄,但却是这个时代最广大的负荷者,在他们日常平庸的生活中,才能把握人生的"生趣",建立文学真实可信的基础。《封锁》讲述的就是沦陷期间一段电车封锁过程中的故事。开电车的、乞丐、中年夫妇、吕宗桢、老头子、吴翠远、董培芝……一辆电车中短短的一次封锁,这些小人物们被暂时封闭在一个空间内,这个空间就衍生为一个小小的社会,各色人物,百态尽露。在小说中,封锁不仅仅是指宗桢和翠远遭遇爱情的特殊时间段,它具有另一层的隐喻意义。他们在好人与真人中徘徊和抉择,却始终没有勇气真正地走下去。封锁的这段时间就如同生活的一段真空期,它是一个麻痹的谎言。谎言里,是自我与本我的斗争,渴望成为真人,但现实让人胆寒,最终退缩。

一位批评家说过:"对于一个作家来说,风格的卓尔不群的存在是其作品生命力的最有力的说明。而以作者的名字名其风格,更是一种难得的殊荣。张爱玲拥有这样的荣誉,她的作品被人们称为'张爱玲体'。"张爱玲是人物刻画的巧匠,她成功地塑造了一系列变态人物形象和各色人物,尤其是对两性心理刻画达到了前所未有的深刻,她利用暗示,把动作、言语、心理三者打成一片,由此反映出人物心理的进展,体现了作者对人物丰富复杂内心的深切理解,揭示出某种社会根源,使小说具有一定的社会深度。凡此种种,在《封锁》的男女主人公短暂的"恋爱"过程中表现得淋漓尽致,值得我们细细品味。

张爱玲信奉经典作家的"文学是人学"的创作理念,并不断实践。当对人的本性和命运的关注被很多人忽略的时候,张爱玲的小说却充分展现了日常生活中人的欲望和生存困境。也许正因如此,张爱玲的小说在中国现代文学史上占据了一个独特的位置。

拓展训练

1.谈谈你对《封锁》主题的理解。
2.作者在《封锁》中是怎样刻画吴翠远这一人物形象的?

阅读推荐

1.张爱玲:《张爱玲全集》,北京十月文艺出版社2012年版。
2.施蛰存:《梅雨之夕》,中国文学出版社1994年版。
3.夏志清:《张爱玲给我的信件》,长江文艺出版社2014年版。

我爱这土地

艾 青

艾青(1910—1996),现代诗人。本名蒋海澄,字养源,笔名莪伽、克阿、林壁等。浙江金华人。新中国成立后,先后担任《人民文学》副主编、全国文联委员等职,1985年获法国文学艺术最高勋章。成名作《大堰河——我的保姆》。著有《大堰河》《北方》《向太阳》《黎明的通知》《湛江,夹竹桃》等诗集。

假如我是一只鸟,
我也应该用嘶哑的喉咙歌唱:
这被暴风雨所打击着的土地,
这永远汹涌着我们的悲愤的河流,
这无止息地吹刮着的激怒的风,
和那来自林间的无比温柔的黎明……
——然后我死了,
连羽毛也腐烂在土地里面。

为什么我的眼里常含泪水?
因为我对这土地爱得深沉……

阅读提示

《我爱这土地》写于1938年11月17日,发表于同年12月桂林出版的《十日文萃》。1938年10月,武汉失守,日本侵略者的铁蹄猖狂地践踏中国大地。作者和当时文艺界许多人士一同撤出武汉,汇集于桂林。作者满怀对祖国的挚爱和对侵略者的仇恨写下这首诗。

诗歌以"假如"开头,显得突兀、新奇,有凝神沉思之感。诗中的"鸟"是泛指,是共名,它不像历代诗人所反复咏唱的杜鹃、鹧鸪那样,稍一点染,即具有一种天然的情味和意蕴,而是全靠作者在无所依傍的情况下做出新的艺术追求。诗中特地亮出"嘶哑的喉咙",也与古典诗词中栖枝的黄莺、啼血的杜鹃、冲天的白鹭等大异其趣,既是抗战初期悲壮的时代氛围对作者的影响所致,同时也是这位"悲哀的诗人"(作者自称)所具有的特殊气质和个性的深情流露。全诗表现出一种"忧郁"的感情特色,这种"忧郁"是对灾难深重的祖国爱得深沉的内在感情的自然流露,它源自民族的苦难,因而格外动人。这里有深刻的忧患意识,有博大的历史襟怀,有浓烈的爱国真情。

艾青是土地的歌者。对"土地"的热爱，是艾青作品的主旋律；"土地"也是艾青诗歌中出现最多的两个意象之一（另一个是"太阳"）。作者的土地情结以及土地在作者诗中具有多重象征意义。"土地"这一意象是民族精神的象征，中华文明的象征，也是祖国命运的象征，其中聚集着作者对祖国和大地母亲深深的爱，这种感情在这首诗中得到充分的反映。"土地"的意象也凝聚着作者对生于斯、耕作于斯、死于斯的劳动者最深沉的爱，对他们命运的关注与探索。这里的"土地"，不再单纯是客观景物，而是贯注了作者主观情感的"象"。作者对苍老、衰弱、正备受苦难的祖国感到万分悲哀，挟着这份感情，用忧郁的目光扫视周围时，寂寞、贫困的旷野的载体——土地便进入作者的脑海。作者通过吟唱土地这一意象，诅咒摧残土地的人，幻想着土地能焕发生命的活力。正是由于对土地的这种热爱和眷恋，作者笔下的另外三个意象便顺流而出。"河流"的前面加上"永远汹涌着"和"悲愤"两个形容词，"风"前面加上"无止息地吹刮着的"和"激怒"两个修饰语，就把"河流""风"这两种外在的纯景物变成了含有作者主观情思的"象"，就把悲愤和激怒的人民为了挽救土地的那种不屈不挠、前仆后继、奋力抗争的革命斗士形象地表现了出来。"黎明"这个意象表明作者坚信在人民风起云涌的斗争中必将迎来曙光，迎来胜利。但是作者意犹未尽，"——然后我死了，连羽毛也腐烂在土地里面"表达了作者对土地执着的爱。最后两句"为什么我的眼里常含泪水？因为我对这土地爱得深沉……"再回归到土地这个意象上来，深化了文章的主题。

在艺术特色方面，《我爱这土地》篇幅短小，构思精巧，借鸟儿与土地的关系来展开全诗的艺术境界，使诗的整体构架呈现自然，浑然天成；诗情到达高潮之后，隔开一行，既做了必要的间歇和停顿，又可能够巧妙转换，另辟诗境，写下两行形象突出、感情进一步升华的结尾。

拓展训练

1. 艾青被认为是忧郁诗人，试从意象入手分析本诗忧郁的抒情特色。
2. 象征是本诗运用的主要手法，试分析"土地""河流""风""黎明"这些意象的象征意义。

阅读推荐

1. 艾青：《大堰河——我的保姆》，长江文艺出版社 2011 年版。
2. 闻一多：《闻一多精选集》，北京燕山出版社 2016 年版。

早晨从中午开始(节选)

路 遥

> 路遥,原名王卫国,1949 年 12 月出生于陕西省清涧县王家堡村,1992 年 11 月逝世。代表作品有中篇小说《惊心动魄的一幕》《人生》,短篇小说《姐姐》《风雪腊梅》等,长篇小说《平凡的世界》1991 年获第三届茅盾文学奖。路遥在困苦中上完小学和初中。此后,他作为返乡知青,返回农村,同时也担任民办教师和县文艺宣传队创作员等工作。1970 年,首次以笔名"路遥"发表诗作《车过南京桥》,从此走上文学创作道路。

1

在我的创作生活中,几乎没有真正的早晨。我的早晨都是从中午开始的。这是多年养成的习惯。我知道这习惯不好,也曾好多次试图改正,但都没有达到目的。这应验了那句古老的话:积习难改。既然已经不能改正,索性也就听之任之。在某些问题上,我是一个放任自流的人。

通常情况下,我都是在凌晨两点到三点入睡,有时甚至延伸到四点五点。天亮以后才睡觉的现象也时有发生。

午饭前一个钟头起床,于是,早晨才算开始了。

午饭前这一小时非常忙乱。首先要接连抽三五支香烟。我工作时一天抽两包烟,直抽得口腔舌头发苦发麻,根本感觉不来烟味如何。有时思考或写作特别紧张之际,即使顾不上抽,手里也要有一支燃烧的烟卷。因此,睡眠之后的几支烟简直是一种神仙般的享受。

用烫热的水好好洗洗脸,紧接着喝一杯浓咖啡,证明自己同别人一样拥有一个真正的早晨。这时,才彻底醒过来了。

午饭过后,几乎立刻就扑到桌面上工作。我从来没有午休的习惯,这一点像西方人。我甚至很不理解,我国政府为什么规定了那么长的午睡时间。当想到大白天里正是日上中天的时候,我国十一亿公民却在同一时间都进入梦乡,不免有某种荒诞之感。又想到这是一种传统的民族习性,也属"积习难改"一类,也就像理解自己的"积习"一样释然了。

整个下午是工作的最佳时间,除过上厕所,几乎在桌面上头也不抬。直到吃晚饭,还会沉浸在下午的工作之中。晚饭后有一两个小时的消闲时间,看中央电视台半小时的新闻联播,读当天的主要报纸。这是一天中最为安逸的一刻。这时也不拒绝来访。

夜晚,当人们又一次入睡的时候,我的思绪再一次活跃起来。如果下午没有完成当天的任务,便重新伏案操作直至完成。然后,或者进入阅读(同时交叉读多种书),或者详细考虑明天的工作内容以至全书各种各样无穷无尽的问题,并随手在纸上和各式专门的笔记本上记下要点以备日后进一步深思。这时间在好多情况下,思绪会离开作品,离开眼前的现实,穿过深沉寂静的夜晚，穿过时间的隧道，漫无边际地向四面八方流淌。入睡前无论如何要读书，这是最好的安眠药，直到睡着后书自动从手中脱离为止。

第二天午间醒来，就又是一个新的早晨了。

在《平凡的世界》全部写作过程中，我的早晨都是这样从中午开始的。对于我，对于这部书，这似乎也是一个象征。当生命进入正午的时候，工作却要求我像早晨的太阳一般充满青春的朝气投身于其间。

2

小说《人生》发表之后，我的生活完全乱了套。无数的信件从全国四面八方蜂拥而来，来信的内容五花八门。除过谈论阅读小说后的感想和种种生活问题文学问题，许多人还把我当成了掌握人生奥妙的"导师"，纷纷向我求教："人应该怎样生活？"叫我哭笑不得。更有一些遭受挫折的失意青年，规定我必须赶几月几日前写信开导他们，否则就要死给我看。与此同时，陌生的登门拜访者接踵而来，要和我讨论或"切磋"各种问题。一些熟人也免不了乱中添忙。刊物约稿，许多剧团电视台电影制片厂要改编作品，电报电话接连不断，常常半夜三更把我从被窝里惊醒。一年后，电影上映，全国舆论愈加沸腾，我感到自己完全被淹没了。另外，我已经成了"名人"，亲戚朋友纷纷上门，不是要钱，就是让我说情安排他们子女的工作，似乎我不仅腰缠万贯，而且有权有势，无所不能。更有甚者，一些当时分文不带而周游列国的文学浪人，衣衫褴褛，却带着一脸破败的傲气庄严地上门来让我为他们开路费，以资助他们神圣的嗜好。这无异于趁火打劫。

也许当时好多人美慕我的风光，但说实话，我恨不能地上裂出一条缝赶快钻进去。

我深切地感到，尽管创造的过程无比艰辛而成功的结果无比荣耀，尽管一切艰辛都是为了成功；但是，人生最大的幸福也许在于创造的过程，而不在于那个结果。

我不能这样生活了。我必须从自己编织的罗网中解脱出来。当然，我绝非圣人。我几十年在饥寒、失误、挫折和自我折磨的漫长历程中，苦苦追寻一种目标，任何有限度的成功对我都至关重要。我为自己牛马般的劳动得到某种回报而感到人生的温馨。我不拒绝鲜花和红地毯。但是，真诚地说，我绝不可能在这种过分戏剧化的生活中长期满足。我渴望重新投入一种沉重。只有在无比沉重的劳动中，人才会活得更为充实。这是我的基本人生观点。细细想想，迄今为止，我一生中度过的最美好的日子是写《人生》初稿的二十多天。在此之前，我二十八岁的中篇处女作已获得了全国第一届优秀中篇小说奖，正是因为不满足，我才投入到《人生》的写作中。为此，我准备了近两年，思想和艺术考虑备受折磨；而终于穿过障碍进入实际表现的时候，精神真正达到了忘乎所以。记得近一个月里，每天工作十八个小时，分不清白天和夜晚，浑身如同燃起大火，五官溃烂，大小便不畅通，深更半夜在陕北甘泉县招待所转圈圈行走，以致招待所白所长犯了疑心，给县委打电话，说这个青年人可能神经错乱，怕要寻"无常"。县委指示，那人在写书，别惊动他（后来听说的）。所有这一切难道不比眼前这种浮华的喧嚣更让人向往吗？是的，只要不丧失远大的使命感，或者说还保持着较为清醒的头脑，就决然不能把人生之船长期停泊在某个温暖的港湾，应该重新扬起风帆，驶向生活的惊涛骇浪中，以领略其间的无限风光。人，不仅要战胜失败，而且还要超越胜利。

阅读提示

"小说《人生》发表之后,我的生活完全乱了套。一年后,电影上映,全国舆论愈加沸腾,我感到自己完全被淹没了。""眼前这种红火热闹的广场式生活必须很快结束。"这是路遥在《早晨从中午开始》起笔处发出的心声。小说带来的巨大荣誉并非路遥的追求,甚至是生活的干扰,是完成创作之后遗留的一份挥之不去而不得不面对的"副产品"。假设路遥生理上的生命有足够的长度,他的晚年注定会因社会给予的巨大荣誉而苦恼不已。《平凡的世界》创作完成,路遥获得的是内心的"释放"。创作对于路遥而言,是人生一次接着一次的表达,是对人生苦难经历一次接着一次的反刍,就如人体受到针尖的反复锥刺后一次接着一次的呻吟,呻吟的目的只在于排遣痛楚,不在乎呻吟的声音是否动听,是否能博取众人的耳朵。

《早晨从中午开始》是小说《平凡的世界》的创作随笔。随笔不像小说那样要求作者必须躲藏在作品的背后,而是给作者完全的自主,让作者自由的,直接的,真诚的表达自己的内心世界。

关于创作目的,路遥说:"作家的劳动绝不仅是为了取悦于当代,而更重要的是给历史一个深厚的交代。"为了这一目的,他心无旁骛,迅疾从因《人生》的成功而取得的"红火热闹的广场式生活"中抽身而去,投入规模更大的《平凡的世界》的创作之中。

在《平凡的世界》的创作准备阶段。为了搜集资料,路遥查阅了10年间的主要报纸,因为工作强度过大,手指头因反复翻阅报纸,而被纸张磨得露出了毛细血管。为了到实际中去体验生活,路遥不顾艰辛,常年奔波在外,深入乡村城镇、工矿企业、学校机关、集贸市场,上至高官,下至普通百姓,接触到了各个层面的人。

在《平凡的世界》的创作阶段。路遥躲在深山老林中,或者是待在小县城的招待所里,在孤独的环境中进行创作,陪伴他的,只有一只老鼠,或者是指缝中燃烧的香烟。巨大的工作强度,使路遥的身体严重被透支,实在支撑不下去了,才去看医生,身体稍有好转,又迅速地投入创作中去。

特殊的时代背景,以及苦难的人生经历,或许是驱使路遥进行文学创作的决定性因素。"超越苦难,拥有负重的耐力与殉难的品格","钟情缪斯,用文学方式表达人生情怀","在'城乡交叉地带',找到文学表达发力点","捕捉'大转折时期'的历史诗意"等,较好地概括了路遥的创作。贾平凹曾这样评价路遥:"他是时代的一个缩影,是这个时代的作家的一个典范。"同为黄土高原上的同时代作家,"都来自于社会最底层的乡下,经受过贫寒和羞辱,几乎在同一时期进入城市,同一时期开始写作,风风雨雨、沉沉浮浮,几十年的青春,几十年的朋友",贾平凹与路遥之间,心灵和思想的契合度是很高的,因此贾平凹的评价有其独到之处。

拓展训练

1. "早晨从中午开始"体现了路遥怎样的精神世界?

2. 贾平凹评价路遥说:"他是中国改革开放以来一个辉煌的励志典型。他是我们这一代作家的一面旗帜。"试想,如果中国没有改革开放,路遥会是个什么人?

阅读推荐

1. 路遥:《人生》,北京十月文艺出版社 2012 年版。
2. 柳青:《创业史》,中国青年出版社 2017 年版。
3. 厚夫:《路遥传》,人民文学出版社 2015 年版。

我的精神家园

王小波

王小波（1952—1997），北京人，当代著名学者、作家。1978年考入中国人民大学，1984年赴美国匹兹堡大学东亚研究中心求学。1988年回国，先后在北京大学、中国人民大学任教。1992年9月辞去教职，做自由撰稿人。1980年王小波与李银河结婚，同年发表处女作《地久天长》。他的代表作品主要有小说《王二风流史》《黄金时代》《白银时代》《青铜时代》《黑铁时代》等，散文《一只特立独行的猪》《我的精神家园》《沉默的大多数》等。他的唯一一部电影剧本《东宫西宫》获阿根廷国际电影节最佳编剧奖，并且入围1997年的戛纳国际电影节。

我十三岁时，常到我爸爸的书柜里偷书看。那时候政治气氛紧张，他把所有不宜摆在外面的书都锁了起来，在那个柜子里，有奥维德的《变形记》，朱生豪译的莎翁戏剧，甚至还有《十日谈》。柜子是锁着的，但我哥哥有捅开它的方法。他还有说服我去火中取栗的办法：你小，身体也单薄，我看爸爸不好意思揍你。但实际上，在揍我这个问题上，我爸爸显得不够绅士派，我的手脚也不太灵活，总给他这种机会。总而言之，偷出书来两人看，揍揍则是我一人挨，就这样看了一些书。虽然很吃亏，但我也不后悔。

看过了《变形记》，我对古希腊着了迷。我哥哥还告诉我说：古希腊有一种哲人，穿着宽松的袍子走来走去。有一天，有一位哲人去看朋友，见他不在，就要过一块涂蜡的木板，在上面随意挥洒，画了一条曲线，交给朋友的家人，自己回家去了。那位朋友回家，看到那块木板，为曲线的优美所折服，连忙埋伏在哲人家左近，待他出门时闯进去，要过一块木板，精心画上一条曲线……当然，这故事下余的部分就很容易猜了：哲人回了家，看到朋友留下的木板，又取一块蜡板，把自己的全部心胸画在一条曲线里，送给朋友去看，使他真正折服。现在我想，这个故事是我哥哥编的。但当时我还认真地想了一阵，终于傻呵呵地说道：这多好啊。时隔三十年回想起来，我并不羞愧。井底之蛙也拥有一片天空，十三岁的孩子也可以有一片精神家园。此外，人有兄长是好的。虽然我对国家的计划生育政策也无异议。

长大以后，我才知道科学和艺术是怎样的事业。我哥哥后来是已故逻辑大师沈有鼎先生的弟子，我则学了理科；还在一起讲过真伪之分的心得、对热力学的体会，但这已是我二十多岁时的事。再大一些，我到国外去旅行，在剑桥看到过使牛顿体会到万有引力的苹果树，拜伦拐着腿跳下去游水的"拜伦塘"，但我总在回想幼时遥望人类智慧星空时的情景。千万丈的大厦总要有片奠基石，最初的爱好无可替代。所有的智者、诗人，也许都体验过儿童对着星光感悟的一瞬。我总觉得，这种爱好对一个人来说，就如性爱一样，是不可少的。

我时常回到童年，用一片童心来思考问题，很多烦难的问题就变得易解。人活着当然要做一番事业,而且是人文的事业;就如有一条路要走,假如是有位老学究式的人物,手执教鞭戒尺打着你走,那就不是走一条路,而是背一本宗谱。我听说前苏联就是这么教小孩子的:要背全本的普希金、半本莱蒙托夫,还要记住俄罗斯是大象的故乡(萧斯塔科维奇在回忆录里说了很多)。我们这里是怎样教孩子的,我就不说了,以免得罪师长。我很怀疑会背宗谱就算有了精神家园,但我也不想说服谁。安徒生写过《光荣的荆棘路》,他说人文的事业就是一片着火的荆棘,智者仁人就在火里走着。当然,他是把尘世的嚣嚣都考虑在内了,我觉得用不着想那么多。用宁静的童心来看,这条路是这样的:它在两条竹篱笆之中。篱笆上开满了紫色的牵牛花,在每个花蕊上,都落了一只蓝蜻蜓。这样说固然有煽情之嫌,但想要说服安徒生,就要用这样的语言。维特根斯坦临终时说:告诉他们,我度过了美好的一生。这句话给人的感觉就是:他从牵牛花丛中走过来了。虽然我对他的事业一窍不通,但我觉得他和我是一头儿的。

我不大能领会下列说法的深奥之处:要重建精神家园,恢复人文精神,就要灭掉一切俗人——其中首先要灭的,就是风头正健的俗人。假如说,读者兜里的钱是有数的,买了别人的书,就没钱来买我的书,所以要灭掉别人,这个我倒能理解,但上述说法不见得有如此之深奥。假如真有这么深奥,我也不赞成——我们应该像商人一样,严守诚实原则,反对不正当的竞争。让我的想法和作品成为嚣嚣尘世上的正宗,这个念头我没有,也不敢有。既然如此,就必须解释我写文章(包括这篇文章)的动机。坦白地说,我也解释不大清楚,只能说:假如我今天死掉,恐怕就不能像维特根斯坦一样说道:我度过了美好的一生;也不能像斯汤达一样说:活过,爱过,写过。我很怕落到什么都说不出的结果,所以正在努力工作。

阅读提示

在王小波散文写作的视野中,关于智慧、关于人的精神生活问题的思考,是其作品中挥之不去的话题。读其文字,独特而恣肆随意,但却有着一种内在的严肃。他的作品中占支配地位的是超越情感的理性思索,在那貌似玩世不恭并且自嘲的表象下,隐藏着冷静、彻底了悟的大智和无可救药的真诚。

作为知青出身的王小波,与同代人一样,经历过无数次的政治运动、上山下乡……同时,也经历过由此所带来的家庭不幸、个人的坎坷、精神上的被愚弄、纯真的情感被亵渎……但与之俱生的是作者以其独特的、不停顿的思索与追问,表现着生命的尊严和顽强不屈的自由意志。其思想的成熟过程,也就是靠自己的判断力找寻真知的过程。王小波由此终身保持着对精神自由和理性思索的信念。在这个方面,他与同代人一样又不一样,是当代中国知识分子中独特的一个。

王小波的散文创作首先立足于思想,关注人习以为常的精神生活,挖掘现象背后关涉世道人心的深层含意。他的散文是为了思想的表达,而不只是为了情感的体现。作为作者一种独立的品格,凸现的是自己的思考与良知,其文带有黑色幽默的意味。

拓展训练

1.我的精神家园具体指什么?

2.请结合本文,谈谈王小波的散文风格。

推荐阅读

1.王小波:《沉默的大多数》,北京十月文艺出版社 2017 年版。

2.韩袁红:《王小波研究资料》,天津人民出版社 2009 年版。

3.王小波:《黄金时代》,长江文艺出版社 2014 年版。

雷平阳诗三首

雷平阳

雷平阳,1966 年秋生于云南昭通,当代诗人、散文家,云南师范大学特聘教授,中国作家协会第九届全国委员会委员。著有《雷平阳诗选》《云南记》《出云南记》《山水课》《大江东去帖》《基诺山》《雷平阳散文选集》《云南黄昏的秩序》《我的云南血统》等诗文集多部。曾获《诗刊》华文青年诗人奖、人民文学诗歌奖、十月诗歌奖、华语文学大奖诗歌奖、鲁迅文学奖等奖项。

亲　人

我只爱我寄宿的云南,因为其他省
我都不爱;我只爱云南的昭通市
因为其他市我都不爱;我只爱昭通市的土城乡
因为其他乡我都不爱……
我的爱狭隘、偏执,像针尖上的蜂蜜
假如有一天我再不能继续下去
我会只爱我的亲人——这逐渐缩小的过程
耗尽了我的青春和悲悯

背着母亲上高山

背着母亲上高山,让她看看
她困顿了一生的地盘。真的,那只是
一块弹丸之地,在几株白杨树之间
河是小河,路是小路,屋是小屋
命是小命。我是她的小儿子,小如虚空
像一张蚂蚁的脸,承受不了最小的闪电
我们站在高山之巅,顺着天空往下看
母亲没找到她刚栽下的那些青菜
我的焦虑则布满了白杨之外的空间
没有边际的小,扩散着,像古老的时光
一次次排练的恩怨,恒久而简单

在日照

我住在大海上

每天,我都和大海一起,穿着一件

又宽又大的蓝衣裳,怀揣一座座

波涛加工厂,漫步在

蔚蓝色天空的广场。从来没有

如此奢华过,洗一次脸

我用了一片汪洋

阅读提示

雷平阳的诗歌是记忆的伤怀和大地的赞歌,他的写作旨趣,既有天空般的广袤,又像尘土一样卑微。他站在故乡经验的针尖上,怀想世界天真的童年,也领会个人生命的灿烂与悲情。他以诚恳的地方性视角,有力地抗拒了世界主义的喧嚣,正如他的目光在一山一水、一草一木之间移动,同样能够发现令人惊骇的人生面貌。他的语言粗粝、密实,细节庄重、锋利而富有痛感。雷平阳一以贯之地记录日常生活中凸起的部分,关怀细小事物对灵魂的微妙影响,并以赤子之心的温润,描绘了大地质朴的容颜以及他对生命正直的理解。

正是故乡、大地和亲人这三种事物,为雷平阳的诗歌确立起了清晰的方向感,也形成了他不可替代的写作根据地。他的确是一个有根的诗人,他对大地和亲人的赞歌,是从这个生命的根须中长出来的;他对残酷生活的洞察,也是为了写出生命被连根拔起之后的苍凉景象。

——谢有顺

雷平阳的"云南书写"主要朝两个向度展开:"一是着眼于对他家乡云南的考古式探掘,描绘那片土地上的河流、山脉、树木的神奇;一是透过一些寻常的事物和场景,展示现实和人性深处细微的不易觉察的瞬间。"这两个向度的抒写都源于诗人厚重的乡情。与其他凭借回忆与想象所营造的乡愁不同,雷平阳笔下的故乡就是大自然中一支绵延千里的河流,一座历史悠久的村庄,一位日夜思念的亲人,这些真实存在的自然现象与真情流露成就了他笔下对于故乡最质朴的情感。诗人笔下的乡愁既是从客观现实出发,但又不完全是自然景观的白描式书写,而是以现实为依托来构筑灵魂的栖息地。

——张桃洲

拓展训练

雷平阳说:"我确实希望以现代性和地方性相融的视角,通过自己的书写,在传统的故乡概念荡然无存的时候,在纸上留下一片旷野的背影,一如挽歌。"结合作品,谈谈你对这句话的理解?

阅读推荐

1. 雷平阳:《雷平阳诗选》,长江文艺出版 2006 年版。
2. 雷平阳:《雷平阳散文选集》,百花文艺出版社 2012 年版。
3. 雷平阳:《基诺山》,长江文艺出版社 2014 年版。
4. 雷平阳:《大江东去帖》,长江文艺出版社 2015 年版。
5. 雷平阳:《山水课》,作家出版社 2015 年版。

讲故事的人——在诺贝尔文学奖颁奖典礼上的讲话

莫　言

莫言(1955—),原名管谟业,汉族,山东高密人。1978 年应征入伍。先后毕业于解放军艺术学院文学系和北京师范大学—鲁迅文学院创作研究生班,获文艺学硕士学位。1981 年开始发表小说,主要作品有长篇小说《红高粱家族》《天堂蒜薹之歌》《十三步》《酒国》《丰乳肥臀》《檀香刑》《四十一炮》《生死疲劳》等,中篇小说《透明的红萝卜》《欢乐》《怀抱鲜花的女人》《爆炸》《师傅越来越幽默》等,短篇小说《白狗秋千架》《枯河》等,另有作品集《莫言中篇小说选》《莫言文集》(1—5 卷)等。2012 年获诺贝尔文学奖。

尊敬的瑞典学院各位院士,女士们、先生们:

通过电视或者网络,我想在座的各位,对遥远的高密东北乡,已经有了或多或少的了解。你们也许看到了我的九十岁的老父亲,看到了我的哥哥、姐姐,我的妻子、女儿和我的一岁零四个月的外孙女。但有一个我此刻最想念的人,我的母亲,你们永远无法看到了。我获奖后,很多人分享了我的光荣,但我的母亲却无法分享了。

我母亲生于一九二二年,卒于一九九四年。她的骨灰,埋葬在村庄东边的桃园里。去年,一条铁路要从那儿穿过,我们不得不将她的坟墓迁移到距离村子更远的地方。掘开坟墓后,我们看到,棺木已经腐朽,母亲的骨殖,已经与泥土混为一体。我们只好象征性地挖起一些泥土,移到新的墓穴里。也就是从那一时刻起,我感到,我的母亲是大地的一部分,我站在大地上的诉说,就是对母亲的诉说。

我是我母亲最小的孩子。我记忆中最早的一件事,是提着家里唯一的一把热水瓶去公共食堂打水。因为饥饿无力,失手将热水瓶打碎,我吓得要命,钻进草垛,一天没敢出来。傍晚的时候,我听到母亲呼唤我的乳名。我从草垛里钻出来,以为会受到打骂,但母亲没有打我,也没有骂我,只是抚摸着我的头,口中发出长长的叹息。

我记忆中最痛苦的一件事,就是跟随着母亲去集体的地里捡麦穗,看守麦田的人来了,捡麦穗的人纷纷逃跑。我母亲是小脚,跑不快,被捉住,那个身材高大的看守人扇了她一个耳光。她摇晃着身体跌倒在地。看守人没收了我们捡到的麦穗,吹着口哨扬长而去。我母亲嘴角流血,坐在地上,脸上那种绝望的神情让我终生难忘。多年之后,当那个看守麦田的人成为一个白发苍苍的老人,在集市上与我相逢,我冲上去想找他报仇,母亲拉住了我,平静地对我说:"儿子,那个打我的人,与这个老人,并不是一个人。"

我记得最深刻的一件事,是一个中秋节的中午,我们家难得地包了一顿饺子,每人只有一碗。正当我们吃饺子时,一个乞讨的老人.来到了我们家门口。我端起半碗红薯干打发他,他却愤愤不平地说:"我是一个老人,你们吃饺子,却让我吃红薯干,你们的心是怎么长的?"我气急败坏地说:"我们一年也吃不了几次饺子,一人一小碗,连半饱都吃不了!给你红薯干就不错了,你要就要,不要就滚!"母亲训斥了我,然后端起她那半碗饺子,倒进老人碗里。

我最后悔的一件事,就是跟着母亲去卖白菜,有意无意地多算了一位买白菜的老人一毛钱。算完钱我就去了学校。当我放学回家时,看到很少流泪的母亲泪流满面。母亲并没有骂我,只是轻轻地说:"儿子,你让娘丢了脸。"

我十几岁时,母亲患了严重的肺病,饥饿、病痛、劳累,使我们这个家庭陷入困境,看不到光明和希望。我产生了一种强烈的不祥之感,以为母亲随时都会自寻短见。每当我劳动归来,一进大门,就高喊母亲,听到她的回应,心中才感到一块石头落了地,如果一时听不到她的回应,我就心惊胆战,急忙跑到厢房和磨坊里寻找。有一次,找遍了所有的房间也没有见到母亲的身影,我便坐在院子里大哭。这时,母亲背着一捆柴草从外边走进来,她对我的哭很不满,但我又不能对她说出我的担忧。母亲看透我的心思,她说:"孩子,你放心,尽管我活着没有一点乐趣,但只要阎王爷不叫我,我是不会去的。"我生来相貌丑陋,村子里很多人当面嘲笑我,学校里有几个性格霸蛮的同学甚至为此打我。我回家痛哭,母亲对我说:"儿子,你不丑,你不缺鼻子不缺眼,四肢健全,丑在哪里?而且,只要你心存善良,多做好事,即便是丑,也能变美。"后来我进入城市,有一些很有文化的人依然在背后甚至当面嘲弄我的相貌,我想起了母亲的话,便心平气和地向他们道歉。

我母亲不识字,但对识字的人十分敬重。我们家生活困难,经常吃了上顿没下顿,但只要我对她提出买书、买文具的要求,她总是会满足我。她是个勤劳的人,讨厌懒惰的孩子,但只要是我因为看书耽误了干活,她从来没批评过我。有一段时间,集市上来了一个说书人,我偷偷地跑去听书,忘记了她分配给我的活儿。为此,母亲批评了我。晚上,当她就着一盏小油灯为家人赶制棉衣时,我忍不住地将白天从说书人那里听来的故事复述给她听。起初她有些不耐烦,因为在她心目中,说书人都是油嘴滑舌、不务正业的人,从他们嘴里,冒不出什么好话来。但我复述的故事,渐渐地吸引了她。以后每逢集日,她便不再给我排活儿,默许我去集上听书。为了报答母亲的恩情,也为了向她炫耀我的记忆力,我会把白天听到的故事,绘声绘色地讲给她听。

很快的,我就不满足复述说书人讲的故事了,我在复述的过程中,不断地添油加醋,我会投我母亲所好,编造一些情节,有时候甚至改变故事的结局。我的听众,也不仅仅是我的母亲,连我的姐姐,我的婶婶,我的奶奶,都成为我的听众。我母亲在听完我的故事后,有时会忧心忡忡地,像是对我说,又像是自言自语:"儿啊,你长大后会成为一个什么人呢?难道要靠贫嘴吃饭吗?"我理解母亲的担忧,因为在村子里,一个贫嘴的孩子,是招人厌烦的,有时候还会给自己和家庭带来麻烦。我在小说《牛》里所写的那个因为话多被村里人厌恶的孩子,就有我童年时的影子。我母亲经常提醒我少说话,她希望我能做一个沉默寡言、安稳大方的孩子。但在我身上,却显露出极强的说话能力和极大的说话欲望,这无疑是极大的危险,但我的说故事的能力,又带给了她愉悦,这使她陷入深深的矛盾之中。

俗话说"江山易改,本性难移",尽管有我父母亲的谆谆教导,但我并没改掉我喜欢说话的天性,这使得我的名字"莫言"很像对自己的讽刺。我小学未毕业即辍学,因为年幼体弱,干不了重活,只好到荒草滩上去放牧牛羊。当我牵着牛羊从学校门前路过,看到昔日的同学在校园里打打闹闹,我心中充满悲凉,深深地体会到一个人——哪怕是一个孩子——离开群体后的痛苦。到了荒滩上，我把牛羊放开，让它们自己吃草。蓝天如海，草地一望无际，周围看不到一个人影，没有人的声音，只有鸟儿在天上鸣叫。我感到很孤独，很寂寞，心里空空荡荡。有时候，我躺在草地上，望着天上懒洋洋地飘动着的白云，脑海里便浮现出许多莫名其妙的幻想。我们那地方流传着许多狐狸变成美女的故事。我幻想着能有一个狐狸变成美女与我来做伴放牛，但她始终没有出现。但有一次，一只火红色的狐狸从我面前的草丛中跳出来时，我被吓得一屁股蹲在地上。狐狸跑没了踪影，我还在那里颤抖。有时候我会蹲在牛的身旁，看着湛蓝的牛眼和牛眼中的我的倒影。有时候我会模仿着鸟儿的叫声试图与天上的鸟儿对话，有时候我会对一棵树诉说心声。但鸟儿不理我，树也不理我——许多年后，当我成为一个小说家，当年的许多幻象，都被我写进了小说。很多人夸我想象力丰富，有一些文学爱好者，希望我能告诉他们培养想象力的秘诀，对此，我只能报以苦笑。就像中国的先贤老子所说的那样："福兮祸所伏，祸兮福所倚。"我童年辍学，饱受饥饿、孤独、无书可读之苦，但我因此也像我们的前辈作家沈从文那样，及早地开始阅读社会人生这本大书。前面所提到的到集市上去听说书人说书，仅仅是这本大书中的一页。

辍学之后，我混迹于成人之中，开始了"用耳朵阅读"的漫长生涯。二百多年前，我的故乡曾出了一个讲故事的伟大天才——蒲松龄，我们村里的许多人，包括我，都是他的传人。我在集体劳动的田间地头，在生产队的牛棚马厩，在我爷爷奶奶的热炕头上，甚至在摇摇晃晃地行进着的牛车上，聆听了许许多多神鬼故事、历史传奇、逸闻趣事，这些故事都与当地的自然环境、家族历史紧密联系在一起，使我产生了强烈的现实感。

我做梦也想不到有朝一日这些东西会成为我的写作素材，我当时只是一个迷恋故事的孩子，醉心地聆听着人们的讲述。那时我是一个绝对的有神论者，我相信万物都有灵性，我见到一棵大树会肃然起敬。我看到一只鸟会感到它随时会变化成人，我遇到一个陌生人，也会怀疑他是一个动物变化而成。每当夜晚我从生产队的记工房回家时，无边的恐惧便包围了我，为了壮胆，我一边奔跑一边大声歌唱。那时我正处在变声期，嗓音嘶哑，声调难听，我的歌唱，是对我的乡亲们的一种折磨。

我在故乡生活了二十一年，其间离家最远的是乘火车去了一次青岛，还差点迷失在木材厂的巨大木材之间，以至于我母亲问我去青岛看到了什么风景时，我沮丧地告诉她：什么都没看到，只看到了一堆堆的木头。但也就是这次青岛之行，使我产生了想离开故乡到外边去看世界的强烈愿望。

一九七六年二月，我应征入伍，背着我母亲卖掉结婚时的首饰帮我购买的四本《中国通史简编》，走出了高密东北乡这个既让我爱又让我恨的地方，开始了我人生的重要时期。我必须承认，如果没有多年来中国社会的巨大发展与进步，如果没有改革开放，也不会有我这样一个作家。

在军营的枯燥生活中，我迎来了二十世纪八十年代的思想解放和文学热潮，我从一个用耳朵聆听故事、用嘴巴讲述故事的孩子，开始成为尝试用笔来讲述故事的人。起初的道路并不平坦，我那时并没有意识到我二十多年的农村生活经验是文学的富矿，那时我以为文学就是写好人好事，就是写英雄模范，所以，尽管也发表了几篇作品，但文学价值很低。

一九八四年秋，我考入解放军艺术学院文学系。在我的恩师、著名作家徐怀中的启发指导下，我写出了《秋水》《枯河》《透明的红萝卜》《红高粱》等一批中短篇小说。在《秋水》这篇小说里，第一次出现了"高密东北乡"这个字眼儿，从此就如同一个四处游荡的农民有了一片土地，我这样一个文学的流浪汉，终于有了一个可以安身立命的场所。我必须承认，在创建我的文学领地"高密东北乡"的过程中，美国的威廉·福克纳和哥伦比亚的加西亚·马尔克斯给了我重要启发。我对他们的阅读并不认真，但他们开天辟地的豪迈精神激励了我，使我明白了一个作家必须要有一块属于自己的地方。一个人在日常生活中应该谦卑退让，但在文学创作中，必须颐指气使，独断专行。

我追随在这两位大师身后两年，即意识到，必须尽快地逃离他们，我在一篇文章中写道：他们是两座灼热的火炉，而我是冰块，如果离他们太近，会被他们蒸发掉。根据我的体会，一个作家之所以会受到某一位作家的影响，其根本是因为影响者和被影响者灵魂深处的相似之处。正所谓"心有灵犀一点通"。所以尽管我没有很好地去读他们的书，但只读过几页，我就明白了他们干了什么，也明白了他们是怎样干的，随即我也就明白了我该干什么和我该怎样干。我该干的事情其实很简单，那就是用自己的方式，讲自己的故事。我的方式，就是我所熟知的集市说书人的方式，就是我的爷爷奶奶、村里的老人们讲故事的方式。坦率地说，讲述的时候，我没有想到谁会是我的听众，也许我的听众就是那些如我母亲一样的人，也许我的听众就是我自己。我自己的故事，起初就是我的亲身经历，譬如《枯河》中那个遭受痛打的孩子，譬如《透明的红萝卜》中那个自始至终一言不发的孩子。

我的确曾因为干过一件错事而受到过父亲的痛打，我也的确曾在桥梁工地上为铁匠师傅拉过风箱。当然，个人的经历无论多么奇特也不可能原封不动地写进小说，小说必须虚构，必须想象。很多朋友说《透明的红萝卜》是我最好的小说，对此我不反驳，也不认同，但我认为《透明的红萝卜》是我的作品中最有象征性、最意味深长的一部。那个浑身漆黑、具有超人的忍受痛苦的能力和超人的感受能力的孩子，是我全部小说的灵魂，尽管在后来的小说里，我写了很多的人物，但没有一个人物，比他更贴近我的灵魂。或者可以说，一个作家所塑造的若干人物中，总有一个领头的，这个沉默的孩子就是一个领头的，他一言不发，但却有力地领导着形形色色的人物，在高密东北乡这个舞台上，尽情地表演。自己的故事总是有限的，讲完了自己的故事，就必须讲他人的故事。于是，我的亲人们的故事，我的村人们的故事，以及我从老人们口中听到过的祖先们的故事，就像听到集合令的士兵一样，从我的记忆深处涌出来。他们用期盼的目光看着我，等待着我去写他们。我的爷爷、奶奶、父亲、母亲、哥哥姐姐、姑姑、叔叔、妻子、女儿，都在我的作品里出现过，还有很多的我们高密东北乡的乡亲，也都在我的小说里露过面。当然，我对他们，都进行了文学化的处理，使他们超越了他们自身，成为文学中的人物。

我最新的小说《蛙》中，就出现了我姑姑的形象。因为我获得诺贝尔奖，许多记者到她家采访，起初她还很耐心地回答提问，但很快便不胜其烦，跑到县城里她儿子家躲起来了。姑姑确实是我写《蛙》时的模特，但小说中的姑姑，与现实生活中的姑姑有着天壤之别。小说中的姑姑专横跋扈，有时简直像个女匪，现实中的姑姑和善开朗，是一个标准的贤妻良母。现实中的姑姑晚年生活幸福美满，小说中的姑姑到了晚年却因为心灵的巨大痛苦患上了失眠症，身披黑袍，像个幽灵一样在暗夜中游荡。我感谢姑姑的宽容，她没有因为我在小说中把她写成那样而生气；我也十分敬佩我姑姑的明智，她正确地理解了小说中人物与现实中人物的复杂关系。母亲去世后，我悲痛万分，决定写一部书献给她。这就是那本《丰乳肥臀》。因为胸有成竹，因为情感充盈，仅用了八十三天，我便写出了这部长达五十万字的小说的初稿。

在《丰乳肥臀》这本书里，我肆无忌惮地使用了与我母亲的亲身经历有关的素材，但书中的母亲情感方面的经历,则是虚构或取材于高密东北乡诸多母亲的经历。在这本书的卷前语上,我写下了"献给母亲在天之灵"的话,但这本书,实际上是献给天下母亲的,这是我狂妄的野心,就像我希望把小小的"高密东北乡"写成中国乃至世界的缩影一样。

作家的创作过程各有特色,我每本书的构思与灵感触发也都不尽相同。有的小说起源于梦境,譬如《透明的红萝卜》,有的小说则发端于现实生活中发生的事件——譬如《天堂蒜薹之歌》。但无论是起源于梦境还是发端于现实,最后都必须和个人的经验相结合,才有可能变成一部具有鲜明个性的、用无数生动细节塑造出了典型人物的、语言丰富多彩、结构匠心独运的文学作品。有必要特别提及的是,在《天堂蒜薹之歌》中,我让一个真正的说书人登场,并在书中扮演了十分重要的角色。我十分抱歉地使用了这个说书人的真实姓名,当然,他在书中的所有行为都是虚构。在我的写作中,出现过多次这样的现象,写作之初,我使用他们的真实姓名,希望能借此获得一种亲近感,但作品完成之后,我想为他们改换姓名时却感到已经不可能了,因此也发生过与我小说中人物同名者找到我父亲发泄不满的事情,我父亲替我向他们道歉,但同时又开导他们不要当真。我父亲说:"他在《红高粱》中,第一句就说'我父亲这个土匪种',我都不在意,你们还在意什么?"

我在写作《天堂蒜薹之歌》这类逼近社会现实的小说时,面对着的最大问题,其实不是我敢不敢对社会上的黑暗现象进行批评,而是这燃烧的激情和愤怒会让政治压倒文学,使这部小说变成一个社会事件的纪实报告。小说家是社会中人,他自然有自己的立场和观点,但小说家在写作时,必须站在人的立场上,把所有的人都当作人来写。

只有这样,文学才能发端事件但超越事件,关心政治但大于政治。可能是因为我经历过长期的艰难生活,使我对人性有较为深刻的了解。我知道真正的勇敢是什么,也明白真正的悲悯是什么。我知道,每个人心中都有一片难用是非善恶准确定性的朦胧地带,而这片地带,正是文学家施展才华的广阔天地。只要是准确地、生动地描写了这个充满矛盾的朦胧地带的作品,也就必然地超越了政治并具备了优秀文学的品质。

喋喋不休地讲述自己的作品是令人厌烦的,但我的人生是与我的作品紧密相连的,不讲作品,我感到无从下嘴,所以还得请各位原谅。在我的早期作品中,我作为一个现代的说书人,是隐藏在文本背后的,但从《檀香刑》这部小说开始,我终于从后台跳到了前台。如果说我早期的作品是自言自语,目无读者,从这本书开始,我感觉到自己是站在一个广场上,面对着许多听众,绘声绘色地讲述。这是世界小说的传统,更是中国小说的传统。我也曾积极地向西方的现代派小说学习,也曾经玩弄过形形色色的叙事花样,但我最终回归了传统。

当然,这种回归,不是一成不变的回归,《檀香刑》和之后的小说,是继承了中国古典小说传统又借鉴了西方小说技术的混合文本。小说领域的所谓创新,基本上都是这种混合的产物。不仅仅是本国文学传统与外国小说技巧的混合,也是小说与其他的艺术门类的混合,就像《檀香刑》是与民间戏曲的混合,就像我早期的一些小说从美术、音乐,甚至杂技中汲取了营养一样。

最后,请允许我再讲一下我的《生死疲劳》。这个书名来自佛教经典,据我所知,为翻译这个书名,各国的翻译家都很头痛。我对佛教经典并没有深入研究,对佛教的理解自然十分肤浅,之所以以此为题,是因为我觉得佛教的许多基本思想,是真正的宇宙意识,人世中许多纷争,在佛家的眼里,是毫无意义的。这样一种至高眼界下的人世,显得十分可悲。当然,我没有把这本书写成布道词,我写的还是人的命运与人的情感,人的局限与人的宽容,以及人为追求幸福、坚持自己的信念所作出的努力与牺牲。小说中那位以一己之身与时代潮流对抗的蓝脸,在我心目中是一位真正的英雄。这个人物的原型,是我们邻村的一位农民,我童年时,经常看到他推着一辆吱吱作响的木轮车,从我家门前的道路上通过。给他拉车的,是一头瘸腿的毛驴,为他牵驴的,是他小脚的妻子。这个奇怪的劳动组合,在当时的集体化社会里,显得那么古怪和不合时宜,在我们这些孩子的眼里,也把他们看成是逆历史潮流而动的小丑,以至于当他们从街上经过时,我们会充满义愤地朝他们投掷石块。事过多年,当我拿起笔来写作时,这个人物,这个画面,便浮现在我的脑海中。我知道,我总有一天会为他写一本书,我迟早要把他的故事讲给天下人听,但一直到了二○○五年,当我在一座庙宇里看到"六道轮回"的壁画时,才明白了讲述这个故事的正确方法。

我获得诺贝尔文学奖后,引发了一些争议。起初,我还以为大家争议的对象是我,渐渐的,我感到这个被争议的对象,是一个与我毫不相干的人。我如同一个看戏人,看着众人的表演。我看到那个得奖人身上落满了花朵,也被掷上了石块,泼上了脏水。我生怕他被打垮,但他微笑着从花朵和石块中钻出来,擦干净身上的脏水,坦然地站在一边,对着众人说:对一个作家来说,最好的说话方式是写作。我该说的话都写进了我的作品里。用嘴说出的话随风而散,用笔写出的话永不磨灭。我希望你们能耐心地读一下我的书,当然,我没有资格强迫你们读我的书。

即便你们读了我的书,我也不期望你们能改变对我的看法,世界上还没有一个作家,能让所有的读者都喜欢他。在当今这样的时代里,更是如此。

尽管我什么都不想说,但在今天这样的场合我必须说话,那我就简单地再说几句。

我是一个讲故事的人,我还是要给你们讲故事。上世纪六十年代,我上小学三年级的时候,学校里组织我们去看一个苦难展览,我们在老师的引领下放声大哭。为了能让老师看到我的表现,我舍不得擦去脸上的泪水。我看到有几位同学悄悄地将唾沫抹到脸上冒充泪水。我还看到在一片真哭假哭的同学之间,有一位同学,脸上没有一滴泪,嘴巴里没有一点声音,也没有用手掩面。他睁着大眼看着我们,眼睛里流露出惊讶或者是困惑的神情。事后,我向老师报告了这位同学的行为。为此,学校给了这位同学一个警告处分。多年之后,当我因自己的告密向老师忏悔时,老师说,那天来找他说这件事的,有十几个同学。这位同学十几年前就已去世,每当想起他,我就深感歉疚。这件事让我悟到一个道理,那就是:当众人都哭时,应该允许有的人不哭。当哭成为一种表演时,更应该允许有的人不哭。

我再讲一个故事:三十多年前,我还在部队工作。有一天晚上,我在办公室看书,有一位老长官推门进来,看了一眼我对面的位置,自言自语道:"噢,没有人?"我随即站起来,高声说:"难道我不是人吗?"那位老长官被我顶得面红耳赤,尴尬而退。为此事,我洋洋得意了许久,以为自己是个英勇的斗士,但事过多年后,我却为此深感内疚。

请允许我讲最后一个故事,这是许多年前我爷爷讲给我听过的:有八个外出打工的泥瓦匠,为避一场暴风雨躲进了一座破庙。外边的雷声一阵紧似一阵,一个个的火球,在庙门外滚来滚去,空中似乎还有吱吱的龙叫声。众人都胆战心惊,面如土色。有一个人说:"我们八个人中,必定有一个人干过伤天害理的坏事,谁干过坏事,就自己走出庙门接受惩罚吧,免得让好人受到牵连。"自然没有人愿意出去。又有人提议道:"既然大家都不想出去,那我们就将自己的草帽往外抛吧,谁的草帽被刮出庙门,就说明谁干了坏事,那就请他出去接受惩罚。"于是大家就将自己的草帽往庙门外抛,七个人的草帽被刮回了庙内,只有一个人的草帽被卷了出去。大家就催这个人出去受罚,他自然不愿出去,众人便将他抬起来扔出了庙门,故事的结局我估计大家都猜到了——那个人刚被扔出庙门,那座破庙轰然坍塌。

我是一个讲故事的人。因为讲故事我获得了诺贝尔文学奖。我获奖后发生了很多精彩的故事,这些故事,让我坚信真理和正义是存在的。

今后的岁月里,我将继续讲我的故事。

谢谢大家!

阅读提示

莫言是第一个获得诺贝尔文学奖的中国籍作家,瑞典文学院授予莫言诺贝尔文学奖的获奖理由是:通过幻觉现实主义将民间故事、历史与当代社会融合在一起。在 2012 年 12 月 10 日的颁奖典礼上,莫言以"讲故事的人"为题发表了获奖演说,他讲述了自己成为"讲故事的人"的经历,有对母亲的追忆、有对家乡生活经历中所遇的形形色色的人和一幕幕奇闻轶事的叙说。此外,他还讲述了对文学的看法与认识:紧贴民间,却又超越生活;抒发个人心声,却又观照普遍永恒的人性;向西方现代派学习,却又不脱离中国传统。正是在一个个故事的讲述中,莫言将自己的文学理念、对生活与社会的认识,在不动声色中传达给听众。

莫言作为一个"讲故事的人",站在属于他的"高密东北乡"王国里,凭借着其对小说叙事艺术孜孜以求的探索实验,靠着其"用耳朵阅读"所获得的丰富资源与想象力,从而使自己的故事获得了世界的肯定。以写人为根本,深入民间,不断创新是莫言在长期创作中渐渐领悟和秉持的文学观念。

拓展训练

1.这篇演讲词中包蕴着莫言怎样的文学创作观?

2.这篇演讲词采取讲故事的方式,你认为有哪些长处?

3.自拟题目,写一篇演讲词。

4.阅读莫言的小说,谈谈对其小说的认识和理解。

阅读推荐

1.莫言:《莫言获奖长篇系列》(全七册),上海文艺出版社 2012 年版。

2.莫言:《莫言诺贝尔奖典藏文集》(全二十册),百花文艺出版社 2012 年版。

3.莫言:《莫言心声系列》(全三册),文化艺术出版社 2010 年版。

走进贵州

ZOUJIN GUIZHOU

瘗旅文

王守仁

王守仁(1472—1529),幼名云,字伯安,号阳明,封新建伯,谥文成,人称王阳明。明代著名的思想家、文学家、哲学家和军事家。王阳明不仅是宋明心学的集大成者,一生事功也是赫赫有名,故被称为"真三不朽",其学术思想在中国、日本、朝鲜半岛以及东南亚国家乃至全球都有重要而深远的影响,因此,王守仁(心学集大成者)与孔子(儒学创始人)、孟子(儒学集大成者)、朱熹(理学集大成者)并称为孔、孟、朱、王。

维正德四年①秋月三日,有吏目②云自京来者,不知其名氏,携一子一仆,将之任,过龙场③,投宿土苗④家。予从篱落⑤间望见之,阴雨昏黑,欲就问讯北来事,不果。明早,遣人觇⑥之,已行矣。

薄午⑦,有人自蜈蚣坡来,云:"一老人死坡下,傍两人哭之哀。"予曰:"此必吏目死矣。伤哉!"薄暮,复有人来,云:"坡下死者二人,傍一人坐哭。"询其状,则其子又死矣。明日,复有人来,云:"见坡下积尸三焉。"则其仆又死矣。呜呼伤哉!

念其暴骨无主,将⑧二童子持畚、锸往瘗之,二童子有难色然。予曰:"嘻!吾与尔犹彼也!"二童闵然涕下,请往。就其傍山麓为三坎⑨,埋之。又以只鸡、饭三盂,嗟吁涕洟⑩而告之,曰:

呜呼伤哉!繄⑪何人?繄何人?吾龙场驿丞余姚王守仁也。吾与尔皆中土之产,吾不知尔郡邑,尔乌为乎来为兹山之鬼乎?古者重去其乡,游宦不逾千里。吾以窜逐⑫而来此,宜也。尔亦何辜乎?闻尔官吏目耳,俸不能五斗,尔率妻子躬耕可有也。乌为乎以五斗而易尔七尺之躯?又不足,而益以尔子与仆乎?呜呼伤哉!

尔诚恋兹五斗而来,则宜欣然就道,胡为乎⑬吾昨望见尔容蹙然⑭,盖不任其忧者?夫冲冒雾露,扳援崖壁,行万峰之顶,饥渴劳顿,筋骨疲惫,而又瘴疠侵其外,忧郁攻其中,其能以无死乎?吾固知尔之必死,然不谓若是其速,又不谓尔子尔仆亦遽然奄忽⑮也!皆尔自取,谓之何哉!吾念尔三骨之无依而来瘗尔,乃使吾有无穷之怆也。

呜呼伤哉!纵不尔瘗,幽崖之狐成群,阴壑之虺⑯如车轮,亦必能葬尔于腹,不致久暴露尔。尔既已无知,然吾何能违心乎?自吾去父母乡国而来此,三年矣,历瘴毒而苟能自全,以吾未尝一日之戚戚也。今悲伤若此,是吾为尔者重,而自为者轻也。吾不宜复为尔悲矣。

吾为尔歌,尔听之。歌曰:连峰际天⑰兮,飞鸟不通。游子怀乡兮,莫知西东。莫知西东兮,维⑱天则同。异域殊方兮,环海之中。达观随寓⑲兮,奚必予宫。魂兮魂兮,无悲以恫⑳。

又歌以慰之曰:与尔皆乡土之离兮,蛮之人言语不相知兮。性命不可期,吾苟死于兹兮,率尔子仆,来从予兮。吾与尔遨以嬉兮,骖㉑紫彪而乘文螭兮,登望故乡而嘘唏兮。吾苟获生归兮,尔子尔仆,尚尔随兮,无以无侣为悲兮!道旁之冢累累兮,多中土之流离兮,相与呼啸而徘徊兮。餐风饮露,无尔饥兮。朝友麋鹿,暮猿与栖兮。尔安尔居兮,无为厉②于兹墟兮!

注　释

①正德四年:1509 年。正德为明武宗年号(1506—1521)。

②吏目:明代散州或直隶州均设有吏目一人,掌助理刑狱之事,并管官署内部事务。

③龙场:龙场驿,在今贵州修文县。

④土苗:土著苗族。

⑤篱落:篱笆。

⑥觇(chān):窥视。

⑦薄午:近午。

⑧将:携。畚(běn):用草绳或竹篾编织成的盛物器具。锸(chā):铁锹。

⑨坎:坑。

⑩涕洟:目出为涕,鼻出为洟,即指眼泪鼻涕。这里谓哭泣。

⑪繄(yī):发语词,表语气。

⑫窜逐:放逐,这里谓贬斥。

⑬胡为乎:为了什么。

⑭戚然:皱眉忧愁的样子。

⑮奄忽:疾速,这里喻死亡。

⑯虺(huǐ):毒蛇,俗称土虺蛇,大者长八九尺。

⑰际天:接近天际。

⑱维:同"惟",只有。

⑲随寓:随处可居,即随遇而安。

⑳恫(dòng):恐惧。

㉑骖(cān):古代一车驾三马叫骖。这里是驾驭的意思。彪:小虎。文螭(chī):带有条纹的无角的龙。

㉒厉:厉鬼。墟:村落。

阅读提示

　　这篇文章选自《王文成公全书》卷二十五,作于 1509 年(正德四年),这时作者被贬于龙场驿已是第三个年头了。瘗(yì)就是埋葬。该文是作者埋葬三个客死在外的异乡人以后所作的一篇哀祭文。这三个异乡人,仅为了微薄的薪俸而万里奔走,终于暴死异乡。他们与作者素昧平生,但祭文的感情却写得相当深切,其关键是作者被贬龙场驿,其景况略如客死之人,悲客死之人也是作者借以抒发自己被贬异域的凄苦哀伤之情。但作者能"达观随寓",终于活下来了。这既是实情,也是作者的自宽自解。

拓展训练

1. 了解王阳明在心学与文学等方面的成就。
2. 在当下时代如何理解"知行合一"?

阅读推荐

1. 梁启超等:《心即世界:王阳明传》,红旗出版社 2017 年版。
2. 吕峥:《明朝一哥王阳明》,民主与建设出版社 2015 年版。
3. 王阳明:《王阳明集》,中华书局 2016 年版。

开设贤科以宏文教疏

田　秋

> 田秋(1494—1556),字汝力,号西麓,贵州思南府水德司(今思南县城)人,明代进士,官至广东布政使。为官二十年,直言敢谏,廉洁奉公。他是开发贵州人才、兴办州县学校的先贤,功德卓著,业绩昭然。著有《西麓奏议》,修撰有《思南府志》二册等。

　　臣秋原籍贵州,思南府人。窃惟国家取士,于两京十二省,各设乡试科场,以抡选俊才,登之礼部,为之会试。然后进于大廷,命以官职。真得成周乡举里选之遗意,所以人才辈出,视古最盛者,此也。惟贵州一省远在西南,未曾设有乡试科场,止附云南布政司科举。盖因永乐年间初设布政司,制度草创,且以远方之民,文教未尽及也。迨今涵濡列圣休明之治教百五十余年,而亲承皇上维新之化,又八年于兹。远方人才正如山之木,得雨露之润,日有生长,固非昔日之比矣。臣愚,以为开科盛举正有待于今日也。且以贵州至云南相距二千余里,如思南、永宁等府卫至云南且有三、四千里者。而盛夏难行,山路险峻,瘴毒浸淫,生儒赴试,其苦最极。中有贫寒而无以资者,有幼弱而不能徒行者,有不耐辛苦而返于中道者,至于中冒瘴毒而疾于途次者,往往有之。此皆臣亲见其苦,亲历其劳。今幸叨列侍从,乃得为陛下陈之。边方下邑之士,望天门于万里,扼腕叹息,欲言而不能言者,亦多矣。臣尝闻,国初两广亦共一场,其后各设乡试,渐增解额,至今人才之盛,埒于中州。臣窃以为,人性之善得于天者,本无远近之殊。特变通鼓舞之机,由于人者有先后耳。今设科之后,人益向学,他日云、贵又安知不若两广之盛乎!议者曰:科之不开,病于钱粮之少。臣窃以为不然。盖贵州虽赴云南乡试,而举人牌坊之费,贵州自办也;鹿鸣之宴,贵州自备也。今所加者,不过三场供给试官聘礼耳。镇远、永宁等税课司,每岁不下数百两,思南府又有棉花税。若设一税课司,委一廉干府官监收之,每岁亦可得数百两。只此数项,足充其费,况求才大事,又可靳于区区小费乎?且历年抚按官亦屡有举奏,盖一方之至愿,上下之同情。其建置之地,区画之详,在彼必有定议。乞敕该部,再加详议。旧额二省共取五十五名,云南三十四名,贵州二十一名。臣请于开科之后,二省各于旧额之上量增数名,以风励远人,使知激励,则远方幸甚。

阅读提示

　　贵州于明朝永乐十一年(1413)建省,自永乐十一年至嘉靖的百余年间,全国 13 省有 12 省设有乡试科场,惟独贵州科考仍归并于云南省,凡要考举人的学子都得到云南昆明应试。千里迢迢,道路崎岖,行旅艰难,这对贵州选贤育才带来很大不利。贵州抚按也曾向朝廷申报自设考场，未能如愿。往往被朝廷以"旧制难改"或"旧制不可轻改"而了之。这样，就造成了贵州教育的发展缓慢，其边远州县的教育就更落后了。田秋于明世宗嘉靖九年（1530）向皇帝上疏《开设贤科以宏文教疏》，奏请在贵州设乡试考场。十四年（1535）获得朝廷批准。十六年（1537）贵州首次开科，从此贵州人才四起，直追中原。

疏文先强调全国各省都设科场选拔人才，只有贵州远在西南一隅，至今还没有设科场，并指出在永乐年间贵州未设科场的原因，说明客观情况，为提出自己的建议做铺垫。然后指出如今不同了，黔人文化水平有了极大提高。这是作者提出贵州设科场的前提和基础。接着作者悲愤地指出，贵州士子奔赴云南考试，路途遥远，辛苦万分。这是作者亲身经历，具有很强说服力。再以两广为例加以说明，针对反对者所谓缺少经费，给出有力反驳。最后，作者建议朝廷在贵州设乡试，并增加名额，以鼓励远方边民参加科举的积极性。全文以理服人，以情动人，条分缕析，揭示现象，分析原因，提出对策，大声呼吁。这篇文章对贵州的社会经济、科教文化发展产生了深远的影响，于黔中人民功莫大焉。

拓展训练

1."疏"的文体特征是什么？中国古代历史上有哪些著名的疏文？并进行阅读学习。

2.自拟论点，写一篇议论文。

推荐阅读

（唐）魏征：《谏太宗十思疏》。参见吴楚材、吴调侯编：《古文观止》，北方文艺出版社 2016年版。

德江晚渡

李　渭

李渭(约1514—1588),字湜之,号同野,贵州省思南府(今思南县)人,明朝理学家。官云南省左参政、应天府中南户部郎等职,晚年退职后回乡,在思南城东北中和山普济亭讲学。李渭一生著作颇丰,有《先行录问答》三卷、《毋意篇》和《大学中庸易问》一卷、《简寄》二卷、《杂著》一卷、《诗文》三卷、《家乘》十二卷、《大儒治规》三卷。《黔诗纪略》录其诗十首。

山影半江阴,渡口喧人语。
东林精舍近,挥尘自来去。
渔父歌放逸,悠然寡尘虑。
为爱乘槎行,直到水穷处。

阅读提示

李渭是贵州著名理学家,一生受阳明心学的影响巨大,继承阳明心学并有所突破,对阳明心学的传播和兴盛起了重要的推动作用。他与清平的孙淮海、贵阳的马心庵被称为王阳明的再传弟子。明神宗赐他对联:"南国躬行君子,中朝理学名臣。"晚年在思南府城北中和山设"中和书院"讲学,兴学黔中,影响甚远。

该诗首两句总写渡口喧闹的景象,后四句选取两个特写镜头,一是僧佛来去的飘逸,一是渔父放歌的悠然,最后两句写到自己,表达心境与追求。诗人将典故巧妙化入诗句,不见斧凿痕迹。"渡口喧人语"化用孟浩然《夜归鹿门山歌》中"渔梁渡头争渡喧"句;"东林精舍近"直接用孟浩然《晚泊浔阳望庐山》中诗句;"渔父歌放逸"则是用《楚辞·渔父》的典故;"为爱乘槎行"用晋代张华《博物志》卷十中"乘槎"的典故;"水穷处"源于王维《终南别业》"行到水穷处,坐看云起时"。典故应用如此之多,却不觉有堆砌之感,即使读者不知道这些典故,也依然不影响阅读。诗歌风格素朴澄净,有彭泽遗风。

拓展训练

1.《德江晚渡》寄托了诗人怎样的思想情感?

2.阳明心学的核心是什么? 如何认识李渭的"中和"思想?

推荐阅读

1.《嘉靖思南府志》,团结出版社 2018 年版。
2.当年明月:《明朝那些事儿》,北京联合出版有限公司 2017 年版。

铜仁江舟中杂诗(六首选二)

郑　珍

> 郑珍(1806—1864),字子尹,号柴翁,自署子午山孩、巢经巢主、小礼堂主人。贵州遵义人,晚清大诗人、经学大家,有《巢经巢集》存世。

其四

蛟龙非获罪,风水自无猜。
朝梦同炊熟,晨舟隔县开。
江鸣知雨到,鸭雨觉村来。
半起先劳谢,闲鸥候岸来。

其五

烂石通纤路,荒塘落堠泥。
潮收沙露尾,桨过水生脐。
鱼翠闲闲立,鸬青闪闪低。
劳生惭对汝,方忆漆园妻。

阅读提示

郑珍生活于晚清,此时的中华古国处于最痛苦的历史转折期,"他把一生经历的些许欢乐和巨大苦难及他置身其中的心路旅程,都写成了诗,不自知地为这个历史分娩期做了翔实记录,为后世留下了一份珍贵的遗产。《巢经巢诗集》像一部诗体断代史,更像一部诗体日记,能为研究这段历史的学者提供许多难得一见的材料。可以说,这是诗歌群星中罕见的贡献。"道光十四年十一月(1834),郑珍赴京师应试,途径石阡、思南、印江、江口、铜仁等地,一路上写了许多诗作来描绘途中所见以及内心所思。《铜仁江舟中杂诗六首》是郑珍乘船行驶于锦江时所写的一组诗,诗人体察细腻,用白描的手法描绘眼前之景,语言朴实凝练,将铜仁锦江沿岸的风景、风俗特点描绘得异常生动有致,别有趣味,正如钱钟书在《谈艺录》中所说:"写实尽俗,别饶姿致。"

拓展训练

1. 阅读《铜仁江舟中杂诗(六首选二)》,分析郑珍诗歌语言特色。

2.以铜仁风物为对象进行作文,散文、诗歌不限,将细致观察而得的铜仁自然风景、民风民俗的特征通过文字表现出来。

阅读推荐

戴明贤:《子午山孩郑珍:人与诗》,人民文学出版社 2013 年版。

莫友芝诗词选

> 莫友芝(1811—1871),生于贵州独山,字子偲,自号邵亭,又号紫泉,晚号眲叟,屡试不第、终身布衣。清代道光、咸丰、同治年间贵州最著名的经学家、文学家和书法家,贵州"清三儒"之一,遵义"沙滩文化"的重要代表。著述达 23 种,主要有《邵亭诗钞》《邵亭遗诗》《影山词》《金石笔记》《唐写本说文本部笺异》《韵学源流》《黔诗纪略》《遵义府志》《资治通鉴索隐》等。

乌江渡

鸟道各千盘,凿翠屹相向。晴雷翻九地,草木皆震荡。峡束湍已豪,水落势益壮。飞鸟不敢前,潜鱼哪能傍。渡师争逆流,百溯待一放。乱雨浪花飞,垂云石根亮。中流聊意快,就岸翻胆丧。山乡无深流,此水已鲜抗。蜀舟阻重门,黔路但叠嶂。徒将黚①汉挟,尚觉无沅让②,天如悯穷乡,铲去或宜当。

注　释

①黚:即今发源于大娄山的湘江。
②沅:即舞水,现名舞阳河,下游名沅江。

采桑子(九首选三)

其一

闺人总道栽花好,唯有丝娘,只要栽桑。荷叶金衣尽问郎。
去年试手桑乌子①,绕着东墙,疏密成行。才到周年共我长。

其五

老蚕食叶如风雨,正酝丝肠,一霎空筐。但取连枝也是忙。
担笼倩②得邻家媪,南北西塘,往返仓皇。容易前山见夕阳。

其七

大姑采叶双眉锁,忽忆渔阳,泪滴成行。目断天涯去路长。
小姑未晓春心事,贪看鸳鸯,也放筲筐。曲水偷人半面装。

注　释

①桑乌子:桑树果实,指代桑树苗。

②倩：请。

阅读提示

《乌江渡》写于莫友芝往麻哈（今麻江）省亲期间，诗歌描写贵州第一大河乌江水浪翻腾、谷深流急的雄壮气势。两岸峭壁耸立，"飞鸟不前，潜鱼难傍"，深谷浪花飞溅，水落势壮。如此艰险的路途，让作者不由得感叹"天如悯穷乡，铲去或宜当"。

《采桑子》写遵义乡间的养蚕生活。遵义蚕业缘自江南，乾隆年间山东历城人陈玉殿出任遵义知府，遣人自江南购蚕种，聘蚕师、织师同来，养蚕业遂在遵义推而广之。选文第一首写一年之间，农人养蚕已成风尚，作者内心喜悦不已。第二首写春蚕渐渐长大，食量快如疾风骤雨，东邻西舍，来来往往，纷纷摘桑养蚕，忙碌、欢快的人们在夕阳下构成一幅美丽的采桑图。第三首写两姐妹采桑，大姑手摘桑叶，愁眉紧锁，念想起自己的心上人，不觉"天涯路长，泪滴成行"。而天真可爱的小妹却一无所知，偷闲去看鸳鸯戏水，自己小小的脸蛋倒影在河里，天真稚气一览无余。所选三首词作，明快清新的笔触与作者悠闲喜悦的心情相互映衬，也写出了遵义乡民的质朴勤劳。

拓展训练

1.查找资料，深入了解贵州第一大河乌江的相关情况，结合《乌江渡》体会乌江的山水形貌。

2.《采桑子》写出了古时遵义乡民辛勤而快乐地劳作的情态，试从各方面了解贵州古代农业的发展历史。

阅读推荐

莫友芝：《莫友芝诗文集》，人民文学出版社 2009 年版。

十五岁避难柳溪题壁

骆冰梅

骆冰梅,生卒年不详,生活于清朝末年,山阴人(今浙江绍兴),幼时随父迁至铜仁居住生活,著有诗集《冰梅诗草》,《铜仁府志(光绪)》中存诗九首。

鼛鼓声声动地来,降旗飘飐禁城开,
黄堂战死军民散,总为笔刀起祸胎。

生长深闺十几年,那曾经过此山川,
知心惟有邮原草,月夜临风泣杜鹃。

盈盈弱质困风沙,脉脉柔情怨暮笳。
莫唱江南肠断句,天涯零落一枝花。

角声吹动聚黄巾,历尽风波受苦辛。
白刃林中心似铁,红裙著地下沾尘。

流贼猖狂众口喧,王师何日降戎轩。
驿亭空有思乡泪,惊破啼声是夜猿。

绿杨堤下水淙淙,孤月怜入影堕窗,
归梦不知乡国远,夜深犹自渡寒江。

云鬟乱挽下高楼,送别江头动远愁,
万里关河频怅望,计程应已到杭州。

细雨如烟自掩门,杏花深处立黄昏,
旁人莫问春何似,憔悴东风杜宇魂。

阅读提示

在以男权为中心的社会中,在严格的男女性别差异中,明清时期开始有了性别意识的松动,这一时期是中国古代文化史上女性阅读与女性写作最活跃的时期,这与明清社会经济、文化事业的发展有直接的关系,并且在士人层面对女性的才德观有很大的转变。自明永乐十一年(1413年)设府以来,铜仁与外界的联系往来逐渐增多,不再是一个封闭荒蛮之地。

至清代,铜仁的内外交流愈加频繁,已是一个相对开化的地方了,外来的官仕、商贾等人员的流动促使铜仁的文化教育有所发展。因此,明清时期的铜仁出现了不少的文人,其中女性诗人在清代得到较为集中的涌现。

《十五岁避难柳溪题壁》共有八首诗,组成一组诗。描写同治年间黔东地区社会动乱的现实,诗人将个人遭际与社会现实融为一体,思乡之情与忧患意识相互交织,情感深沉。诗作内容超越了当时女性诗人常见的写作题材,体现出诗人对社会现实的体察与把握。

拓展训练

《十五岁避难柳溪题壁》抒写了诗人怎样的思想情感?

阅读推荐

《铜仁府志》(据民国缩印本点校),贵州民族出版社1992年版。

水　葬

蹇先艾

蹇先艾(1906—1994),贵州遵义人。1921年夏考入北平师大附中,在五四运动新文化新思想的影响下,与同学李建吾等组织文学团体"曦社",开始文学创作,并加入了文学研究会,1931年毕业于北平大学经济系。1937年返回贵州,与人合办以宣传抗战为中心的《每周文艺》,后主编《贵州日报》副刊,并长期从事教育工作,先后在贵州遵义师范学校,贵州大学,贵阳师范学院任教。新中国成立后陆续担任中国作协重庆分会副主席、贵州省文联主席、省文化局长、中国作协贵州分会主席等。著有小说集《朝雾》《盐的故事》《幸福》《一位英雄》《还乡集》《酒家》《踌躇集》,散文集《城下集》《乡间的悲剧》《新芽集》《离散集》《乡谈集》,中篇小说《古城儿女》,译著《美国短篇小说集》等。文风简朴,乡土气息浓郁,曾被鲁迅誉为"乡土作家"。

"尔妈,老子算是背了时!偷人没有偷倒,偏偏被你们扭住啦!真把老子气死!……"

这是一种嘶哑粗躁的嗓音,在沉闷的空气之中震荡,从骆毛的喉头里迸出来的。他的摇动躯体支撑着一张和成天在煤窑爬进爬出的苦工一样的脸孔;瘦筋筋的一身都没有肉,只剩下几根骨头架子披着皮;头上的发虽然很乱,却缠着青布的套头;套头之下那一对黄色的眼睛膨着直瞪。最引得起人注意的,便是他左颊上一块紫青的印迹,上面还长了一大丛长毛。他敞开贴身的油渍染透的汗衣,挺露胸膛,他脸上的样子时时的变动,鼻子里偶然哼哼几声。看他的年纪约有三十岁的光景,他的两手背剪着,脚下蹬的是一双烂草鞋,涂满了涵泥。旁边有四五个浓眉粗眼的大汉,面部飞舞着得意的颜色,紧紧的寸步不离的将他把持住,匆匆的沿着松林走。仿佛稍一不留心,就要被他逃逸了去似的。这一行人是在奔小沙河。

他们送着骆毛去水葬,因为他在村中不守本分做了贼。文明的桐村向来就没有什么村长等等名目,犯罪的人用不着裁判,私下都可以处置。而这种对于小偷处以"水葬"的死刑,在村中差不多是"古已有之"了的。

行列并不如此的简单:前后左右还络绎的拖着一大群男女,各式各样的人们都有,红红绿绿的服色,高高低低的身材,老老少少的形态……这些也不尽都是村中的闲人,不过他们共同的目的都是为看热闹而来的罢了。尤其是小孩子们,薄片小嘴唇笑都笑得合不拢来,两只手比着种种滑稽的姿势,好像觉得比看四川来的'西洋镜'还有趣的样子,拖着鞋子梯梯塔塔的跑,鞋带有时还被人家踩住了,立刻就有跌倒的危险,小朋友们尖起嗓子破口便骂,汗水在他们的头上像雨珠一般的滴下来。

妇人们,媳妇搀着婆婆,奶奶率着小孙女,姑娘背着奶娃……有的抿着嘴直笑,有的皱着眉表示哀怜,有的冷起脸,口也不开,顶多滋一滋牙,老太婆们却呢呢喃喃的念起佛来。她们中间有几位拐着小脚飞也似的紧跟着走,有时还超过大队的前面去了;然后她们又斯斯文文低悄悄的慢摇着八字步。显然和大家是不即不离的。被好奇心充满了的群众,此时顾不得汗的味道,在一道肉阵中前前后后的挤进挤出。你撞着我的肩膀,我踩踏了你的脚跟,……便一分钟一秒钟也没有宁静过。一下又密密的挨拢来,一下又疏疏的像满天的星点似的散开了。这正像蜜蜂嗡嗡得开不了交的时候,忽然一片更大的嘈杂的声浪从人海中涌起来,这声音的粗细缓急是完全不一致的:

"呀!你们快看快看,那强盗又开口了!"

"了"字的余音还在袅袅不断,后面较远的闲杂人等跟着就像海潮一样拼命的撞击过来,前排矮小力弱的妇女和小孩却渐渐向后引退。但骆毛(便是他们呼喊为强盗的)的语声这时嘶哑的程度减轻而蓦地高朗了许多,颤颤的像破锣般的在响成一片:

"嘿!瞧你们祖宗的热闹!老子把你们的婆娘偷走了吗?叫老子吃水?你们也有吃火的一天!烧死你们这一群狗杂种!"

骆毛口里不干净的咕哝骂着:姑娘奶奶们多半红了脸,把耳朵掩起来;老太婆一类的人却装做耳聋,假装问旁边的人他说的是什么;村中的教书先生是完全听进去而且了解了,他于是撇着嘴觉得不值一钱的喊道:"丧德呀,丧德!"骆毛自己的两耳只轰轰的在响,这时什么声音都是掺不入的,他只是一味大步的走出村去。摇摇摆摆地走,几位汉子几乎要跟不上了。看看已经快离开了这个村落。后方的人群"跑百码"般的跑起来,一路还扭嘴使眼嘻嘻的嘲笑。骆毛大概耳鸣得轻了一点,仿佛听见一长串刺耳的笑声,他更是一肚子的不高兴,用力的将头扭回来,伸长着脖子狂叫道:

"跟着你们的祖先走哪儿去?你们难道也不要命吗?……老子背时的日子,你们得色啦!叫你们这一群龟儿子也都不得好死,看你们还笑不笑!"

但是当他的头刚好转过,枯瘦的脖子正要像鹭鸶似的伸长去望时,才一瞥,就被那长辫子的力大的村农强制的扭回去。他气愤愤的站住不走了,靠着路旁一棵大柏树。

"走!孙子!"长辫子当的给了他背脊骨上一拳。

"哎哟!你们儿子打老子吗?"他负痛的叫了一声,两条腿又只得向前挪移,"那不行!尔妈民国不讲理了是不是?……"他几乎要哭出来。

这时离开村庄已有半里的光景。这是一个阴天,天上飞驰着银灰的云浪。萧萧的风将树吹动,发出悦耳的一片清响。远处近处都蔓延着古柏苍松。路是崎岖不平的山路,有时也经过田塍或者浅浅的山丘。大家弯弯曲曲的走,似乎有点疲乏,在一座坟台之下略略休息。这一个好机会,群众都围拢来。潇飒的松枝掩盖在头顶,死寂的天空也投下几丝阳光来,透过了绿叶,骆毛傍着那一块字迹模糊的残碑坐下了。

"尔妈。老子今年三十一!"他换了一口气,提高嗓音的又开始说,"再过几十年,又不是一条好汉吗?……"

"骆大哥!啊啊,说错啦!干老爷子!你老人家死咧的话,我儿子过年过节总帮你老人家多烧几包袱纸。你就放心去吧,有什么身后开不了交的事情,都留下让我儿子帮你办。干奶奶——哎呀!啥子干奶奶,简直就是我那嫡亲奶奶呀——我养她老人家一辈子还不行吗?……"

小耗子王七走过坟前,用手搓着眼睛,把眼睛圈都搓得快红了,向骆毛请了一个大安,亲热的说了上面的那一大段话。小耗子在今年跟骆毛交过手,败仗下来了,就拜了老骆做干爹,是个著名的小滑头儿!

"七老弟,你就再不要干老爷子湿老爷子的啦!"老骆冷笑了一声说,"好汉做事好汉当,也用不上牵累旁人! 我的妈呢——"

老骆心里忽然难过了起来,他也不再说下去,站起身来就往前走。人群又被他拖着像一根长绳,回环在山道上了。

登程以后的途中,老骆几乎绝无声音,除了习惯成自然的几声哼哼之外,不啻顿然变成哑巴。这些随从的人们都加倍的疑惑起来了。而几条大汉却很高兴,他们以为这样可以使大家安宁一点;进一步,也可以少伤点风化,因为老骆的话,没有一句不是村野难听的。所以就是老骆走得慢了,他们也不十分催逼他。

骆毛只是缓缓地走,含着一脸的苦笑,刚才王七那几句话引起他无限的感触:他心里暗暗悲酸着,想到他的母亲,便觉心里发软,那热狂的不怕死的心顿时也就冷了一半。他的坚强的意志渐渐软化下来。

因为他精神上的毁伤,使他口都不愿意再开了。他心里完全是犹豫和踌躇了——

"我死后,我的妈怎么办呢?……我的妈啊,你在哪儿? 你可晓得你的儿子死在眼前了吗? 你如果在家紧等我不回来,你不知道焦心成哪个样子! 唉! 唉……"

老骆虽然是个粗人,可是想到死后老母无人养活,他也觉到死的可怕。直至他们捉住他的两臂,要往水下投他的时候,他狠心把眼一闭,他老母的慈容仿佛在目前一样。

天依旧恢复了沉寥的铅色,桐村里显得意外的冷冷落落。那黄金色的稻田被风吹着,起了轻掀的很自然的波动。真是无边的静谧,约略可以听见鹁鸪的低唱,从掩映着关帝庙那一派清幽的竹林中传来。远的山峰削壁的峙立着,遥遥与天海相接。桐村都暂时掩没在清凄与寥寞的空气之中了。

村后远远的有一间草房,圮毁的伫立坡上,在风声中预备着坍塌。木栅拉开后,一个老妇人拄着拐杖走出来。她的眼睛几乎要合成一条缝了,口里微微喘气,一手牢牢的把住门边,摩娑着老眼目不转睛的凝望,好似在期待着什么。看她站立在那里的样子,显然身体非常衰弱;脸上堆满了皱纹,露出很高的颧骨,瘦削的耳朵上还垂着一对污铜的耳环,背有点驼,荒草般的头发,黑白参差的纷披在前额。她穿着一件补丁很多的夹衣,从袖子里伸出来的那双手,颜色青灰,骨头血管都露在外面。

她稳定的倚傍着门柱,连动也不动一下,嘴唇却不住的轻颤。最后,她将拐杖靠在一边,索性在门限上坐下来了,深深的蹙着额发愁道:

"毛儿为什么出去一天一夜还不回来?"说着又抬起头来望了一望。

东邻招儿的媳妇,掠着发带笑的扭过来。她是一个村中少见的大脚婆娘,胖胖的脸儿,粗黑的眉毛,高高的挽起一双袖子,大概是刚从地里回来。她正要同这个老妇说话的时候,只见她的十岁的孩子阿哥沿着田边喘吁吁地跑过来,口里喊道:"妈,真吓死人的! 我再也不敢到河边上去了。"

"什么事,这样大惊小怪的?"招儿媳妇向她的儿子说。"他们刚才把一个人掷到河里去了。"

"因为什么事?"

"偷东西叫人捉到了。"

"是谁?"

阿哥把嘴向那个老妇一扭，说道："是她的……"

招儿的媳妇急忙把儿子的嘴用手堵住，不让他说出来。

其实那个老妇本是耳聋的，这回又因为等儿子着急，越发听不到他们讲的是什么话，只见他们的嘴动。她因问道："你们讲什么话，这样热闹的？阿哥，你见过毛儿没有？"

阿哥不敢答，只仰了面望他娘，他娘替他高声答道："没有看见。"

那个老妇把耳朵扭向招儿媳妇道："你可是说没有看见？"

招儿媳妇点点头。那个老妇叹了一口气，口里咕浓道："他从来没有到这个时候不回家的。哪里去了！"说着又抬起头来向远处望一望。望了半天，又叹了一口气，把头倚在门框上。招儿的媳妇拉着她的儿子慢慢地躲开了。

直至招儿家里吃了晚饭，窗外吹来的风，入夜渐凉起来。外面冷清清的只有点点的星光在黝黑天空中闪烁，招儿的媳妇偷偷地跑到那个老妇的门前看一看，只见她还坐在那里，口里微弱听不清楚的声音仿佛是说："毛儿，怎么你还不回来？"

阅读提示

作为早期赢得全国声誉的乡土小说作家，蹇先艾一直默默关注着家乡那片熟悉的土地。《水葬》是他的成名作，也是他的代表作之一。故事发生在民国时期，叙述了一出罕见的人间悲剧：冷酷野蛮的贵州乡间习俗——水葬。被重重大山阻隔的贵州乡村，在现代文明中，仍处在一个封建意识下的德治社会（用封建伦理道德维持社会的秩序），农村抓到偷窃之人后，可以不经过官府和法律的程序，由村民直接对抓到的偷窃者处以水葬的极刑——绑上石头沉溺水中。《水葬》主人公是桐村村民骆毛，生活穷困，偷窃未成反被抓住。骆毛对祖上留下的规矩——水葬，没有一点反对意见，反而认为被捉住是自己倒霉。而村民们对骆毛的生死无动于衷，却对他的死法特别感兴趣。

《水葬》篇幅很短，只描述两个场景：动态场景——骆毛赴死，静态场景——骆毛母亲等待骆毛回家。前者热闹壮观，后者冷清孤苦。这一动一静，构成了两幅对比强烈的画面，凸显了骆毛、村民、骆毛母亲三重人物的悲剧。小说再现冷酷的习俗对人性的扭曲和灵魂的麻痹，人们甘愿被封建伦理摆布，命运被旧习俗主宰却还要欣赏和顺从。

鲁迅先生说："如《水葬》，却对我们展示了'老远的贵州'的乡间习俗的冷酷和出于这冷酷中的母性之爱的伟大。""母爱"是这篇小说中唯一可以慰藉我们的人性之光。

拓展训练

1.鲁迅认为："蹇先艾的作品是简朴的……很少文饰，也足够写出他心曲的哀愁。"结合文本，谈谈蹇先艾在《水葬》中所体现出来的"哀愁"。

2.本文主人公骆毛在赴水葬的途中，开始有一种英雄悲壮的气概，但一想到自己还有一位生活不能自理的年迈的母亲，他悲壮的心情就冷了一半，再一想到自己死了之后，母亲无人照料，他的精神就彻底崩溃了。结合《水葬》和《阿Q正传》，说说骆毛和阿Q在精神方面的类似点和不同点。

阅读推荐

1. 蹇先艾:《蹇先艾散文小说集》,贵州人民出版社 1979 年版。
2. 蹇先艾:《蹇先艾短篇小说选》,人民文学出版社 1981 年版。
3. 鲁迅编:《中国新文学大系:小说二集》,上海文艺出版社 2003 年版。
4. 木心:《1989—1994 文学回忆录》,广西师范大学出版社 2013 年版。

乡场上

何士光

何士光(1942—),贵州贵阳人,1964 年毕业于贵州大学中文系,著有长篇小说《似水流年》,中篇小说《青砖的楼房》《草青青》,短篇小说集《梨花屯客店一夜》《故乡事》,长篇散文《今生》等。其短篇小说《乡场上》《种包谷的老人》《远行》,三次荣获全国优秀短篇小说奖。曾任第六、七届全国政协委员,中国作家协会理事。曾任贵州作家协会主席、《山花》文学月刊主编、贵州文学院院长。

　　在我们梨花屯乡场,这条乌蒙山乡里的小街上,冯幺爸,这个四十多岁的、高高大大的汉子,是一个出了名的醉鬼,一个破产了的、顶没价值的庄稼人。这些年来,只有鬼才知道,一年三百六十五天,他是怎样过来的,在乡场上不值一提。现在呢,却不知道被人把他从哪儿找来,咧着嘴笑着,站在两个女人的中间,等候大队支书问话,为两个女人的纠纷作见证,一时间变得象一个宝贝似的,这就引人好笑得不行!

　　"冯幺爸!刚才,吃早饭——就是小学放早学的时候,你是不是牵着牛从场口走过?"

　　支书曹福贵这样问。事情是在乡场上发生的,那么当然,找他这个支书也行,找乡场上的宋书记也行,裁决一回是应该的;但所有在场的人没有一个不明白,曹支书是偏袒罗二娘这一方的。别看这位年纪和冯幺爸不相上下的支书,也是一副庄稼人模样,穿着对襟衣裳,包着一圈白布帕,他呀,板眼深沉得很!——梨花屯就这么一条一眼就能望穿的小街,人们在这儿聚族而居似的,谁还不清楚谁的底细?

　　冯幺爸眨着眼,伸手搔着乱蓬蓬的头发,象平时那样嬉皮笑脸的,说:

　　"一条街上住着,吵哪样哟!"

　　人们哄的一声笑了。这时正逢早饭过后的一刻空闲,小小的街子上已聚着差不多半条街的人,好比一粒石子就能惊动一个水塘,搅乱那些仿佛一动不动的倒影一样,乡场上的一点点事情,都会引起大家的关心。这一半是因为街太小,事情往往说不定和自己有牵连,一半呢,乡场上可让人们一看的东西,也确实太少!这冯幺爸不明明在耍花招?他作证,就未必会是好见证!

　　"哎——!你说,走过没有!"

　　"你是说……吃早饭?"

　　"放早饭学的时候!"

　　"唔,牵着牛?"

　　"是呀!"

　　他又伸手摸他的头,自己也不由得好笑起来,咧着那大嘴,好象他害羞,这就又引起一阵笑声。

这时候，他身旁那个矮胖的女人，就是罗二娘，冷笑起来了——她这是向着她对面那个瘦弱的女人来的，说：

"冯幺爸，别人硬说你当时在场，全看见的呀！——看见我罗家的人下贱，连别人两分钱的东西也眼红，该打……"

这女人一开口，冯幺爸带来的快活的气氛就淡薄了，大家又把事情记起来，变得烦闷。这些年来，一听见她的声音，人们的心里就象被雨水湿透了的、只留下包谷残梗的田野那样抑郁、寂寥。你看她那妇人家的样子，又邋遢又好笑是不是？三十多岁，头发和脸好象从来也没有洗过，两件灯芯绒衣裳叠着穿在一起，上面有好些油迹，换一个场合肯定要贻笑大方；但谁知道呢，在这儿，在梨花屯乡场上，她却仿佛一个贵妇人了，因为她男人是乡场上食品购销站的会计，是一个卖肉的……没有人相信那瘦弱的女人，或是她的娃儿，敢招惹这罗家。她男人任老大，在乡场的小学校里教书，是一位多年的、老实巴巴的民办教师，同罗家咋相比呢？大家才从乡场上那些凄凉的日子里过来，都知道这小街上的宠辱对这两个女人是怎样的不同，——这虽说象恶梦一样怪诞，却又如石头一样真实，——知道明明是罗二娘在欺侮人，因此都为任老大女人不平和担心……

"请你说一句好话，冯幺爸！我那娃儿，实在是没有…

任老大女人怯生生地望着冯幺爸，恳求他。苦命的女人嫁给一个教书的，在乡场上从来都做不起人。一身衣裳，就和她家那间愁苦地立在场口的房子一样，总是补缀不尽；一张脸也憔悴得只见一个尖尖的下巴，和着一双黯淡无光的大眼睛。她从来就屏弱，本分，如其不是万分不得已，是不会牵扯冯幺爸的。

罗二娘一下子就把话接过来了：

"没有！——没有把人打够是不是？我罗家的娃儿，在这街上就抬不起头？……呸！除非狗都不啃骨头了，还差不多！——你呀，你差得远……"

她早就这样在任老大家门前骂了半天。这个女人一天若是不骂街，就好象失了体现。她要任老大女人领娃娃去找乡场上那个医生，去开处方，去付药费，要是在梨花屯医不好，就上县城，上地区，上省！那妇人家的心肠，是动辄就要整治人。这不能说不毒辣；果真这样，事情就大了，穷女人咋经得起？

"吵，是吵不出一个名堂来的，罗二娘！"曹支书止住了她，不慌不忙地说。他当然比罗二娘有算计。他说：

"既然任老大家说冯幺爸在场，就还是让冯幺爸来说；事情搞清楚，解决起来就容易了。——冯幺爸你说！"

"今天早上呢，"冯幺爸有些慌了，说，"我倒是在犁田……今年是责任四！"

他又咧了咧嘴，想笑，但没有笑出来。

看样子，他当时是在场，他是不敢说。本来，作为一个庄稼人，这些年来，撇开表面的恭维不说，在这乡场上就低人一等，他呢，偏偏又还比谁都更无出息。他有女人，有大小六个娃儿，做活路却不在意。"做哪样哟！"他惯常是摇头晃脑的说："做，不做，还不是差不多？——就收那么几颗，不够鸦雀啄的；除了这样粮，又除那样粮，到头来还不是和我冯幺爸一样精打光？"他无心做活路，又没别的手艺，猪儿生意啦，赶场天转手倒卖啦，他不仅没有本钱，还说那是"伤天害理"。到秋天，分了那么一点点，他还要卖这一升两升，打一斤酒，分一半猪杂碎,大醉酩酊地喝一回。"怎么?"他反问规劝他的人说:"只有你们才行? 我冯幺爸就不是人,只该喝清水?"一醉,就唏唏嘘嘘地哭,醒了,又依旧嬉皮笑脸的。还不到春天,就缠着曹支书要回销粮,以后呢,就涎着脸找人接济,借半升包谷,或是一碗碎米。他给你跑腿,给你抬病人,比方罗二娘家请客的时候,他就去搬桌凳,然后就在那儿吃一顿。他要伸手,要求告人,他咋敢随便得罪人呢? 罗二娘这尊神,他得罪不起,但要害任老大这样可怜的人,一个人若不是丧尽天良,也就未必忍心。一时间,你叫他选哪一头好呢?

"你在,就说你在,"曹支书正告他说,"如若不在,就不说在!"

"我……倒是犁田回来……"

"哟,冯幺爸,"罗二娘叫起来,"你真在? 那就好得很! ——你说,你真看见了? 真象任家说的那样?"

冯幺爸其实还没有说他在,这罗二娘就受不住了,一步向冯幺爸逼过来。她才不相信这个冯幺爸敢不站在她这一边呢! 在她眼里,冯幺爸在乡场上不过象一条狗,只有朝她摇尾巴的份。有一次,给了他一挂猪肠子,他不是半夜三更也肯下乡去扶她喝醉了酒的男人? 冷天不是她亲自打发人去找他来的? 慢说只是要他打一回圆场,就是要他去咬人,也不过是几斤骨头的生意,——安排一个娃儿进工厂,不也才半条猪的买卖? 这个冯幺爸算老几呢?

冯幺爸忙说:"我是说……"

……哎,他确实是不敢说,这多叫人烦闷啊!

人们同情冯幺爸了。你以为,得罪罗二娘,就只是得罪她一家是不是? 要只是这样,好象也就不需要太多的勇气了;不,事情远远不这样简单呢! 你得罪了一尊神,也就是对所有的神明的不敬;得罪了姓罗的一家,也就得罪了梨花屯整个的上层! 瞧,我们这乡场,是这样的狭小,偏僻,边远,四小里是漠漠的水田,不远的地方就横着大山青黛的脊梁,但对于我们梨花屯的男男女女来说,这仿佛就是整个的人世。比方说,要是你没有从街上那爿唯一的店子里买好半瓶煤油、一块肥皂,那你就不用指望再到哪儿去弄到了! ……但是,如果你得罪了罗二娘的话,你就会发觉商店的老陈也会对你冷冷的,于是你夜里会没有光亮,也不知道该用些什么来洗你的衣裳;更不要说,在二月里,曹支书还会一笔勾掉该发给你的回销粮,使你难度春荒;你慌慌张张地,想在第二天去找一找乡场上那位姓宋的书记,但就在当晚,你无意中听人说起,宋书记刚用麻袋不知从罗二娘家里装走了什么东西! ……不,这小小的乡场,好一似由这些各执一股的人儿合股经营的,好多叫你意想不到、叫你一筹莫展的事情,还在后头呢! 那么,你还要不要在这儿过下去? 这是你想离开也无法离开的乡土,你的儿辈晚生多半也还得在这儿生长,你又怎样呢? ……许多顶天立地的好汉,不也一时间在几个鬼蜮的面前忍气吞声? 既如此,在这小小的乡场上,我们也难苛求他冯幺爸,说他没骨气…

罗二娘哼了一声:"就看你说……"

冯幺爸艰难地笑着,真慌张了,空长成一条堂堂的汉子,在一个女人的眼光的威逼下,竟是这样气馁,像小姑娘一样扭捏。他换了一回脚,站好,仿佛原来那样子妨碍他似的,但也还是说不出话来。这正是春日载阳、有鸣仓庚的好天气,阳光把乡场照得明晃晃的,他好象热得厉害,耳鬓有一股细细的汗水,顺着他又方又宽的脸肋淌下来……

罗二娘不耐烦了:"是好是歹,你倒是说一句话呀! ……照你这样子,好象还真是姓罗的不是?"

"冯幺爸!"曹支书这时已卷好了一支叶子烟,点燃了,上前一步说:"说你在场,这是任家的娃儿说出来的。你真在场，就说在场；要是不在，就说不在！就是说，要向人民负责；对任老大家，你要负责；对罗二娘呢，你当然也要负责！——你听清楚了？"

曹支书说话是很懂得一点儿分寸的，但正是因为有分寸，人们也就不会听不出来，这是暗示，是不露声色地向冯幺爸施加压力。冯幺爸又换了一回脚，越来越不知道怎样站才好了。

这样下去，事情难免要弄坏的。出于不平，人们有些耐不住了，一句两句地插起话来：

"冯幺爸，你就说！"

"这有好大一回事？说说有哪样要紧？"

"说就说嘛，说了好去做活路，春工忙忙的……"

这当然也和曹支书一样，说得很有分寸，但这人心所向，对冯幺爸同样也是压力。

再推挪，是过不去的了。冯幺爸干脆不开口，不知怎样一来，竟叹了一口气，往旁边走了几步，在一处房檐下蹲下来，抱着双手，闷着，眼光直愣愣的。往常他也老像这样蹲在门前晒太阳，那就眯着眼，甜甜美美的；今天呢，却实在一点也不惬意，仿佛是一个终于被人找到了的欠账的人，该当场拿出来的数目是偌大一笔，而他有的又不过是空手一双，只好竦着两个肩头任人发落了……哎，一个人千万别落到这步田地，无非是景不如人罢了，就一点小事也如负重载，一句真话也说不起！

小小的街头一时间沉寂了；只见乡场的上空正划过去一朵圆圆的白云；燕子低飞着，不住地唧啾……远处还清楚地传来一声声布谷鸟的啼叫。

稍一停，罗二娘就扯开嗓子骂起来。这回她是冒火了。即便冯幺爸一声不吭，不也意味她理亏？这就等于在一街人的面前丢了她的脸，而这人又竟然是连狗也不如的冯幺爸，这咋得了？

接下去就是一连串不堪入耳的骂人的话了，她好象已经把任老大女人撇在一边，认冯幺爸才是冤家。

"不要骂哟！"

"……是请人家来作证……"

有人这样插嘴说，许多人实在听不下去了。

"就要骂！——我话说在前头，这不关哪一个的相干！哪一个脑壳大就站出来说，就不要怪我罗二娘不认人啦！"

冯幺爸呢，他的头低下去、低下去，还是一声不吭。哎，这冯幺爸真是让人捏死了啊，大家都替他难过。

罗二娘直是骂。这个恶鸡婆一会双手叉腰，一会又顿足，拍腿，还一声接一声地"呸"，往冯幺爸面前吐口水。

"依我说呢，"曹支书又开口了，"冯幺爸，你就实事求是地讲！'四人帮'都粉碎四年了，要讲个实事求是才行……"

他劝呀劝的，冯幺爸终于动了一动，站起来了。

"对嘛，"支书说，"本来又不关你的事……"

冯幺爸一声不响地点点头，拖着步子走回来，那样子好象要哭似的，好不蹊跷。常言说，昧良心出于无奈，莫非他真要害那又穷又懦弱的教书匠一家？

"曹支书，"他的声音也很奇怪，象在发抖，"你……要我说？"

"等你半天哪！"

冯幺爸又点头，站住了。

"我冯幺爸，大家知道的，"他心里不好过，向着大家，说得慢吞吞的，"在这街上算不得一个人……不消哪个说，象一条狗！……我穷得无法——我没有办法呀！……大家是看见的……脸是丢尽了……"

他这是怎么啦？人们很诧异，都静下来，望着他。

"去年呢，"他接下去说，"……谷子和包谷合在一起，我多分了几百斤，算来一家人吃得到端阳。有几十斤糯谷，我女人说今年给娃娃们包几个粽子耙。那时呢，洋芋也出来了，……那几块菜籽，国家要奖售大米，自留地还有一些麦子要收……去年没有硬喊我们把烂田放了水来种小季，田里的水是满荡荡的，这责任落到人，打田栽秧算来也容易！……只要秧子栽得下去，往后有谷子挞，有包谷扳……"

罗二娘打断他说："冯幺爸，你扯南山盖北海，你要扯好远呀！"

万没料到，冯幺爸猛地转过身，也把脚一踩，眼都红了，敞开声音吼起来：

"曹支书！这回销粮，有——也由你；没有——也由你，我冯幺爸今年不要也照样过下去！"

人们从来没有看见冯幺爸这样凶过，一时都愣住了！他那宽大的脸突然沉下来，铁青着，又咬着牙，真有几分叫人畏惧。

"我冯幺爸要吃二两肉不？"他自己拍着胸膛回答："要吃！——这又怎样？买！等卖了菜籽，就买几斤来给娃娃们吃一顿，保证不找你姓罗的就是！反正现在赶场天乡下人照样有猪杀，这回就不光包给你食品站一家，敞开的，就多这么一角几分钱，要肥要瘦随你选！……跟你说清楚，比不得前几年罗，哪个再要这也不卖，那也不卖，这也藏在柜台下，那也藏在门后头，我看他那营业任务还完不成呢！老子今年……"

"冯幺爸！你嘴巴放干净点，你是哪个的老子？"

"你又怎样？——未必你敢摸我一下？要动手今天就试一回！……老子前几年人不人鬼不鬼的，气算是受够了！——幸得好，国家这两年放开了我们庄稼人的手脚，哪个敢跟我再骂一句，我今天就不客气！"

曹支书插进来说："冯幺爸——"

冯幺爸一下子就打断了他："不要跟我来这一手！你那些鬼名堂哟，收拾起走远点！——送我进管训班？支派我大年三十去修水利？不行罗！你那一套本钱吃不通罗！……你当你的官，你当十年官我冯幺爸十年不偷牛。做活路——国家这回是准的，我看你又把我咋个办？"

"你、你……"

"你什么！——你不是要我当见证？我就是一直在场！莫非罗家的娃儿才算得是人养的？捡了任老大家娃儿的东西，不但说不还，别人问他一句，他还一凶二恶的，来不来就开口骂！哪个打他啦？任家的娃儿不仅没有动手，连骂也没有还一句！——这回你听清楚了没有？！"

这一切是这样突如其来，大家先是一怔，跟着，男男女女的笑声象旱天雷一样，一下子在街面上炸开，整整一条街都晃荡起来。这雷声又化为久久的喧哗和纷纷的议论，象随之而来的哗啦啦的雨水一样，在乡场上闹个不停。换一个比方，又好比今年正月里玩龙灯，小小的乡场是一片喜庆的爆竹！……冯幺爸这家伙蹲在那儿大半天，原来还有这么一通盘算，平日里真把他错看了！就是这样，就该这样，这象栽完了满满一坝秧子一样畅快……

只见他又回过头来，一本正经地对任老大女人说："跟任老师讲，没有打！——我冯幺爸亲眼看见的！我们庄稼人不象那些龟儿子……"

罗二娘嘶哑着声音叫道："好哇，冯幺爸，你记着……"

但她那一点点声音在人们的一片喧笑之中就算不得什么了，倒是只听得冯幺爸的声音才吼得那么响：

"……只要国家的政策不象前些年那样，不三天两头变，不再跟我们这些做庄稼的过不过，我冯幺爸有的是力气，怕哪样？……"

这样，他迈着他那一双大脚，说是没有工夫陪着，头也不回地走了。望着他那宽大的背景，大家又一一想起来，不错，从去年起，冯幺爸是不同了，他不大喝酒了，也勤快了。他那一双大码数的解放鞋，不就是去年冬天才新买的？这才叫"手里有粮，心里不慌，脚踏实地，喜气洋洋"！穿上了解放鞋，这就解放了，不公正的日子有如烟尘，早在一天天散开，乡场上也有如阳光透射灰雾，正在一刻刻改变模样，庄稼人的脊梁，正在挺直起来……

这一场说来寻常到极点的纠纷，使梨花屯的人们好不开心。再不管罗二娘怎样吵闹，大家笑着，心满意足，很快就散开了。确实是春工忙忙啊，正有好多好多要做的事情，全体男男女女，都步履匆匆的……

（原载《人民文学》1980 年第 8 期）

阅读提示

改革开放十几年，古老神州的地平线上出现了许多前所未有的新鲜事物，如联产承包责任制、城乡商品经济的蓬勃发展、经济体制的变革，带来人们思想观念、精神状态的解放和变化。文学作品，尤其短篇小说率先敏感地、生动地、准确地写了人的这一精神、意识的变化，这正是新时期文学的重大成就之一。短篇小说《乡场上》是这一时期的优秀文学作品。

何士光是一位以"小"见大，善于从生活的细微平常处感受变革之风，发现、发掘不平常事物的作家；善于调动自己丰富的生活积累，在有限的篇幅里，一瞬间集中那样多的生活，展示乡场上几个人物迥然不同的性格。读这篇小说如欣赏一首乐曲，明显的感觉它是由压抑、沉郁、沉闷，渐进到开朗、昂奋、明快；由"乌云四合"，演变到"云散天开"。没有对乡场上层、底层诸种人物生活熟透、了解，不可能做到描写时掌握恰当的分寸、火候，也不可能"一瞬间集中那样多的生活"，并做到有节律，分轻重疾徐，从容有致地展开。这正是写小说的硬功夫、真功夫所在。

拓展训练

1.列夫·托尔斯泰认为："文学作品的特殊力量在于感染，而不仅仅在于说明。"《乡场上》这篇小说让你感受到了什么，唤起了你怎样的心绪？结合文本，谈谈你受到的感染。

2.作为乡土文学的两面旗子，蹇先艾和何士光都力图展示"老远贵州"的乡间习俗和普遍现实。请结合作家作品，试比较两位作家的异同。

阅读推荐

1. 何士光：《今生》，中央编译出版社 2011 年版。
2. 何士光：《青砖的楼房》，贵州人民出版社 2018 年版。
3. 何士光：《田野·瓦檐和雨》，贵州人民出版社 2018 年版。
4. 何士光：《梨花屯客店一夜》，贵州人民出版社 2018 年版。

伤寒(节选)

吴恩泽

吴恩泽(1944—),苗族,贵州松桃人。1980年铜仁教育学院(后并入铜仁学院)中文系毕业后先后做过中小学教师、杂志社编辑等工作,曾担任贵州省作家协会副主席、铜仁地区作家协会主席。1981年开始从事文学创作,著有长篇小说《伤寒》《平民世纪》,中篇小说集《洪荒》,长篇散文《名岳之宗梵净山》《古镇寨英》《朝山》,有作品集《吴恩泽小说选》。

上部·边缘
第七章　滚滚狼烟
三

这一日,太阳刚刚出山,乌老黑的先遣队从无为城的西门出发了。两杆青天白日满地红的旗帜在前面引路,后面是八个彪形大汉抬着丈多高的黑盔黑甲红脸红须的轰轰天尊,再后是三十二人抬着的一管大炮筒。炮筒有四丈多长,炮口有箩筐那么粗,炮身从头至尾全用红布包扎得严严实实。大吹大擂地翻过雷打崖。太阳落山的时候,队伍开到距离西关岭大寨五里地的尖山。邓老牛命令士兵将红衣大炮放在一个土坪中间,轰轰天尊安置在祠堂里。分别派重兵守护,不许老百姓近前偷看,连狗和鸡也被赶得远远的。

乌老黑拢地后,将这一带的几个保长喊了来,命他们分头找来十多个上好木匠,赶紧日夜加班做好一个大炮盘。保长们都喏喏而去。

次日晨,乌老黑在一排士兵的拥护下,踏着朝露爬上了尖山最高峰。在正对西关岭大寨的崖嘴上,画好了安放炮盘的地形图。保长们找的木匠也陆续来到。乌老黑要他们就近砍树,限期三日做好神台炮架,违期军法从事。说完留下班士兵监工,悠悠然下山而去。

三日内,山上神台炮架建造成功。乌老黑又召来几个保长,要他们选拔三十二个身强力壮的童男子来抬红衣炮筒,八个曼妙女子来请轰轰天尊上山坐阵。

四乡百姓都早早吃了饭站在四山观看热闹。

时辰一到,三十二个精壮童身男子,八个美妙少女着鲜带彩恭立祠堂土坪。乌老黑手拈着胡须志得意满地叮咛:今天大家来抬轰轰天尊红衣神炮,是你们的福气。你们一要心诚,二要心静。心诚则灵,重自然轻;心静则稳,险自然平。如有不恭不敬言行,菩萨怪罪,悔之晚矣!

他一摆手,勤务兵便提来一桶凉水,一只大雄鸡,立在一旁伺候。一个身披大红大紫道袍的女巫踩着锣鼓点子跳将出来,在轰轰天尊和红衣神炮面前焚香烧纸,磕头作揖。一边口中念念有词,一边接住雄鸡在手。一口将鸡冠啄出血来,又顺手薅下三根鸡毛。她把淋漓的鸡血洒在神炮口上,三根鸡毛缓缓吹进炮筒。这一切做完之后,女巫从桶里舀出一碗水来,用手指蘸水在水碗上上下下画了几个字徽,又用嘴唇凑近碗口猛吸一下,喉里咕咕噜噜一阵乱响,噗下对着炮口一喷,立时在空中幻出若干彩圈。

接下去,女巫用酒盅盛满神水向抬天尊和神炮的人员一一敬献。怪哉,凡喝了神水的人一下子就变得精神抖擞神采飞扬,完完全全一副力拔山兮气盖世的模样。

鸟老黑适时下了命令:现在大家喝了大力神水,逢山能开路,遇水可搭桥,准备——

女巫将红黑蓝三色旗帜一展,习习凉风从平地卷起,嗖嗖有声。

起字落音,三十二个童男身,八个女童身,共同发出一声脆喊,抬着轰轰天尊和红衣大炮,紧随着女巫挥动着的旗帜,飘飘逸逸地去了。

午时三刻,菩萨归台,神炮安好。女巫把雄鸡用一根彩带吊在炮口上。鸟老黑指挥手下人猛擂锣鼓,猛吹大号。只待大雄鸡开唱,就要把胡也童的老巢轰成齑粉。

这些详情早被胡也童派出的探子看了个一清二楚,慌忙飞奔大寨报告。胡也童和他的大小头目一时都惊慌失措一筹莫展了。

胡也童沉吟良久,把心腹的几个弟兄召到内室密谋。他忧心忡忡地说:鸟老黑他们有神灵帮助,我看还是避其锋芒为好。今夜全体弟兄悄悄撤出西关岭大寨,到小寨驻扎,躲过这场劫难可好?

众人都说好。

于是趁着月牙儿落山之际,胡也童带着众弟兄以及白英和从美从寨后下山,去小寨那绝险处躲避神炮去了。那时,豺狗一声声叫得凄厉。

再说半夜已过,在尖山顶上睡了一觉的鸟老黑把邓老牛喊来,附耳道:你带一连弟兄可以去得了。老子保险你西关岭如今是一座空寨。你进去后千万不要声张,只管悄悄埋伏好了。天亮后如果有人返回,你正好瓮中捉鳖。记住,捉住一个活的,赏大洋十元,割来一双耳朵,赏大洋五元!

吩咐后又倒头呼呼睡去。

邓老牛依计而行。他们一不能点着火把,二不能大呼小叫。月黑天里又是崎岖山道,他们使用根绳索将每个人的腰肢拴住,连成一串,以免在乱中走失。在陡坎危崖间可怜他们不知摔了多少跟头,碰了多少青包,终于在鸡叫时分爬到了西关岭大寨顶上。果然一座空巢。只听见山间叮咚泉响,林中秋虫唱鸣。一行人自是欢喜不迭忘了适才翻山越岭的千辛万苦。

正在这时,漆黑的夜幕中突然冒出若干只飞萤,如荒野中飘曳的鬼火,时幻时灭,一声凄厉而压抑的嘶叫,呼唤着无数束幽蓝的火焰步步逼近。

豺狗!

天啦,成百上千只豺狗!

队伍大乱,欲要逃命,根绳索拴了一串蚂蚱,你前我后,你左我右,互相牵制互相扑打,最后只有呼天抢地等死一条道路,其状惨不堪言。

一时半会儿,西关岭大寨又归于寂静,就像什么事情也没有出现过一样,只是那淌下石崖的清泉已不再清澈,而是殷红如染,透出呛人的腥味。

大地又死了过去。

鸟老黑带着他的大队人马也紧跟着来了。

疏星正在隐退,灰黑色的云雾向着极远处飘散,西关岭那些叫人神牵意连的山川草木已然清晰在自己的眼前。乌老黑为着久违了的这些土地而神情沮丧。就在这时,他看到了眼前那令人毛骨悚然的场面。

山崖丛莽处到处狼藉着断头少臂的血肉模糊的尸骨,叫人窒息的腥气在地面弥漫成一片黑雾,熏蒸得那些郁郁葱葱的树木一片残败凋零;紫褐色的血液正从那些泡胀如馒头的土地上浸淫开去,汩汩有声……

接着,一声沙哑而嘹亮的豺狗的长嗥在他那麻木的头脑里钝钝地磨砺了一下。这种声音只有那些为人血滋养得精力过旺到疯狂的恶兽才能发出。果然,一匹三条腿的魁伟如牛的大豺狗从对面高崖上冒了出来。身后是一轮血红的太阳。这只豺狗犹如刚从那伟大生命的圆洞里诞生出来的精灵,袅袅的光焰给它披上了一层金色盔甲。随着这匹狗的长嗥,它的身后立时冒出了数不尽的大小豺狗,列成了长队以待。每一匹豺狗那长长的舌头都淋漓着一滴滴殷红的人血。

敌对的双方由于不期而遇的狭路相逢都在心里产生了无法控制的恐惧。然后,人与兽都拼命地大喊大叫,把内心的悚惊化作声音一如飓风刮过危崖丛莽,或战栗,或瑟缩,凄凄惨惨悲悲切切。

断腿豺狗看见乌老黑的时候竟优雅地凭着一只腿做了一个人立的动作。并且向前跃动了一步,是表示欢迎还是炫耀武力乌老黑不得而知,但他对它向前而不是向后的举动很是欣赏。于是,他也向前迈动了一步。同样,豺狗也不甘示弱。他迈步,它也迈步……

断腿豺狗和乌老黑在草坪里相距十步之遥的地方站住了。乌老黑看到断腿豺狗身后那成阵的大小豺狗在原地站着竟一动未动,只是剑拔弩张地咆哮着向握枪实弹的人群示威,便很为豺狗们绅士般格斗的风度所感动。于是,他毫不犹豫地将衣服慢慢脱掉掷向草丛,又亮相般地将别在腰上的一把短枪和匕首在空中画了一道银色弧线最后落向深谷。

乌老黑袒出一身黑肉,对着断腿豺狗从容地击了三掌,礼貌地让它先行出击;断腿豺狗合抱前腿屈了屈腰以示谦让。随着这一行程序的结束,对峙的双方都同时向前冲出了一步。断腿豺狗毛发蓬松着如斗架的公鸡龇牙咧嘴发出格格磨牙的声音;乌老黑站好坐马桩子,贯力运气于铜锤般的两拳之上,双脚原地频频踏步,如利箭在弦。

人和兽两方都把心提到了嗓子眼里等待着那致命的一击……

乌老黑和断腿豺狗都入定般虎视对方而不主动出击。太阳从开始的一颗红彤彤的大球幻化成了耀眼的一轮,从躲躲藏藏遮遮掩掩怕看这人世间血淋淋的厮杀场面而已无可奈何地升上了中天,用极其猛烈的光焰炙烤着在场的每一个人和兽。

乌老黑和他的部下深恶痛绝地感受到了死神的严酷的压迫,这种长时间的不能也不敢稍有动作的刑罚已使他们的体力和心力都脆弱到了不堪一击。他们也知道豺狗们也别无二致。汗水已经流尽,嗓子已经生烟,剩下的只有目瞪口呆的僵立。谁也没有想象到会陷入如此难堪如此残酷的战争,因为任何意念都已苍白到一无所有了。

乌老黑由于长时间的竭精殚虑此时已经疲惫万分。他盯着断腿豺狗那逐渐失去光泽的眼神也知道它成了强弩之末。他不想向它出击。此时,他为两个对手配合得如此默契牵制得全场紧张如斯心里只有骄傲没有仇恨。

终于,炎炎烈日形神轰毁而沉重地跌入深渊之中,四周顿时昏暗起来。一团团的乌云在天空中惊涛骇浪般翻腾。一道锐利的白色光刺从最深邃的天空中直劈下来,在乌老黑和断腿豺狗中间炸起了一团球状光焰,随着便是一声惊天动地的巨响。乌老黑和断腿豺狗同时以疾如飞蝗的动作扑向对方,在相撞的一刹那,乌老黑握紧双拳像一条蛇似的游进断腿豺狗那大张着的血盆大口中,卡住了它的喉咙。然后双双仆伏在地互相依靠成了不可分割的一体。断腿豺狗无法将大嘴合拢,它被铜锤般的两个拳头噎得两眼突鼓欲裂。乌老黑也不可能缩回手去,他的手臂在利齿下鲜血淋淋。

随着巨响,随着乌老黑和断腿豺狗的猛烈相撞,人群和兽群都回光返照般亢奋起来,拼命地咆哮和嚎叫,只不过脚下却如粘住了一样再也不能移动一步。

一场翻天覆地的暴风雨裹卷着漆黑的夜幕山崖样地砸在大地上,轰轰烈烈的一切便都随之消失了……

消息传到无为县城,众人惊骇不已。惊骇之后便是为乌老黑带来的那一百口密封箱子里的"宝物"大伤脑筋和大费口舌。最后各方达成妥协,百口箱子里的"宝物"为乌老黑修建平乱安民的纪功碑纪功桥纪功楼……

开箱那日,教场坝中张灯结彩,四乡八处的灾民扶老携幼争睹奇观。一百口木箱披红挂花放在场子中央,显显赫赫。时辰一到,一百支唢呐齐奏,一百挂鞭炮齐鸣,司仪喊:启锁——

马代县长和朱六老爷走至场坝中心,一百名汉子一人一把铁锤面对一口木箱。听到命令,当的一声脆响,铜锁尽开。

司仪再唱:开箱——!

全场人眼睛亮得生猛。

全场人的眼睛又渐转诡谲。

先是肃穆如佛。

接着大哗。

只见一口口敞开的木箱里钻出了许许多多饿得眼睛冒出了绿火的青蛇、蜈蚣、蛤蟆……正张牙舞爪地窜向在场的人们……

阅读提示

《伤寒》出版于1998年,获第6届少数民族文学"骏马奖"。小说故事从清末始至中华人民共和国成立,历时半个世纪,讲述黑堡乌氏、猫东塬万氏、南红崖武氏、西关岭胡氏四个氏族之间跨越三代人的恩怨情仇,涉及地方的历史政治、民俗风情,小说结构庞大、气势宏阔,第一次将梵净山区域这片神奇的土地上气象万千的人事生活史诗式地展示在世人面前。

小说中故事的主要发生地"化外川"即未开化的区域之意,也就是地处黔东的梵净山山区。小说故事结构与人物设置紧密联系黔东社会历史特点,黑堡乌氏为历史上的土司,猫东塬万氏是百年前来自江西的移民,南红崖武氏为土著居民,西关岭胡氏为苗民。小说中这四个氏族的不同历史身份反映出梵净山区域复杂的民族结构。在近半个世纪的时间里,清王朝覆灭、北伐、国共合作与斗争、抗日战争等历史事件均在小说中有体现,成为故事发生的宏大背景。黔东梵净山区域是一个多民族杂居地,历史上社会政治的变迁深刻地影响着生活于此地的不同民族的人们,不同程度地左右着他们的命运沉浮,四大氏族近百位人物于此风云际会,演绎出一幕波澜起伏的人生悲欢。

拓展训练

1.地域因素与文学之间有着怎样的关系？试从不同方面进行分析讨论。

2.在新石器时代,已经有人类生活在今铜仁境内锦江沿岸,自明代朝廷在铜仁设府以来,铜仁的内外交流日增,促进了经济、文化的发展。查阅文献资料了解铜仁历史与地理特点,梳理铜仁文学发展概貌。

阅读推荐

1.吴恩泽:《平民世纪》,河南文艺出版社 1998 年版。

2.吴恩泽:《吴恩泽小说选》,北京民族出版社 2001 年版。

3.吴恩泽:《朝山》,中国青年出版社 2014 年版。

敲狗（节选）

欧阳黔森

欧阳黔森（1965—），贵州铜仁人，中国作协第七届全委会委员，贵州省文联主席，贵州省作协主席，贵州文学院院长。著有长篇小说《雄关漫道》《非爱时间》《绝地逢生》《奢香夫人》及中短篇小说集、散文集等13部。编剧并任总制片拍摄了《雄关漫道》《绝地逢生》《奢香夫人》《二十四道拐》等电视连续剧，以及《云下的日子》《幸存日》等十多部影视作品。作品曾多次获全国"五个一工程奖"、中国电视"金鹰奖"、全军电视"金星奖"、中国电视飞天奖，以及省部级奖五十余次。短篇小说《敲狗》获"蒲松龄短篇小说奖"。

在这里，狗是不能杀的，只能敲狗。狗厨子说，杀猪要放血，宰牛羊要放血，狗血是不能放的，放了就不好吃了。有人说，咋个办？厨子说，敲狗。

敲狗比杀狗更凶残，这一带的农家人一般不吃狗肉，也就不敲狗了。可是，花江镇上的人却喜欢吃狗肉。人一爱吃什么东西了就会琢磨出好做法来，好做法就有好味道，到后来这味道，不但香飘花江镇，而且飘到了很远很远的地方。很多人闻名而来，不是为了来看花江大峡谷，都是为了狗肉而来。久而久之，知道花江大峡谷的没几个人，大多知道花江狗肉。

花江的小街不长也不宽，这并不影响来往过路的各种车辆。只要有临街的店门，都开狗肉馆。每一个狗肉馆几乎都是这样，灶台上放着一只黄澄澄煮熟的去了骨的狗，离灶台一二米的铁笼子里关着一只夹着尾巴浑身发抖的狗。

那只熟狗旁的锅里，熬着翻滚的汤，汤随着热气散发出一种异常的香味，逗得路过的车辆必须停下来。熟狗与活着的样子差不多，除了皮上没毛了，肉里没骨头了，其余都在。喜爱哪个部位，客人自己选。那只关着的狗，却只是让人看的，无非是说，就是这种狗。

这里的狗被送进了狗肉馆，没有活过第二天的。而关在铁笼里的那条狗却能较长时间地活着。这只狗能活得长一点，主要是它的主人不愿意亲自把绳索套在狗的脖子上。初送来的狗，似乎都能预感到它的末日来到了，对着狗馆的厨子龇牙露齿狂吠不已。可主人不离开，它也不逃走。等主人与厨子一番讨价还价后，厨子拿了一条绳索给主人，狗才吓得浑身颤抖，却还是不逃走，反而依偎在主人的两腿之间，夹着尾巴发出呜咽声。主人弯腰把绳索套在狗的头上后，接下来是把狗拴在一棵树上。这样做了，主人再不好意思面对可怜的、恐惧的狗，多半是头也不回地走了。

狗见主人一走，眼睛里的绝望便体现在它狂乱的四蹄上，它奋力地迈腿想紧跟主人的脚步，可是它没迈出几步，又被紧绷的绳子拉回来，又奋力地迈步，又被绳子拉回来。狗脖子虽然被绳套勒得呼吸困难，可它的确想叫出声

《敲狗》

音来,它是在呼喊主人,还是在愤怒绳子,不得而知,总之它平时洪亮的声音变成了呜咽的呻吟。

阅读提示

　　小说在无情中写温情,在残酷中写人性之光,是大家手笔和大家气派。大黄狗再次绽开的笑脸,狗主人与大黄狗之间难以割舍的真情,使得徒弟冒险放掉了师傅势在必得的大黄狗。大量生动鲜活的如何敲狗的细节的铺排,只是为了最后放狗的一笔。在狗的眼泪里我们看见了人的眼泪,由狗性引申出来的是对人性的思考、对提升人的精神品质的呼唤。小说不仅在结构上有中国古典小说的神韵,在道义和人性的刻写上也见出传统文化的底蕴。小说通过写狗对主人的依恋,厨子对情感的冷漠及徒弟的被感动折射出人性的光芒,把人性解剖这个文学的宏大主题用"敲狗"这个断面展现得曲尽其妙,称得上是短篇小说的典范文本。

——2009 年"蒲松龄短篇小说奖"授奖词

拓展训练

　　1. 有人说,人性与兽性的"两极"在作品中的人与狗身上都有充分的表现,对此你有何看法? 引发你怎样的思考? 结合全文简要分析。

　　2. 作者借"敲狗"这一地方民俗,于不动声色的叙述中,以慈悲的胸怀,对人性作了一次深深的审视,充满着浓浓的现实关怀。谈谈《敲狗》的现实意义。

阅读推荐

　　1. 欧阳黔森:《味道》,中国文联出版社 2003 年版。

　　2. 欧阳黔森:《欧阳黔森短篇小说选》,贵州人民出版社 2014 年版。

　　3. 欧阳黔森:《莽昆仑》,作家出版社 2015 年版。

　　4. 欧阳黔森:《枕梦山河》,中国青年出版社 2017 年版。

纯生活(节选)

冉正万

冉正万(1967—),贵州余庆人,中国作协会员,鲁迅文学院第九届高研班学员。著有长篇小说《银鱼来》《天眼》《洗骨记》《纸房》及中短篇小说四十余部(篇)。有作品入选《2009 中国短篇小说年选》《2010 中国短篇小说年选》《2010 中国短篇小说年度佳作》。曾获首届贵州省政府文艺奖二等奖,第六届贵州省政府文艺奖一等奖,第六届花城文学奖新锐奖等。

　　姑父五十一岁那年,仍然是个壮劳力。有一阵感觉到小腿里隐隐作痛,他说这事时不像得病了,而是像终于知道什么人和他开了个玩笑,甚至像一个小小的奖励终于到手。我们以为忍一下就过去了,小病小痛不是常事么?姑父自己也没打算去医院。半年后疼痛加重了,他向村子里掌握偏方的人求助。这些偏方各有来路,有祖传的,有因为什么事感恩传授的,也有机缘巧合无意中得到的。如果病症蒙对了,还真灵。姑父求助的人会泡一种治疗风湿的药酒。但他听了姑父的描述,说姑父得的是耗儿症,与风湿无关。不是腿里钻进去了一只耗子,而是腿里有血瘤,形状大小颜色都像刚下来的耗子。既然叫耗儿症,就用猫来治,一物降一物嘛。在血瘤外面抹上猪油,让猫去舔。

　　姑父家有一只小猫,这只猫从此过上好日子。舔了半年,猫肥了,"耗儿"还在腿里面,隔着人的血肉,猫对它无可奈何。"耗儿"在里面钻得更凶了,姑父走路都相当困难了。他忍痛烧了一窑砖,卖掉后去遵义检查。医生说是骨癌,必须截肢,并且不能再拖了,一旦转移到大腿根,就没法截了。如果他早点去,截掉小腿就行了,现在已经转移到膝关节之上了,只能从大腿中间截。

　　这些话是姑父从遵义回来后说的。当初被说成耗儿症,已经让姑父成了名人。现在又要截肢,更是名声大震。毕竟是一条大腿嘛。卖砖的钱他没全部带去,他是回来取钱的,还要两个表哥去服侍他。那天晚上,姑父家很热闹。先是有点亲戚关系的人来了,然后是近邻。每个人都拿了点东西,一把面条,几十个鸡蛋什么的,他们不是来安慰我姑父的,而是来看稀奇的。姑父呢,并不沮丧,他不厌其烦地讲述就医的经历,上车时间,下车时间,吃什么东西当中饭等等。连医生额头上一颗黑色的痦子都被重复了多遍,仿佛必须强调这一点,才能证明他没撒谎。

　　二十天后,姑父从医院回来了。因为截面还没完全愈合,他必须躺在家里。村里人又去看他,去看他的人远远不如上一次多。这次大家感兴趣的是被锯下来的腿在哪里。是丢在了医院,还是拿回来了,拿回来又如何存放?

《纯生活》

阅读提示

很多人以为我一直在写我的故乡，其实不是。如果你读过我所有作品的话，你会发现，我是把整个人类社会当成我的故乡，而不是某块邮票那么大的土地。

真正的写作是颤颤惊惊如履薄冰。个体的体验虽然丰富，但不敢说这就是真义和见解。写作不是大彻大悟者所为，破除迷妄者不需要留文字，因为文字的局限已经不能准确传达其真味。所以写作是小思小悟，并且是容易兴奋容易激动藏不住知见的人，恨不得立即把自己的知见公之于世。如萨拉马戈所说，我们都是充满欲望的可怜巴巴的魔鬼。对我而言，恰似我小说中所写的山魈。

一直在写，不过是希望广种薄收，让后人有所认同，有所欣悦。希望自己的文字能够生根，能够给人一点点希望，不要因为世事的无常就茫然无计。事实上，这也是托词，还活着，就得有所作为。不可马虎，也不敢马虎。

——摘自《不敢马虎》（冉正万在第五届汉学家会议上的演讲稿）

拓展训练

1.美国学者乔治·瑞泽尔认为："这是一个不存在所谓机会之类东西的世界。没有什么东西是死的，没有什么东西是呆滞的，没有什么东西是不连贯、不相关或碰运气的。"结合文本，谈谈《纯生活》里"耗儿病"与曾曾祖父的关系。

2.任何一篇优秀小说都有自己与众不同的地方，读了《纯生活》后，谈谈你读到了哪些与众不同。

阅读推荐

1.冉正万：《洗骨记》，花城出版社 2010 年版。
2.冉正万：《树洞里的王国》，吉林人民出版社 2010 年版。
3.冉正万：《银鱼来》，重庆出版社 2012 年版。
4.冉正万：《天眼》，花城出版社 2015 年版。

傩面（节选）

肖江虹

肖江虹（1976—），贵州修文人，中国作协会员，鲁迅文学院第十五届高研班学员。在《人民文学》《当代》《钟山》《中国作家》《天涯》《山花》等刊物发表文学作品近二百万字，部分作品被《小说选刊》《新华文摘》《小说月报》《中篇小说选刊》等选载和入选各类选本。曾先后获得鲁迅文学奖、小说选刊年度奖、人民文学奖、乌江文学奖、第二届华语青年作家奖、贵州省政府文艺奖一等奖、贵州省专业文艺奖特等奖等奖项。代表作有《百鸟朝凤》《蛊镇》《傩面》等。

十六

父母新婚才两天，秦安顺就把伏羲傩面请回了木箱。

新婚第二天清晨，母亲起个大早，站在水缸边发了好一会呆。她嘴角挂着浅笑，侧脸看了一眼新房，脸就红了，低头舀水时，脸都差不多浸到水缸里去了。父亲起得晚一些，接过母亲递来的洗脸水，脸上挂着坏笑。

两个人就相对着笑，那笑格外隐秘。

笑容很快被爷奶起床出门的脚步声踩碎了，母亲脸瞬时阴了下来，一副被无辜欺负后才有的委屈样。父亲则抓起水桶出门挑水，脚步少了平日的沉稳和矫健，两条腿像被泡软的粉条。

秦安顺摘下了面具，他有点不好意思。

这时院门嘎吱一声响，东生两口子转了进来。

两口子坐在一条长凳上，不住地叹气。

"啥事说啊！"秦安顺对颜东生说。

"唉！我家那死姑娘，怕是撞了邪了。"东生说。

摸出一张旱烟叶子缓缓裹着，东生接着说："自打从城里头回来，像是变了一个人，摸着谁都没句好话，连和我她妈，天天都给我们脸子看。"

这头说着，那头素容妈开始拭泪。

把烟卷塞进烟嘴，颜东生问："安顺啊！你看这是不是得唱堂傩来冲冲啊？"

"唱啥？"秦安顺说。

"唱堂过关傩吧！我看她八成是让脏东西缠身了。"

摸摸下巴，秦安顺说："东生啊！你狗日的癫东了，这过关傩是给十三岁以下的娃娃唱的，给你姑娘唱有个啥子用啊！"斜眼看了一眼东生，秦安顺说："不过倒是可以唱堂平安傩。"

颜东生说："你是说打保福？"

秦安顺点点头。

颜东生笑着说:"那好那好,这出肯定有用。"

旱烟都未及点上,颜东生站起来说:"那我这就回去准备准备。"斜眼瞥了一眼凳子上的老婆子,沉声吼:"你他妈屁股里头拉出胶水了,扯不脱了?还不走?"

走到院门边老婆子低声说:"我看姑娘那模样,不是唱堂平安傩就可以趟过去的。"

说完抽抽搭搭走了。

两口子出门不久,颜素容从屋后转进了院子。

"他们来找你干啥?"颜素容问。

"让我给唱堂平安傩。"

"你答应了?"

"答应了!"

"谁让你答应的?"颜素容怒气冲冲问。

摊开两手,秦安顺说:"我咋说?说你们就别操心了,打保福对你姑娘没啥用的?"

"今晚翻冤童子会回来,到时候你在屋外等着。"秦安顺说。

早早胡乱吃了点饭,秦安顺实在忐忑,来来回回在院子里忙了半天,啥都没做成。最后干脆拉把椅子坐在屋檐下发呆。

黑夜快来的时候,天空开始落雪。

夜变得潮湿。

面具上了脸,先在东南西北四个方位做了简单的拜祭,然后开始迎神。

手中灵牌往桌上一拍,唱:

一堂法事已周全,不敢重言喝神仙。

童子请坐金交椅,仙姑请坐莲花坛。

金交椅上宽心坐,莲花坛头受烛烟。

听某三声灵牌响,烦请二仙降人间。

唱罢,抓起灵牌连拍三下。

放眼门口,只见着翻冤童子,不见了延寿仙姑。

心头一震,秦安顺手中灵牌当一声掉在地上。

愣愣看了一阵,秦安顺问:"尢解?"

灵童摇摇头,走上前,双手展开一面白色绢布,上书:罪怨消,寿已尽。

看完,秦安顺抢步上前,对着灵童一鞠躬,慌张张说:"能否示明归期?"

灵童无话,转身走了。

脱下法衣,卸下面具,秦安顺缓缓移出门来。颜家姑娘蹲在屋檐下,看着远处一汪黑。雪还在落,簌簌的,软软的。

"不用说了,我晓得的。"声音和夜一样潮湿。

"不管咋说,试过了的,"秦安顺抽抽鼻子,接着补充,"不过罪怨已经了了。"

接着是黑夜里长长的沉默。

"安顺叔,烦劳你拉条板凳过来,我脚蹲麻了。"

拖条长凳出来,两人坐下来。相互扭头看了一下,没见着彼此,都是黑乎乎一张脸。

好久秦安顺才说:"我这就是哄鬼的,你千万别信。"

"我信,"颜素容很坚定,"我真信!"

半弓着身子,双手拄在膝盖上,颜素容忽然问:"叔,你走之前还有啥想头没?"

歪着头想了想,秦安顺说:"我啊! 想去趟省城。"

颜素容嘿嘿笑笑,说:"我陪你去。"

第二天,雪停住了,此刻晨曦刚刚驾临,雉村天空显得格外高远。一老一少踩着厚厚的积雪,走在幽寂的山路上。老的走在前头,一件深灰色的老棉衣,头上戴个老棉帽,他走得有些急,像是前方有着等待捡拾的宝贝;姑娘在后头,踩着前头的脚印走,这样省了不少力气。

爬过垭口,就能见到通往山外的大路,手搭个檐棚往远处看了看,秦安顺回身喊:"怕要快点哟! 错过这趟车,就要等到明天了。"

后面的弯腰喘着气说:"慢点噻! 饿痨痨的干啥?"

山脊上的笑着说:"我饿痨? 你娃些刚出门的时候,比谁都饿痨,恨不得长双翅膀飞着去。"

客车进了站,秦安顺忽然觉得,从雉村到省城的路好像变短了。

八岁还是九岁那年,秦安顺跟父亲来过一次省城。父亲挑着两筐鸡鸭蛋,在崎岖的山道上爬行了两天一夜,才到了省城。卖掉鸡鸭蛋,父亲领着他走进一家小面馆,要了一碗豆花面。忽喇喇吃完,父子俩就踏上了回家的路。省城留给秦安顺的印象,除了杂乱的房屋和交错的街道,就剩下一碗豆花面了。

跟着人流从车站出来,颜素容说:"我带你去城中逛逛吧!"

秦安顺摇摇头说:"我就想吃碗豆花面。"

"你跑三百多里大路,就是为了来吃碗豆花面?"颜素容说。

站在车站大门口,看着往来的人群和高大的楼群,秦安顺感觉到前所未有有慌乱,人太多了,肩撞着肩,脚赶着脚,洪水样的四下奔涌。摸着脑袋左顾右盼了好久,最后他无奈地说:"我找不到当初吃面的地方了。"

实在是找不到了,那时的四维不见了,高大的建筑遮蔽了他的双眼。

沿着街道走了好远,还是没寻着一处卖豆花面的店家。

扯扯秦安顺衣袖,颜素容说:"要不我请你吃顿火锅吧。"

秦安顺说:"火锅就算了。"颜素容说:"那我打个车带你去市中心,那里有最纯正的豆花面。"

"我们回去吧!"秦安顺眼巴巴看着颜家姑娘说,"我有点喘不过气来。"

归途格外的轻松,道路两旁堆积着厚厚的积雪。

呼吸顺畅了,胸口不堵了,像刚从激流里脱身。

颜素容侧眼打量了一下身边的乡下人,摇摇头她说:"没见着你这种进城的。"

直了直脖子,秦安顺说:"你不晓得,人老了就怕挪窝,人脸一生,就慌乱了。"

"那你说城里好还是乡下好呢?"颜素容问。

几乎没有迟疑,秦安顺说:"当然城里好了,要不你们咋个脚跟脚的往城里跑咯?"

十七

好久没见着父母了,秦安顺有了念想。

雪正在消融,山前山后都在流泪。这个时节啥都做不成,枯冷不说,关键是不利索,一抬

131

走进贵州

腿就是水,庄户人这个时候都喜欢把自己关在屋子里,掩上门,围一炉火,思量些远远近近的事,或者就啥都不想,拉把椅子靠在炉火边打个盹,让日子在朦朦胧胧里流走。

套上面具,秦安顺有些惊讶了。

那头也转进了深冬,雪也在融化。

一家人围在炉火边,秦安顺扫了一圈,还有村西的杨三婶,母亲坐在三婶的对面,捧着一只鞋垫,针线在布面上起起伏伏。

三婶眼神怪怪的,看看母亲,又看看父亲。父亲目光转过来,正撞上三婶,看见三婶的浅笑,慌忙移走了。

"开始吧!"三婶看着母亲说。

母亲脸刷一下红了,停下手里的活,眼睛朝奶那头看。

奶一脸的笑意,过去把母亲手里的鞋垫接过来,嘴朝里屋努了努。母亲站起来,把一缕头发撩到耳根后,红着脸瞟了屋角的爷一眼。爷是过来人,会了意,站起来抖抖衣衫说:"屋里头憋闷,我出去透透气。"

看着闪出门的爷,奶笑着骂:"老东西,一点都不懂事。"

三婶旋过来,上下把母亲打量了一遍,问:"好久了?"

母亲低着头小声答:"三个月吧!"

点点头,三婶说:"三个月的话,那就能摸出底细。"说完把母亲拉进了里屋。

秦安顺这才晓得三婶来家的目的。

三婶可不是凡人。据说有一晚梦见药王菩萨,传了她许多治病救人的本事,第二天翻身下床后,就成了雉村唯一的赤脚医生。三婶的绝招是摸子。啥叫摸子?雉村的媳妇们有了身孕,就会请来三婶,两手在肚子上跑上几圈,就知道娃娃发育得好不好,胎位正不正,脐带有没有绕颈。

母亲怀孕了。

没多久,三婶笑呵呵从里屋出来,掸掸衣角,对母亲说:"好得很,个子大,位置正。"

"产期呢?"奶慌忙问。

"明年六月下旬吧!"

心里咯噔一下,秦安顺明白了,自己在母亲的肚子里。

踏踏声从里屋传出,母亲转出来,先给三婶道了谢,又回到凳子上坐下来,仰头对奶说:"妈,你积下的那些布头都拿出来吧!我做两套小衣服,再缝几张尿片。"奶笑吟吟点头说要得要得。母亲说完,又低下头开始纳鞋垫。

屋里光线不太好,母亲眼睛离鞋垫很近,她纳得很慢,每一针都走得规规矩矩。

蓦然,母亲霍地抬起头,眼睛朝秦安顺这边扫了过去。就这一瞬,母亲的目光在秦安顺的位置做了异常短暂的停留,虽然短暂,但秦安顺还是察觉到了。他坚信,就在那一刻,母亲肯定看见了他。

"妈!"母亲喊了一声奶,目光又四下扫了一圈。

那头奶和三婶正聊得欢快,听见母亲的喊,奶转过头问:"干啥?"

迟疑片刻,母亲摇着头说:"没啥!"

定了定母亲喃喃自语:"怕是我眼花了。"

一个激灵,秦安顺不由自主抖了一下。他站起来,慌慌逃出屋子,在屋檐下卸掉面具,半边身子倚在门框上，大口大口吐着气。

屋顶上的雪融掉了，水滴啪嗒啪嗒敲击着檐坎下的石板。

一堆乌鸦站在门口的紫荆树上，焦躁地跳来跳去。

母亲的眼神让他清楚了自己一直在找寻的那个神迹。按说，各有各的时序，各有各的经纬，不同时空在那一瞬被接通了，这就是一种明明白白的暗示。

伸个懒腰，傩村的傩师有了难得的舒展。

午饭刚过，二婆来了。

大大咧咧进得院来，看见秦安顺坐在屋檐下笑，二婆就骂："小狗日的，娶媳妇了？乐成这个样子。"

秦安顺慌忙给二婆让座，从屋里倒了一碗茶递给二婆，笑呵呵说："二婆，你看我这岁数，拿娶媳妇的钱买口棺材怕更实在些。"

上下打量一番，二婆说："乱说，你看你这身子骨，硬得像块石板。"

"黄泉路上无老少！"秦安顺应。

挥挥手，二婆说："不说了，我让你给我编的筛子编好了？"

"编好了，编好了，正准备给你送过去呢！"秦安顺说完从堂屋把新编的筛子拿出来递给二婆。举着筛子看了看，捏了捏捆扎密实的边圈，二婆朗笑着夸："巴适，小狗日的编得巴适。"

指指秦安顺，二婆说："我这几个孙子里，现在就你对二婆最好。"

秦安顺慌不迭点着头说："当然当然，因为其他几个都死了好几年了嘛！"

二婆瘪瘪嘴，看着秦安顺说："二婆家里还有几块老腊肉，改天我给你洗干净切好了送来。"顿了顿，二婆又说："你一个人冷锅冷灶的，不想做就到二婆家来吃。"

秦安顺看着年轻的二婆，点了点头。

撑腰站起来，二婆说："你狗日的不要一天一个人窝在在家里头，四下看看走走，要不脑门上都长青苔了。"

"要得要得。"秦安顺说。

"我走了。"二婆提着筛子往外走。

走到院门边，秦安顺在后面说："二婆，你不是喜欢我那小磨吗？"

转过头，二婆说："是啊，你那小磨磨的面最细，比我家那套好使。"

"那你改天找两个人搬过去吧！"秦安顺说。

二婆眼睛瞪得大大的，说："你舍得？"

秦安顺点点头。

"真舍得？"

秦安顺用力点了点头。

十八

今年风雪特别密，第一拨刚化掉，第二拨就脚赶脚来了。也是深夜，远处近处的灯光都歇了，只有风雪还没有歇，在暗夜里相互追打。颜素容也没有歇，拉条凳子坐在屋檐下看落雪。手里的纸烟忽明忽暗，风一猛，烟头就怒目圆睁；风一过，火星垂头丧气。吸了一口，大门嘎吱响了，颜东生披着衣服站在门槛边说："你是雪地里头出世呢嘛？半夜三更还在外头吞雪喝风。"颜素容也不回头,恶声恶气说:"你挺你的尸,少管我。"颜东生嗤一声,说:"老子才懒得管你。"说完折身进屋去了。没多久,大门又嘎吱响了。这次出来的是老娘,把一件棉衣递过去,说:"外面冷,你披件衣服吧!"刚转身准备走,颜素容说:"你过来,我和你摆几句龙门阵。"老娘过来刚准备坐下,颜素容又说:"你去睡吧,跟你没啥好讲的。"

老娘返回里屋,照例有一场恶吵。

"晓得是这样子,当年生下来就该两脚把她踩死。"老爹的恶毒在不断升级。

"去啊!你去把她踩死啊!现在踩死也不晚啊!"老娘呜咽着喊。

快了,就快了。颜素容觉得。

等到硬直的那一天,老爹老娘会召集三亲六戚,四邻八寨,请人超度一下,割一口薄皮棺材,随便挖个浅坑,棺材往里一摆,覆一层薄土。站在丑陋的坟堆前拍掉手上的尘土,长吐一口气,心头默念:这个祸害算是滚蛋了!

然后该吃饭吃饭,该下地下地,该打呼噜还打呼噜,就像自己从来没有一个叫颜素容的女儿。死亡带给颜家的没有伤痛,没有悲苦,只有百年难遇的轻松,仿佛又回到土地刚下放的时候,就差欢呼雀跃和奔走相告了。

手机忽然响了,短信,内容很简单:最近还好吗?啥时回来?姐妹们想你了。

鼻子一酸,按了一行字:这里下雪了,好大的雪。

想了想按了退出键,那行字变成了草稿。

然后呆坐,一直坐到天色微明。第一次看到黑夜和白昼的交接。先是朦胧的一层浅白,雪的映照让那层浅白有些耀眼;然后那白开始膨胀、扩充,原先那些还残留着的灰黑被驱赶得无影无踪,大地亮了,清晰了,像块洁白的棉布擦拭过积灰的镜面。

好奇妙的感觉,在那座遥远的城市,几乎忘掉了晨昏,甚至感觉不到四季的交替。

披上衣服,她踩着厚厚的积雪向远处无边的雪白走去。

得赶快出去走走,也许这是自己这辈子见到的最后一场雪了。

雪还在落,不过小了许多。雪片掉进脖颈里,能感到丝丝的冰凉。

远远看见秦安顺的房子,静悄悄伫立在透白的天光中,仿佛一个安静的老人。

颜素容觉得,屋子里那个人怕是天底下最舒坦的一个了。认认真真沉浸在自己编织的幻觉里,用一张张老旧的面具打发所剩不多的时光。

不过,有那么一刻,短暂的一刻,她居然相信了秦安顺能通过面具看到另外一个世界。

思绪杂七杂八,不知不觉走出了老远。一片松林,顶着厚厚的积雪,屈膝弯腰。靠在一棵松树上,颜素容摸出手机,她想给自己拍张照片。

该笑一笑,调整了半天,那笑都硬得要死。

十九

日子进入夏季,傩村的雾气散去了,又到了晾晒老人的时节。

照例唱傩戏,都快成化石了,还记得那些唱词。

混沌初分浊与清,元皇正气毓全真。

内含太乙冲和道,外现文元宰辅身。

保举科名同殿试,权衡嗣续应民祈。

自从周始随机化,货币纲常阴鸷深。

......

歌声飘飘荡荡。实在是难得一见的闹热。

秦安顺把锄头横在新翻出的泥土上,坐下来燃上一支烟,眯着眼听远处忽高忽低的歌声。

最多两天,墓坑就能完工了。接下来还要选一些方正一点的石块,垒坟用。墓前得种上一株紫荆树,要是运气好能碰上开两色花的就更好了。还得种上一圈小叶栋青,这样才叫有了门庭。

挖掘墓坑真是个体力活,不过还好,累了可以和婆娘娃娃说说话,或者给老婆子唱段傩戏。眼下时间最要紧,得赶在六月前把该摆布的摆布好。把该忙的忙完,能腾出点时间去和寨邻们说说话,去附近的山林里走走,再拿出一天的时间好好看看太阳升起落下,那就算没啥念想了。

站起来抓起锄头,秦安顺看到了傩村最通透的一片天空,没有云彩,一丝丝都没有,瓦蓝色,仿佛一面浆洗得干干净净的蓝棉布。

秦安顺忽然发现,盘旋在头顶的那群乌鸦竟然全都消失了。

壬申年六月十八。

夜静悄悄的,秦安顺躺在床上,气若游丝。他的娄谢让床边的颜素容大惑不解。前几日还神清气爽,短短两天,就如同昙花般的凋谢了。

本来今晚她没准备过来,想着该和父母好好吵一架。这些日子不断的努力,母亲都流露出了难得的厌恶,她觉得应该再接再励,巩固已有的战果。一晚无觉,起来梳洗完,正准备给吵架找个切口,忽然想起前两天秦安顺跟自己说:想吃顿新鲜肉。

几乎没想,她就奔镇上去了。

割上肉回来,她就直奔秦安顺这里来了,进院喊了两声没人应,进屋一看,秦安顺躺在床上,一脸灰白,像块被快速烘干的鱼片。

"我去喊人!"她对秦安顺说。

刚准备掉头,秦安顺喊住了她。

"还走不了。"秦安顺艰难地露出一抹笑。

"我能做点啥?"颜素容问。

"让你爸把墙脚的那架犁铧拿走吧!他惦记好长时间了,"顿了顿,秦安顺接着说,"烦劳你给我两个儿子打个电话,号码我写在大门上了。"

说完伸手指指屋角的矮凳,矮凳上放着一张伏羲傩面。

抖抖索索戴上了面具。

灼人的喧闹,母亲痛苦的叫声从厢房那边传过来。

三婶高喊:"热水,把烧好的热水端进来。"

哎! 奶慌张地应。

三婶又喊:"用力,用力,就快了,就快了,对对对,就这样。"

接着是一声清脆的啼哭。

摘下面具,秦安顺露出一窝浅浅的笑。

天气稍稍有些好转,两个儿子把秦安顺搬到院子里。阳光不算朗照,遮遮掩掩。

躺在椅子上,秦安顺闭着眼,额头上一片灰白。

恍惚间,又见到了那两个人,一般高矮,一般面相。额头凸大,下巴尖削,挂着青髯。

两个人立在秦安顺身边,安安静静伫立着。

抹抹额头,秦安顺自己站了起来。走出院门,门口那棵紫荆树又开花了,淡蓝色花串,依旧有蜜蜂在嗡嗡飞。此刻的傩村,呈现出难得一见的景致,淡黄色的光芒铺满了远近的山石林木,有着巨大翅膀的飞鸟在无垠的蓝天上滑翔。

途中又看见了爷奶,急慌慌赶路。

爷脚步慢了些,奶就吼:"快点噻! 回去给孙子熬米粥。"

不紧不慢赶着路,傩村很快被抛得远远的了。回身,能听见大人呼叫小孩子的声音,还有狗吠。

很快傩村不见了,不远处那片平整的开阔地上,依旧有人围着火堆在跳舞。

一柱檀香两头燃,下接万物上接天,

土地今日受请托,接引游子把家还。

……

纯正的归乡傩。

秦安顺情不自禁移过去,一个人递给他一个面具。

接过面具戴上,双手一抬,秦安顺大喝一声:呔,左右神灵听我言。

立在远处那个干瘦的黑袍人忽然开腔了:哎! 回转不?

秦安顺没理会,横空戳出一指,朗声喊:归乡游魂站面前

……

二十

按照秦安顺大儿子的说法,父亲应该是在午后走的,当时小儿子说有风,过去给父亲盖床毯子,毯子上身了才发现,傩村的傩师走了,走得了无声息。

葬礼结束那天,两个儿子挨家跪谢,谢完回来清理秦安顺的遗物,对着一大堆傩戏面具犯了难。

两兄弟商量,说都是父亲生前的命根,那就给他烧过去吧!

正在院子里烧得烟雾缭绕,颜素容进来了。

"干啥? 这是。"

"我爸唱戏的家什,烧过去给他。"大儿子答。

颜素容弯丁腰,在一堆傩脸里头翻翻捡捡。

最后她掂起来一个。

伏羲氏。威严中透着慈祥。

"这个给我吧!"

夜晚,颜素容躺在床上,看着窗外一轮弯月,她突然哭了。回乡后第一次为另外一个人哭。哭够了,也哭累了,不过还是没能睡过去,扭头看见了梳妆台上的那副乌黑的面具,探身拿过来,慢慢套在脸上。

天光一下煞白,落日的余晖从窗户挤进来。

屋外一个声音在喊。

"颜素容,你个砍脑壳的,天都黑了,还不回家吃饭。"

《傩面》

肖江虹的《傩面》丰厚饱满,深怀乡愁。在归来的游子和最后的傩面师之间,展开"变"与"不变"的对话,表达着对生命安居的诗意想象。"返乡"这一空间性的时代主题由此获得永恒往复的时间维度。

——第七届鲁迅文学奖授奖辞

2013年我写了《蛊镇》,2014年我写了《悬棺》,2016年我写了《傩面》。三部小说都以贵州边地民俗民风为题材。它们让我看到了文学更为丰饶和开阔的那一部分,同时也让我找到了汉语叙事的优良传统。我记录这些消逝和即将消逝的风物,不是吟唱挽歌,而是想努力把曾经打动我们的乡村诗意记录下来,让读者能看到祖先们在遥远的过去曾经拥有的伟大的想象力和诚挚的包容心。

所有文学作品所依托的外物只是一个手段,最终的指向还是人。文学就是写人的困境。所谓的文学胸怀,就是作家的笔下不该有假想敌,作家应该写出万物平等,写出属于全人类共有的精神苦痛。作家用笔讲述人类在时代里面的困境。我们每个人都有困境,作家需要发现困境讲述困境,应该让大家感受到的不光是消失掉的东西,还应该让大家看到天边的亮光。我们要不断往前走,人类的脚步是停不下来的。停下脚步去盯着那些陈旧的物事,这没有意义,因为我们的目标在前边。但是在行走的时候,不要忘掉这些曾经带给我们美好的东西,它能让我们怀着诗意的美好去继续往前赶。

——肖江虹·第七届鲁迅文学奖获奖感言

拓展训练

1."作家需要发现困境讲述困境,应该让大家感受到的不光是消失掉的东西,还应该让大家看到天边的亮光。"这里的亮光指什么?结合文本,谈谈你读《傩面》时看到了什么"亮光"?

2.人物的需求是推动小说情节发展的动力,说说傩面师最恒久的需求是什么?

阅读推荐

1.肖江虹:《百鸟朝凤》,作家出版社2012年版。

2.肖江虹:《蛊镇》,太白文艺出版社2014年版。

3.肖江虹:《傩面》,安徽文艺出版社2018年版。

萝卜（节选）

曹　永

　　曹永(1984—)，贵州威宁人，中国作家协会会员，鲁迅文学院第十五届高研班学员。在《人民文学》《新华文摘》《小说选刊》《小说月报》《中篇小说选刊》《北京文学·中篇小说月报》等刊物发表中短篇小说百余万字。著有短篇小说集《敲门记》，中篇小说集《捕蛇师》。

　　差不多每天晌午，老栓都要去菜地看看。他喜欢蹲在地梗上，看着嫩绿的蔬菜，听蔬菜弄出那种梆梆的细响。这会儿，老栓正背着手往菜地走。隔老远，老栓就看到地里有个蠕动的黑点。他想，肯定是谁家的猪没关好，从圈里拱出来了。

　　老栓怕猪把白菜拱掉，有点慌张。老栓跑到地边才发现，里面的黑点是个陌生人。那个陌生人弯着腰，在他家地里拔萝卜。老栓站在地埂上，盯着地里的陌生人看。陌生人低着头，看不清模样。老栓想，这个家伙肯定长得尖口猴腮。

　　地里的白菜很规整，成排挨着。萝卜长得有些凌乱，但长得很好，它们半截插在土里，半截露在外边，顶着绿缨。吹风的时候，绿缨就摇来晃去。那个陌生人手上使着劲，从地里拔出一个萝卜。老栓听到萝卜断裂的那种脆响，他皱着眉头说，哎。

　　老栓猜测陌生人长得尖口猴腮，其实没有。那个陌生人抬起头，侧过一张白净的脸。老栓说，这是我家的地。陌生人说，噢，你家的？老栓说，当然是我家的。陌生人甩着手上的泥土说，我有点口渴。老栓说，我家地里没人。陌生人说，我就拔个萝卜。老栓说，你没打招呼，你拔得倒热乎。

　　要是陌生人顶嘴，他们也许会发生点什么。但陌生人从地里走出来，和蔼地说，我给你钱。这时候，老栓才发现陌生人的肩膀上挂着两个黑糊糊的东西。老栓知道那是两个照相机。老栓看到陌生人用萝卜叶擦掉手上的泥巴，然后摸出一张皱巴巴的钞票。

　　老栓说，我不要钱。陌生人把钱放回去，憨厚地笑，嗬嗬。老栓说，你没打招呼就跑进来拔萝卜。陌生人眨着眼睛看他，觉得他有些古怪。老栓说，我家地里一个人也没有。陌生人说，我想给钱，是你自己不要。老栓说，我不缺这几块钱。陌生人提着萝卜，有点尴尬。

　　老栓嘀咕说，你们这些城里人，做事没个道理。陌生人递来一根烟，讨好说，老伯，你抽根烟。老栓没接烟，他嘀咕说，你们这号闲人，时常背着相机往这边跑。陌生人说，我想去阳关山，你知道怎么走吧？老栓说，顺着湖边走，绕过去就是。

　　陌生人抹着额头上的汗水说，我去那边拍黑颈鹤。老栓说，我就晓得。陌生人拿着萝卜往石头上砸，把萝卜砸成两截后，张嘴就咬，看起来，他确实渴坏了。老栓说，你们闲得没事做。陌生人说，噢，这叫摄影。老栓说，城里人就是名堂多。

黔西北山岭起伏,沟壑纵横,绝少有平坦之地。然而,在威宁城畔,竟有一个宽阔的草海湖。草海凭着优越的自然条件,引来许多珍稀鸟类,有白头鹤、黑鹳、白鹳、白尾海雕等国家保护的一级珍禽;也有白琵鹭、白尾鹞、游隼、红隼、灰鹤、短耳鸮等数十种二级保护鸟类。尤其珍贵的是黑颈鹤,腿长颈细,体态优美,据说存世量已经不多。

我想用自己的笔墨,临摹这片土地的大山大水。最近的作品,就是对这片镶嵌在云贵高原的湖泊,进行一次速写。在梳理草海的演变轨迹时,我发现自己探索到的,不仅是一个湖泊变迁史,还是一个时代发展的脉络。

年轻人离开了,现在的山村,所剩下的不仅是荒芜的土地,还有许多留守儿童与空巢老人。现代文明与乡村文明的冲撞,是乡土社会发展的必经过程。但现代文明势不可挡的裹挟,到底给乡村文明带来多少内在的激变?它的伦理秩序、文化精神是否依然存留?在这个文明嬗变的时代,我们对山区农民的命运,应该有更多的关注与思考。

——摘自《我把草海揽到怀里(创作谈)》(曹永),原载《人民日报》2015 年 12 月 23 日 24 版

1.批判精神和怀疑精神是一个作家最基本的道德操守,请结合文本谈谈《萝卜》的批判精神。

2.作品以一段萝卜地边的偶遇、一场偶然发生的对话,宛转写下湖泊的变迁,时代的变化,以及两者对农民的影响。从文章里面,我们可以探知黔西北人民的生存现状以及环境保护和人与自然等等主题。我们如何理解农耕文明与现代文明的演变关系?

1.曹永:《捕蛇师》,贵州人民出版社 2017 年版。
2.曹永:《敲门记》,贵州人民出版社 2017 年版。

遇见（节选）

李 晁

李晁（1986—），现居贵阳。先后在《上海文学》《花城》《作家》《天涯》《人民文学》等刊发表小说，作品被《中篇小说选刊》《小说月报》《长江文艺·好小说》选载，入选《2010 短篇小说》《中国年度短篇小说佳作 2011》《2013 中国短篇小说排行榜》《中国短篇小说 100 家》等选本。曾获第三届《上海文学》新人奖、首届"紫金·人民文学之星"中篇小说提名奖、首届《创作与评论》小说奖、首届贵州省专业文艺奖、第六届贵州省文艺奖、第十一届滇池文学奖等。小说集《朝南朝北》入选"21 世纪文学之星丛书·2015 年卷"，另出版有小说集《步履不停》。

　　他们十三年没见了，这个数字当即就被推算出来，因为他们都不再"年轻"，分别那一年是十四岁，后来她随家迁往省城，走了，等他也随家迁往时，她已去了日本，他们再未见过。

　　他还记得，二十年前，在铁葫芦街父母单位大院里，他是新来者，七岁，畏葸的单薄身段，矮矮的个子，头发却长，无人管，那么一件醒目的海魂衫也没能让他的心情好转起来。他在院子里的身影是落寞的，黄昏时分总不属于他，那些老资历的孩子们在院子里疯跑，玩"城门城门几丈高"或者"三个字"的游戏，玩得惊叫连连，无尽的精力化成一粒粒汗淌下来，成全夜晚的睡眠。而他是旁观者，有力无处使，趴在二楼的阳台栏杆上，只是目睹，许多个初来乍到的夜晚，这样辗转反侧，在凉席上翻身，汗水沾湿一片，然后闻到夜来香大片大片的浓郁味道，几近熏人的。只有中午时分，阳光直射下来，院子里一派绮丽的光芒，酷似一只盛满了水的银碗时，他才会出现，在滚烫的空无一人的院子里踱步，踢一踢前一个黄昏遗留下来的沙堡，院里的泡桐和紫槐给不了他有力的荫翳，脚底的塑料凉鞋感觉已要融化。

　　你在做什么？一个声音从扭曲的热浪中蒸腾起来。

　　他抬头，在二楼他常趴着的那个位置看见一抹白色的泡泡裙，泡泡裙上是一截粉红的脖颈和那颗留着蘑菇头的细细脑袋。她是他的邻居，他晓得，但他从未和她讲过话，虽然母亲做过引见，可他仍保持了乡下人的腼腆与谨慎，没有搭理对方。她呢，也不急于开口的，只是转动那滴溜溜的眼珠，琢磨他，这个雾水来的男孩，眼神里一股野性，身上还有青藤的味道，这味道和其他孩子身上的爽身粉味截然不同，让她联想到兔子。她凑近他，嗅了一大口，说好怪啊。男孩心一颤，悄悄闻闻自己，没闻出什么特别味道，只有一股汗的燥热，像澡堂水。

　　就这样接纳了他，起初，这让他沮丧，为什么是个女孩？

　　他和她同住一间屋子，单位的房子上了年纪，大多是二十年前修电站时遗留下来的，仿苏式，高高大大，但格局奇差，尤其机电队的房子，直通通的一大间，历经几代人居住，里面的格局才有所改善，有的用竹料和三合板隔出了一小方一小方的空间，用作客厅、餐厅、卧室和厨房,这才挤跑了仓促,有了家的味道。他和她的卧室就是一通间,只是中间被拦腰切断,隔着一层书本厚的竹席子,表面用报纸糊住,一家一半,隔人却不隔音。他们的床就紧挨着竹席,他们就用敲墙的方式保持着夜晚的联系。

阅读提示

　　我认为的优秀短篇小说,一定是干净利落的,像一叶柳叶刀那样划过你的咽喉,待到发觉时,已无可挽回,这是一种至高的境界,杀人于无形;当然还有另一类小说(我总得为自己说点什么),是一种粘稠的状态,或者说是一种情绪在故事中慢慢发酵的味道,对于这一类小说,就像身陷泥淖,氛围是其显著的特点。我享受那让氛围一点点从空气中显形的时刻,仿佛闻到树叶清新的味道,而当依托的记忆激发出新事,两者交柔,就犹如一幅明暗交接的图景徐徐展现,透着迷人的忧愁与无法从头再来的痛苦,正是这给予了我一种长久的沉迷,我想我愿意活在那里面。《遇见》就是如此,两段场景,时空砍断又对接,缺失的部分形成一道河谷,只有情感接续,如同雾一般升腾,隐藏起缺失的部分。这是一种"软"的表达,我更愿意如此表达自己的作品,如若造成困惑,那你说成无力也可以。

——《关于短篇小说——兼谈〈遇见〉》(李晁)

拓展训练

　　1. "细节决定成败",这句话更适合小说创作,《遇见》里有许多过目不忘的细节描写,说说你喜欢其中的哪些细节,能谈谈喜欢的理由吗?

　　2. 《遇见》的故事不复杂,但却不简单,虽没有大起大落的情节,但读来却扣人心弦,这正是《遇见》"小而不小"所带来的效应,说说这篇小说的"小"和"不小"。

阅读推荐

1. 何锐主编:《中国短篇小说100家》,江苏凤凰文艺出版社2015年版。
2. 李晁:《朝南朝北》,作家出版社2015年版。
3. 李晁:《步履不停》,贵州人民出版社2017年版。

小戏台·大戏台

戴明贤

戴明贤(1935—),贵州安顺人,作家、书法家。著有小说《九疑烟尘》《花溅泪》《岔河涨水》,戏剧《夜郎新传》《捉鬼》《燕楼惊豹》,影视作品《双婚疑案》《天戏地戏》等,出版《残荷》《一个人的安顺》《戴明贤散文小说选》《戴明贤书法篆刻集》《对山集》等。

我小时候把看京戏视为最高享受,暗暗崇拜那些唱主角的演员。虽则大人都瞧不起他们,说起"戏子"二字无限轻蔑。

先父是创业者,对吃喝玩乐持严厉的批判态度,玩乐尤所不屑。我却生来耽于幻想,喜爱的是小说、字帖、戏剧之类的闲物。写字是受鼓励的,读还珠楼主是可以偷偷进行的。电影话剧也不被反对。唯独看京剧难。父亲是安顺大戏院的股东,持有一个免费看戏的红皮折子,他却交给挑水的刘大哥去消遣,不让我们染指。他主要是对旧戏班有成见。与两个姐姐随母亲进戏院,最为理直气壮,但这种机会不太多。我曾受同学怂恿,一起偷看了连台本戏《封神榜》的雷震子出世一集,目的在于看雷震子背负文王冉冉升天的机关布景。自始自终心惊肉跳,何曾看得进去。只盼文王尽早飞天,好及时赶回家去。然而这点噱头是必须最后才出现的,散戏已是午夜十二点了。一路飞奔回家,父母和另外一些人已等在院子里。一问是看戏去了,父亲一言不发转身进屋,母亲一顿痛骂。是否还挨了打,记不得了。后来猜想,全家人不知找了我多少时候、多少地方,心里很歉疚。同班好友薛和灿可以自由看戏,因为后妈不管他。常在教室里模仿昨晚看来的丑行马志宝的数板,什么"上山流水唏哩哩哩哩,下山流水哗啦啦啦啦"之类。另一位倪君(忘其名)更令我妒忌,因为他头晚看了苗溪春陪路过安顺的杨玉华,唱了一次杨(小楼)派的《霸王别姬》。我从小爱看苗溪春的戏,特别是他的关羽戏。有一次吃了晚饭,到前面店堂来玩,店员大朋友罗启明说,苗溪春带着全新的行头从昆明来了,下午有人送来了《古城会》的票,怂恿我去讨来一道去看。我犹豫又犹豫,受不了这份诱惑,硬着头皮去向父亲开口。他正在宴客,气氛很热烈。他沉吟片刻,居然给了我。我与罗兄赶去,戏早开了,但大轴的《古城会》还早。等到关羽出场前,那一通锣打了足足两分钟,令我兴奋不已。二十多年后,在乌蒙大山里教书,给学生组织宣传队,开台前也打了两分钟锣鼓。事过年余,一位公社干部见到我还提起说,那通锣鼓太激动人心了。他不知我是小时候从苗老师学来的。

抗日战争中后期,大批难民涌入安顺,给小城带来短暂的苦中寻乐的繁荣。许多辗转于非沦陷区的京戏好角,都曾在安顺露演。多年以后,京剧知识多了,回忆起来,海派戏占多数。我看戏虽不很自由,却也几乎没错过他们的拿手戏,可见为看戏很有点钻头觅缝的精神。待到抗战胜利,归心似箭的流民们争先恐后离开安顺,小城就骤然冷落下来了,到处空空荡荡,令爱热闹的小孩无比寂寞。

自小到老,我对那些身怀绝活的艺人们都心存敬畏。大约因为自己做什么都不十分用力,就佩服苦学的人。流光溢彩的舞台,具有神秘的魅力,那时我觉得连那些龙套底包也不寻常。其实心里也明白他们是卑微可怜的。有一个丑行,晚上登台,白天挎着竹篮走街串巷卖葵花子。因扮过皇帝,一从东大街经过,店员们就叫他"卖葵花的皇帝"。有一位二路老先生叫谭富龙,会戏不少,但总是无精打采的,也没有嗓子。有个星期天,随罗启明兄去戏院玩,见谭富龙在前台的黯淡光线中,正给一位票友说徐策跑城。还是那样闷恹恹的,不久就贫病而死了。

坤伶即女戏子们的命运,不知道应说更悲惨些呢,还是应说略好一些。她们多一种改变环境的可能:嫁阔人。一次我上学路过钟鼓楼,见墙上贴着戏报,一位叫曹丽君的坤角来安顺演出。那时候的规矩,所有挑梁的角子,都要加上种种头衔,如谭派正宗、勇猛武生之类;女角就夸张为什么美艳亲王、劈纺皇后等等,类似今日的天王巨星。等而下之者,连"风骚花旦"的字样也公然出现在大戏牌上。为曹丽君加的荣衔是什么,不记得了,但她的剧目正是纺棉花和大劈棺。这是两出海派玩笑戏,当时很走红。真正公认的劈纺皇后童芷苓有绝活:在剧中学唱四大名旦乃至更多流派和行当的唱腔,唯妙唯肖。等而下之者,往往唱民间小调、流行歌曲,甚至演成庸俗色情的东西。所以两戏很为正统观众所不屑,还一再被禁演。曹演得如何不知道,但她的戏报很快就撕掉了。似乎三天打炮戏也没唱完,就被警备司令蔡雨时娶为小星了。蔡住南街,是我上下学必经之路,于是就多次见到蔡司令胳臂挂着个娇小柔媚的女子威严踱步。

大约也是这前后,我家二进的左侧小屋,借住给一位姓东的营长,其妻很年轻,相貌端庄,脸无血色,没见笑过。穿着也十分朴素,像个在校女学生。她的本领是能唱清醇苍凉的余派老生。琴师就是她父亲,十分苍颜恭谨的模样,不知另住哪儿,每天过来操琴,女儿唱。我出进经过,遇上在唱,就驻足而听。我听唱片多,能辨好坏,她确实唱得好。店员也常站在院子里听,无不赞赏。有一次,小屋里很多客人,那女子正自拉自唱,才知她还有此绝活。忽一日,一个青年女子风风火火闯了来,扭住东营长大吵大闹,惊动店员和我们小孩出来围观。玲珑姣好,一口吴侬软语,虽是洒泼骂街,也有点音乐性。听听就明白,这是旧欢探得新欢的金屋,前来寻衅了。东营长羞恼成怒,拔出驳壳枪相威胁,那女子毫无惧色,拍着胸膛叫他开枪,江湖豪气可掬。大家纷纷解劝。那位岳父更是死死抱住东营长拿枪的胳膊。女子终于留下这事没完之类的话头,悻悻而去。余派女老生一直躲在小屋里没露面。不久东营长带着她搬走了。当时我虽是小孩,却也明显感到此女过得不快活。至于那位泼辣的风尘女子,还在东门坡看见过她在一间小屋出入。显然她也是一个坤角,不会是正式的营长夫人。

隔了一段时间,驻扎安顺的荣誉军人第七临时教养院的军官们忽然要在安顺大戏院唱一场戏。如今回忆,此前戏院发生过一次伤兵因看白戏与守门人发生冲突,抱着冲锋枪扫射的事件;可能这场戏就是经人斡旋调解后,表示释嫌和好的行动罢。那晚戏码很多,前面由戏班演,如今全无印象了。后面唱主角的,是几位"由内行变票友"(与票友下海相反)的军官太太,姓名和身份都用大字写明立在台口,如"特烦蔡司令夫人曹丽君女士"等等。戏班垫演的剧目演过,压轴戏是一个拥有两位戏子太太的军官,与其中一位合演《游龙戏凤》,这出表演正德皇帝微服出游,在梅龙镇小酒店中调戏店主小妹妹的戏,我从小非常反感。那位军官的下流表演和台下看客的放肆哄笑更是讨厌极了。几十年后,我还在谈戏的文章里骂这次演出。大轴是那另一位戏子太太和曹丽君的《贩马记》。蔡夫人曹丽君饰李桂枝，还则罢了；那位太太扮的小生赵宠，实在出色得很。唱得固然宛转圆润，身段更是举手投足无不美妙，引起彩声如潮。现在回想起来，她大概本是越剧艺人。以越剧小生的身段演昆曲，自然更显得潇洒倜傥，而又带一点柔媚了。散戏后走在凉爽的街上，听见一条苍老的嗓子用外省口音在嚷："贩马记看得多了，没一次有这样好的做工！"

这一场荣军与戏园子的冲突，结局是化干戈为玉帛，但当时的情景却是十分严重的。多年以后，苗溪春老师向我说起，还有点谈虎色变。安顺大戏院的结构是倒的，观众进场，先经过后台、前台，才到池座，转身坐下看戏。其时苗老师正在后台扮妆，正好对着街口。忽然之间枪声大作，子弹飕飕穿壁而进。他全然蒙了，反应不过来。幸亏老板刘宝庭是行伍出身，有临战经验，一把拉着他逃向侧屋，方脱此难。

荣军院的戏迷似乎特别多。其中有一个下级小军官甚至脱离军籍，以票友下海，加入戏班。那晚的大轴戏《武家坡》我也看了的。他唱薛平贵，当家青衣新艳霞唱王宝钏。露了这回脸，次日起就属底包，只能扮老家院什么的了。上行下效，所以荣军们天天要看白戏，要横撒泼，场外几乎天天闹事。当局为此在末排设了"弹压席"也不怎么顶用，终于闹到提枪横扫的场面。

抗战胜利的爆竹一响过，归心似箭的流亡客们退潮般迅速消失。戏园子失去了最主要的需求者，也就立竿见影地萧条下来。这时候还不离去的艺人，也真是无路可走的了。刘汉培算得上湘桂滇黔的名老生，也已落到骨瘦如柴，有气无声的景况，眼看随时可能倒毙沟壑，那些戏份最低者，可想而知。但这个生存能力顽强到不可思议的群体，多数人终于熬过了鬼门关，迎来了不虞饥寒的新生活。

雪上偶然留指爪，鸿飞那复计东西。今天说到的这些优伶，算算该是老死殆尽了。如果其中还有一二耄耋健在者，他会忽然间心血来潮，念及居然有一个当年的戏迷小孩，还没忘记半百年前的城西旧事么？

民谚有云："戏台小人生，人生大戏台"，一点不差。

阅读提示

在我看来，戴明贤先生虽然远离喧嚣，幽居贵州，但其思想和文字却颇具前沿性和先锋性；虽然始终保持着传统士人大的生活品味，但其每一篇作品都有着自觉的文体追求和艺术用心，可以说，他是有着史家视野的散文家，有着世界眼光的贵州乡土作家，有着传统情怀的当代作家。

——人民文学出版社编辑　杜丽

拓展训练

1. 当代作家中专注于写一个地方的作家不在少数，贾平凹专注于商州和西安，多年苦心经营；莫言专注于高密东北乡，还因此走向世界，获得诺贝尔文学奖。戴明贤先生专注于家乡贵州的安顺，自成一家。阅读本文，谈谈你对"越是民族的越是世界的"这句名言的理解。

2. 人生就是一台戏，有人演得精彩，有人演得平淡，结合现实生活，说说你对"戏台小人生，人生大戏台"的感悟。

阅读推荐

1. 戴明贤:《岔河涨水》,贵州人民出版社 1979 年版。
2. 戴明贤:《九疑烟尘》,贵州人民出版社 1984 年版。
3. 戴明贤:《戴明贤散文小说选》,贵州人民出版社 1996 年版。
4. 戴明贤:《一个人的安顺》,人民文学出版社 2004 年版。
5. 戴明贤:《物之物语》,广西师范大学出版社 2016 年版。

家乡的烟云（节选）

侯长林

侯长林（1962—），苗族，贵州铜仁人。1982年铜仁师范高等专科学校（今铜仁学院）中文系毕业，二级教授。2011年获教育学博士学位，2013年任铜仁学院党委副书记、院长。学术著述有《校园文化导论》等，同时也热心文学创作，有散文小说集《风雨两板桥》、散文集《过去的烟云》，以及《侯长林文集》三卷本等。

我虽然是家庭和家族的宠儿，但我同样经历了农村孩子所应经历的苦难，饱尝了农村孩子所应有的艰辛。少吃少穿，对农村孩子来说是正常的事。一年到头，吃得最多的就是红苕饭，尽管奶奶和母亲常常从切得指拇大的密密麻麻的红苕中把白米饭选出来给我和弟妹们吃，但那白米饭仍然带有浓烈的红苕味。这种红苕味，让我来到城里生活了好多年只要回想起来胃里都还有不舒服的感觉。农村的蔬菜很多，就是缺油。长期缺油的菜很难吃。我记得每年总有一段时间见不到一滴油星。母亲就抓一把白灿灿的糯米放到锅里炒，然后倒瓢水，等水烧开，再把蔬菜往里一倒，煮一大锅，各舀一碗，胡乱吃下。日子就这么过。不过，现在想来，苦日子也有苦日子的好处。那时最希望客人到来和过年过节。因为客人到来和过年过节有好吃的东西。正因为有好吃的东西，在小孩的心里多少还有一些期盼。现在城里的小孩哪有这种人生的体验？在我的记忆里，最好吃的就是腊肉炒花菜。整个寨子就只有我们家种有花菜。那是我的父亲从在城里种蔬菜的表哥家引进的菜种，每年我家的菜地里都零星地种有一些。这种蔬菜，长势很好，成熟时周围是绿色的叶片，中间簇拥着由米粒状小蕾组成的白色的菜花。只要来客人，好客的父亲总是叫我去打花菜。那是我最乐意最高兴做的事。我现在还能想起五六岁的我抱着一兜大花菜走在回家的田埂上想着即将吃到腊肉炒花菜的美味时心中的那份快乐与得意。在吃的方面，还有一次不能抹去的记忆。大概已经四五岁了吧，我们家煮了好多社饭。我整整吃了三大碗，感到肚子胀得有点不舒服，就跟奶奶说。奶奶告诉我：那是你吃多了，你用力跳，跳消化了就不痛了。我按照奶奶说的在我家院坝边的李子树下用力地跳，哪知这一跳本来就已经胀得难受的我就更加难受了，我抱着肚子哇哇地哭，这才吓坏了奶奶，急忙叫人把懂得一点草医的爷爷找来。爷爷摸了摸我的脑门和肚子，从他的腰带里翻出一根藤状的名叫南木香的草药用碗底磨水给我喝。那药还真灵，不一会就不痛了。至于穿着，我不太在意，听母亲说我进城参加高考时还找不到一条没有补丁的裤子。我的童年所经历的苦难和艰辛，是农村孩子的必修课，大多数人都知道和体验过，我也就不想唠叨了。既然已经成为历史，那就让它为历史所封存吧。

我家的房子背靠杨家董，左边是青杉坡，右边是上坨山，前面是一片开阔的田坝。田坝中央有两个消水坑，其中一个有一条水沟拐向对面大山左侧的庙边岩坎上。岩坎上有一条人锉的石级通向大山的那边。岩坎右侧有常年的流水。这流水的下端，就是一口水塘，但水塘不积水，在我的记忆中只有山洪暴发时水塘里的水才是满的。不过，由于岩坎右侧常年有水流下，这口塘也就从来没有干枯过，就是 1972 年大天干，塘里也仍然有供牛洗澡的地方。塘里不积水，那水就流向了消水坑。我家房子左侧忠英董也有一口水塘。这口水塘由于里面有山泉，所以常年都有满塘的水。塘水也有一个水沟流向我家屋前的田坝。两口塘水都流向同一个地方，流向田坝中央，流向田坝中央的消水坑。每年山洪暴发时，消水坑一时消不了，我家门前的田坝就成了一片汪洋的湖，往往是雨过几天后才慢慢地消下去。当我长大晋升教授当了院长后，有明阳先生说，你家的屋前虽然没有河，但有流水有暗河，是符合"左青龙，右白虎，前朱雀，后玄武"的好风水的要求的。风水学，我没有研究，到底是不是科学？我不敢妄加判断。凭我的想象和推断，好的居住环境，肯定对人的身体有好处，但和一个人的命运似乎很难找到必然的联系。不过，风水作为一种文化，它能够存在和流传自有它存在和流传的理由，我们不能简单地肯定和否定。

当我长大走出山寨来到锦江河畔，"扑通"一声扎进河里许久才从十余米处的河中央钻出来时，我的同学都惊讶我怎么会有如此好的水性。我说，我们那儿没有河但有塘。每年夏天，我们火麻坨寨的娃儿几乎都是在塘里泡过来的。我家左侧忠英董旁边那口星月牙状的水塘，哪儿比较深哪儿比较浅，哪儿有岩角哪儿是土堤，我都很清楚。我第一次下塘是被比我大的叔叔们恶作剧般把我抛进塘里的。当时塘水不深，我踮着脚能把鼻孔露出水面，但由于不会游泳人的身子是往上浮的，想走到塘坎边很不容易，叔叔们都看着我笑但没有一个人来帮我。当时，我觉得他们好残酷。我恨他们。正走着想着，我的小小的脚踩到了一块石头，灵机一动，把头缩进水里，弯腰，把石头抱在胸前，这一下感到双脚踩在塘底好有力，不一会就走上了塘坎。叔叔们见我抱着石头走上来，以为我是想拿石头去砸他们，"轰"的一下全都跳进了塘里。在抱着石头走上塘坎的同时，我发誓要学会游泳。后来，不仅会游泳而且是游泳的好把式。有时，中午下塘，直到傍晚才上坎回家，就这么在水里玩耍。我在凉湾小学当老师时，听说离学校不远的茅坪水库的水快要放得只有一两个人那么深了，许多水性好的人都在那儿捉鱼，我也和我们学校的两个年轻老师跑去看热闹。茅坪水库是在凉湾水库下游的仅次于凉湾水库的大水库，里面的鱼很多，平时只要我们想吃鱼，把一张渔网丢在水库边的某个角落，第二天早上一收渔网随便都是几十条平均一两左右一条的长条形的白鲢鱼或鲫鱼。来到水库边，见他们把一条条鱼抓起来好可爱，我也脱掉外衣，穿着裤衩跳进浑浊的水库里。一个猛子扎下去，果然水不深。水底是厚厚的淤泥。鱼比较多，其中大多是鲤鱼，它们一群一群地贴着淤泥慢慢地悠闲地往前游，并不把我们这些想捉它们的人放在眼里。我从鲤鱼的尾部慢慢地往前摸，当摸到鲤鱼的头部时再用力往下一按，鲤鱼往前一奔就正好把大半个身子钻进了淤泥里，然后，用手顺着鱼身插进鱼鳃，拿稳，浮出水面，好大一条，足有三四斤重。那天，我捉了大小十四五条，乐得我们几个年轻老师笑眯了眼。在我后来的人生中，面对大江大河甚至大海都能够十分坦然，得力的就是我在家乡的山塘里练出的良好水性。所以，每当我带着人生的疲惫回到火麻坨寨站在那月牙状的水塘边，心中涌动的是对山塘对大山对过去生活的感激和对孩提时无忧无虑的人生的怀念。

《家乡的烟云》

阅读提示

侯长林的主要成就在文化学术方面,但他的散文也极具特点。几十年他笔耕不辍,写出大量的散文随笔,将自己的生命和生活融入其中,散文成为他心灵的记录。《家乡的烟云》是一篇回忆性散文,作者用细致的笔触叙述幼时的乡村生活,从吃过的菜蔬、居住的房子到小时的玩乐、家乡的风物,文章没有大开大合强烈的情感流露,整篇文章是用近乎"白描"的笔法进行叙述,但在简单、平静中不经意地流露出对家乡深深的眷念之情与深沉的感恩情怀,读后令人回味无穷。

拓展训练

1.一个人出生、成长的地方与原生家庭对其性格与思想的形成有着巨大的影响,谈谈你的认识与体会。

2.以非虚构写作为基点,记述你成长经历中难忘的人与事。

阅读推荐

侯长林:《侯长林文集》,北京理工大学出版社 2012 年版。

野生的民歌

安元奎

安元奎(1963—),土家族,贵州思南人,铜仁市幼儿高等专科学校教授,从教之余,从事散文创作。有散文入选《新时期中国少数民族文学作品选集》《西部散文精选》等选本,著有散文集《河水煮河鱼》《行吟乌江》《二十四节气》等。曾获贵州省第二届专业文艺奖文学类特等奖,第一届、第五届乌江文学奖等。

　　我对那些传唱千年的民间歌谣,总是心向往焉。那似乎简约到了极致,却又韵味无穷的旋律,总让人感受到别样的苍凉。野生野长的民歌,也许就是一个族群或一片地域的心灵史。2005 年 7 月,在乌江河畔一个名叫旋厂的古寨,我就意外地享受了这样一种天籁之音。

　　此行的动因,是去了解当地田间的"打闹"习俗,搜集打闹歌。天气并不作美,前后几天都骄阳似火,偏偏这天一路都是雨。当地父老们早已等候多时,客人一到,他们便在当地村组干部和热心老人的带领下热热闹闹赶往田头,人人脸上都写着雀跃和兴奋。

　　所谓打闹歌,又称薅草锣鼓,是黔渝湘鄂边区土家人代代流传的一种古老习俗,但范围早已不限于土家族了。其演唱形式是在薅草或薅秧时,由两位敲锣打鼓、又唱又跳的歌师指挥,众人以歌作号,如军旅行阵般前呼后拥、热烈有序地在庄稼地里快速前进。

　　两千多年前武王克殷的战争中,就有一支奇特的军队在短兵相接的战场上作战神勇,战法却有点怪诞有趣:有些人执戈扬盾,有些人却拿着锣鼓又唱又跳。这些勇士就是巴人之师,土家族的祖先,我猜想他们战场上的表演可能是一种原始的巫歌巫舞。岁月沧桑,战争渐渐稀少,这种习俗也从战场转移到田间,渐渐嬗变为如今的薅草锣鼓。湘西清代的《龙山县志》就说"土民自古有薅草锣鼓之习",并做了如下记述:"往往集数十人,其中二人击鼓鸣钲,迭相应和。其余耘者退进作息,皆视二人为节。闻歌雀跃,劳而忘疲。"而在乌江中下游,直到二十世纪七十年代,这种习俗依然普遍。

　　打闹歌的现场在古寨高处的梯田里,这里视野开阔、景色优美,层层叠叠的梯田里,绿油油的秧苗与白晃晃的水田交相辉映,有一种视觉上的韵律感。古寨人几乎是倾寨出动,热闹得如办喜事。薄雨之中田里有些冰凉,但不论老幼都很踊跃地涉水下田。

　　当歌师们挂在胸前的锣鼓重重敲响,打闹歌就隆重开场了。空旷的高地上,扩散着一种简单的乐音,土家人粗犷的歌喉与悠扬的旋律随之响起:

　　山歌好唱哟难起头,木匠难修哟转角楼;

　　石匠难打哟石狮子,铁匠难打哪铁绣球……

　　打闹歌的队伍,由歌师和薅秧者两部分组成,人们一边应和着歌师的号子,一边保持着队形快速前行。这种天气在冰凉的水田里打闹,自然有感冒的风险,但他们却有着儿时游戏般久违的兴奋。

小小黄鳝哎尖壳嘴,打我田坎呀漏我水。

扯匹茅草哟穿起你,看你款嘴哎不款嘴。

万物有序,歌亦有头。一人起了歌头,那蓄积在每个人胸间或喉头间的打闹歌,仿佛被突然激发和牵引,全都汹涌奔流起来了。此时,歌声在寻找歌声,激情在拥抱激情。男声、女声,碰撞、融合,汇成一股滚滚洪流在高原上流淌。也许他们歌唱的欲望,被日常生计的重负压抑太久?当劳动与歌唱有趣地结合,那载歌载舞的田间地头,哪有锄禾日当午的艰辛,完全变成了一种诗意的狂欢。我不知道这是他们灵性的抒张,还是祖先浪漫血统的遗传?

远近绵延起伏的山坡上,层叠的梯田次第而上,像群山荡漾开的层层绿浪,充满田园的诗情,而当粗犷的打闹歌覆盖这片山野的时候,那些人头攒动的道道梯田,让人恍然觉得是一行行跳跃着音符的五线谱。

哥是高山大石头,娇在平地望水牛。

牛不抬头欠嫩草,娇不抬头欠风流。

我忽然觉得这就是民间艺术诞生的温床。那蓝天拉开的幕布、梯田布景的舞台,四围列阵的群山,是民歌表演的最佳舞台。而天上的日月星辰与地上的生灵万物,都可以与人共赏。

这次组织的打闹歌,其实已是一种乡村表演秀,与原始的打闹歌有了不少区别。毕竟土地下放二十多年了,即便薅秧也只是几个人的劳作,不会出现这样大的场面。再说秧田里已经使用除草剂,好些年不曾薅秧了。所以好几个人都说,二三十年没唱,词都忘了。但在锣鼓声中,在领唱的歌谣里,我还是听到一个与众不同的男中音,尽管苍老,却极富穿透力。那绝对不是作秀,而是用生命余光聚合成的天籁,一种灵性的歌唱。循声望去,是一个年近八旬的老者。

他肯定是整个活动的中心和灵魂,以至于在打闹歌的队伍中如此特别。后来我们得知,他叫朱光普。四个站成一排的歌师中他最年长,老得像这片土地上一棵年深月久的风水树。似乎每支曲子的定调,每首歌的起头,都是由他来完成的。其他人敲打锣鼓和歌唱时,都要用眼角的余光瞟着他。往往唱到中途,有的人吐字就有些含混,显然忘词了,他便唱得大声些,众人又掺和进来,歌得以继续。似乎所有的打闹歌,全都收藏在他肚子里。中途休息时,他不断给身边的人大段大段地提词,算是一种临时抱佛脚的补课。也许平时大家对他的歌不以为然,此时也只是一种临时的兴趣,人们津津乐道的,只是他的那些逸闻趣事。他的故事可能不少,但经过人们记忆的过滤与筛选,留下来的大致有这么两个。

其一,在食不果腹的困难时期,人到中年的他偶然搜求到两个宝贵的鸡蛋,就藏在家里煮蛋(荷包蛋或其他烹调方式不详)。谁知天有不测风云,鸡蛋刚一下锅,灶头四周就不知从何处突然冒出来一圈小脑袋,似乎是一种侦察了好久之后的不谋而合。整整一圈脑袋都瞪着锅里,嘴里垂涎,眼里差不多都长出舌头了。关于这个重大疑难事件的处理结果有两个版本,一说他哗哗地掺了几瓢水,问题就解决了;一说他捞起了两个团团的鸡蛋,而让那几个小子去美美地分一大锅可能渗透了不少蛋白质的羹汤。

其二,同时期一个无肉无酒、全家枯坐的大年三十,他突然福至心灵,临时提议全家来"打个闹"。孩儿们群情踊跃,纷纷找来锅碗瓢盆,筷子敲之,锅铲鼓之,手指扣之,全家且奏且歌，茅屋里乐声大作。绳枢瓮牖之家，弥漫宫商之音。朱光普一人兼总策划、总导演、乐队指挥、首席演奏、歌手等多种职务。在他的打闹生涯中，可能这是兼职最多的一次。我猜想朱光普的这一创意，也许是春节联欢晚会最早的民间雏形。村人怪而美之，笑着叹气：穷快活。

而今，76岁的朱光普，握一根短铜烟杆，穿一件过时的黑色长衫，头上白帕子，腰间白腰带，嘴上白胡子，黑衫的下摆斜挽了一截在腰带上。打闹时一直赤脚，裤脚高高捞起，脚杆上沾着许多泥巴。令人难忘的是，他总会不时发笑，眼眶里都蓄满笑意，自然无邪，有几分顽童的意味。一时兴起，会突然来几句：

号头师傅你不要夸，田坎底下是你家。

蛤蟆是你亲兄弟，癞疙宝就是你老人家。

他的笑像自涌的间歇泉，似乎不笑就会难过。笑起来的时候，但见嘴里门牙脱落，偏偏两边又各剩一颗牙齿，形成对称，像别墅门前的两根廊柱。而嘴巴中部空空，使得笑容更其深邃，而悠悠的歌喉更加迷人：

凉风绕绕天要晴，画眉绕绕要出林；

娇妹绕绕要出嫁，郎哥绕绕要接人。

他那让人感染却又无法形容的笑，总让我产生一种笑容如花的幻觉。脸上虽然许多皱纹，却感觉不到衰老，倒像是层层盛开的莲花。满脸阳光，看不到生活的一丝沉重与阴影。那笑似乎与生俱来，是一种天性与本能，与世俗生活毫无关联。那份飘逸洒脱，让我们感到现代衣装包裹下的自己，所谓的文化人，才是大大的俗人。

分明是孑遗的仙人，一位民间的歌仙呢。

关于他的爱好，众人没有争议地认为，一是歌，二是酒。据说现在每天还要喝两斤，有钱就买，没钱就赊。总之，歌不可少，酒不能断。这一天，我们就特意带了一些酒去，朱光普和老乡们喝得像凉水一样滑口。中途休息时，几口酒下去，歌又冒出来：

凉风绕绕天要晴，老鸦叫唤要死人。

死人要死亲丈夫，莫死团转野男人。

内容的谐谑让听众会意地大笑起来，朱光普的笑容无疑是最灿烂的了。几个轮回后，歌唱了许多，酒只剩最后一点了，大家都推让给他喝。他一手提了酒瓶，一边朝田埂边走去。最后朝天一仰，将最后一滴酒抖在嘴里，随手把空瓶撂在田埂上。一边浇水洗脚，一边自说自唱起来：

又打锣来又敲鼓，闹得心里不做主。

……

打闹歌最后曲终人散，但朱光普不像众人一样散去，而是在我们后面尾随而行，一路都是他洒下的歌声：

太阳出来绿洋洋，情哥来到花树上。

蚊虫咬你扇子打，狗儿咬你冷饭诓。

到寨中刚一坐下，他又谈兴甚浓地攀谈起来。有人问，你唱歌有书没得呢？书？他得意地一拍肚子：我肚皮里头就是书！几天都唱不完。他特别提醒说，下次你们来要提前通知，以便好生组织唱歌的人，最好戴蓑衣斗篷唱，连道具都替我们想好了。后来他反复强调自己是花灯"灯头"的经历，让我们听出了其中自豪的意味，以及强化听者记忆的用意。而对于掩饰不住的生活艰难,只轻描淡写说了一句,要做才得吃,再无多语,一时有些冷场。

到了下午五点,他说牛还在圈头,坐一会儿就要回去,但直到我们告辞,他始终坐在凳子上没动,很留恋的样子,分明意犹未尽。当别人几次把话题转移到耕作或世俗事务时,他又固执而牵强地试图把话题拉回到唱歌上来,却总被旁人有意无意地岔开。那情形如同在酒桌上正喝得兴起,别人却纷纷离席。这种微妙的尴尬,让我有些为他难过。耳畔回旋着那些美妙的山歌,眼前却是苍老弯腰的身影,我感到这个好酒量、好歌喉的老头,笑容背后掩藏着多少孤独与不合时宜。

草草告别后,一行人带着满足的神情离开寨子,行色匆匆。转过山坳,又听到熟悉的歌声穿过层层雨雾,尾随而来:

望郎望到二十三,两只眼睛都望穿

……

我不知道他那苍凉而忧伤的歌谣,是依依惜别还是对我们来去匆匆的怨艾?而感觉此行不虚的我们却只顾赶路。那渐渐模糊的歌声,以及行将终老的歌者,都被车轮毫不留恋地抛在了这片雨雾中的土地。我觉得无意间走近了一位仙人,一位孑遗的歌仙,但又与他擦肩而过。这可能是我们地域里最后一个歌仙了,也许我们不该如此来去匆匆,还应该继续做点什么?但我们就那么匆匆地走了。望着车窗外迷茫的雨雾,我心头涌出深深歉意,并无端想起瞎子阿柄和他流浪的城市上空那轮冷月。

我突然感到怀疑,自己虽用熟悉的汉语记录了几首歌词,但这还是那原生的民歌吗?还是与这片土地的历史和命运紧紧缠绕的歌谣吗?并且,我们真的能把它连同泥土的芬芳,原汁原味地带进喧闹的都市?

阅读提示

安元奎是贵州散文创作界非常值得关注的一位作家,他不断地探索散文创作的多向维度,他的散文创作具有明显的地域性,体现作者对个体生命的强烈关注、对人与自然的思考,以及地方性文化的书写。《野生的民歌》记录作者的一次采风所见所闻,散文以民歌为依托,凭借民歌探求民族传统文化的深厚底蕴与民间歌者的人生悲欢,表现出作者作为一名知识分子的人文情怀。文章一方面对民间歌谣作了介绍与记录,如数家珍;一方面又细微体察,重点刻画了一位平凡、乐观、饱经沧桑的民间歌者形象。

拓展训练

1.《野生的民歌》是一篇文化散文,记述的是一次民歌采风经历,从文章中可以感受到作者什么样的思想情怀?

2.文化散文是20世纪80年代到90年代出现的一种散文类型,在对一些优秀文化散文的阅读基础上,写作一篇情与理结合,具有一定文化色彩的散文。

阅读推荐

1. 安元奎:《河水煮河鱼》,贵州人民出版社 2016 年版。
2. 安元奎:《二十四节气》,现代出版社 2015 年版。
3. 于坚:《建水记》,中信出版社 2018 年版。
4. 完班代摆:《逆迁徙》,中国电影出版社 2017 年版。
5. 尹嘉雄:《向前向后》,团结出版社 2018 年版。

唐亚平诗三首

唐亚平

唐亚平(1962—),女,祖籍四川。电视台高级编辑。出版诗集《荒蛮月亮》《月亮的表情》《唐亚平诗选》《黑色沙漠》。诗歌被选入上百种现代诗选集,作品被译介到英、美、德、法等国。组诗《田园曲》曾参加首届中美"北京—纽约"诗歌交流会。1985年参加全国第五届青春诗会。1994年,获中国作家协会与中华文学基金会颁发的"庄重文文学奖"。曾获"全国百佳新闻工作者""全国德艺双馨电视艺术工作者""全国电视文艺金鹰奖"优秀作品奖等国家级省部级奖五十余项。

别躺在麦秸上

别躺在麦秸上,我说,求你了
别把圆圆的麦杆儿压破,我要
用它为你纺织一顶草帽,并把
五月的阳光一起编进去,还要
把我柔长的黑发和月光一起织一根
帽带,今天晚上送给你时
我就给你戴上,再插上些鲜艳的野花和野鸡翎
知道吗? 戴上我的草帽,你就不会
长出白发,明天早上我要最先
去会见太阳,请求它把金发送给你
我喜欢你有太阳味和汗味的头发
我抱着你的头,太阳和地球也
在我怀中,我的心变得炽热凝重
连梦幻也用鹅卵石铺成了一条迸溅星光的路

黑色睡裙

我在深不可测的瓶子里灌满洗脚水
下雨的夜晚最有意味
约一个男人来吹牛
他到来之前我什么也没想
我放下紫色的窗帘开一盏发红的壁灯
黑睡裙在屋里荡了一圈

门已被敲响三次

他进门时带着一把黑伞

撑在屋子的中间

我们开始喝浓茶

高贵的阿谀自来水一样哗哗流淌

甜蜜的诺言星星一样动人

我渐渐地随意地靠着沙发

以学者般的冷漠讲述老处女的故事

在我们之间上帝开始潜逃

他捂着耳朵掉了一只拖鞋

在夜晚吹牛有种浑然的效果

在讲故事的时候

夜色越浓越好

雨越下越大越好

自　白

我有我的家私

我有我的乐趣

有一间书房兼卧室

我每天在书中起居

和一张白纸悄声细语

我聆听笔的诉泣纸的咆哮

在一个字上呕心沥血

我观看纸的笑容

苍老的笑声一片空寂

一张纸漂进河流

一张纸飘上云空

此时我亮出双掌

十个指头十个景致

唯我独有的符号泄露天机

十只透明的指甲在门上舞蹈

我生来就不同凡响

我的皮肤是纸的皮肤

被山水书写

我的脸纸一样苍白

我的表情漫不经心

随手抛洒纸屑

一只赤脚踏进草地

挥霍梦中的仙境

纸糊的面具狂笑不已

它已猜出纸上的谜语

我有一间书房兼卧室

窗上的月亮是我的家私

我天生一张白纸

期待神来之笔

把我书写

我有我的乐趣

我的天堂在一张纸上

我寻求神的声音铺设阶梯

铺平一张又一张白纸

抹去汉字的皱纹

在语言的荆棘中匍伏前行

阅读提示

唐亚平是一种复杂的存在,文学和哲学,浪漫情怀和严峻思考,抒情性和批判性,在她身上有着奇妙的综合。她秀于外而慧于中,在她的优雅姿态中蕴藏着"尖利"甚至"苛刻"。她不是那种见花望月就有感慨的浅薄,她是潜入事物的内里去,把那一切加以"搅拌",让那些被装饰的丑恶都浮上来。

吉狄马加认为唐亚平的诗歌在中国诗歌版图上具有标示性地位,其作品不应归结到女性主义诗歌写作。唐亚平最重要的写作是在乡土书写中,对于今天的诗歌碎片化写作特别具有反思意义。今天中国诗歌写作出现了离生命本源越来越远、离人类心灵世界的温情越来越远的现象,而唐亚平诗歌展现了对土地的亲近,诗歌的现代性在其诗歌写作中从未丧失过,值得敬佩。谢有顺认为唐亚平的诗歌写法、意象、语感完全是现代的、先锋的。

拓展训练

1.唐亚平的诗,无论是她的乡土系列、高原系列,还是黑色系列、历史女性系列,其诗歌写法、意象、语感完全是现代的、先锋的。认真阅读以上二首诗歌,并查阅相关资料,试分析它们的现代性和先锋性。

2.利用课余时间,大量阅读当下中国诗歌和外国诗歌,感受中外诗人在现代性写作上的异同。

阅读推荐

1.唐亚平:《荒蛮月亮》,贵州人民出版社1987年版。

2.唐亚平:《月亮的表情》,沈阳出版社1992年版。

3.唐亚平:《唐亚平诗选》,贵州人民出版社1996年版。

4.唐亚平:《黑色沙漠》,春风文艺出版社1996年版。

5.唐亚平:《铜镜与拉链:唐亚平选集》,广西师范大学出版社2017年版。

喻子涵散文诗二首

喻子涵

喻子涵(1965—),本名喻健,土家族,贵州沿河人,教授,中国作家协会会员。著有散文诗集《孤独的太阳》《汉字意象》《喻子涵的散文诗》等 6 部,理论著作《新世纪文学群落与诗性前沿》《跨媒介文学写作研究》等 3 部,作品和理论文章收入《中国散文诗百年经典》《中国散文诗一百年大系》等国内外 100 余种选本。曾获第三届"诗神杯"全国新诗大赛探索诗"特别奖",第五届全国民族文学创作"骏马奖",第五届"中国散文诗大奖",2007 年被授予"中国当代优秀散文诗作家"称号。

回:修建一座宫殿装下整个宇宙

修建一座宫殿装下整个宇宙,修建一座仓库储藏所有山峦,修建一座池塘装下所有雨雪。

这是一个人的宿命。

给眼泪修一座湖泊,给心灵修一座寺庙,给语言修一座图书馆,让一切获得归宿和安宁。

一条荒郊的小路,曾经多么的曲折,通向危险。

危险是一种信念,缠绕无数梦想和没有结局的脚步。

于是,一座城池为一张口而建造,故事禁闭在深宫,只留下片断的传说。

时间的隧道通向久远的梦,又回到只有轮廓的城市。

曲水流觞,深情而漫长,成为经典的装饰。

好了,曾经的阿回,是一片清亮的水声,水声中的笑声,笑声中的身影,身影中的一圈圈波纹。

一段远古的追忆,成为出土的红陶。抹去尘土,显现杂沓的脚步,汲水而归。

城市因水而活了,泉水来自一圈圈波纹。

然而,城市在长大,一个个故事消失在城外。

小路在消亡,陶罐不会再埋下。信念变成公式,梦想成为物质。

好了,曾经的阿回,收回你的波纹永远在中心,或者与传说一起凝固在深宫。然后把自己锁上,扔掉钥匙。

而我,放下武器,弃城而走。

我要去修建一座宫殿装下整个宇宙。

丛:人,是人的另一面

一个人,不得不两次走在同一条河流上,这与两个人同时走在一条河流上不一样。

人是一条思想的河流。而人与人,是一条河的两岸。

波光,有时永远够不着岸边,有时不得不跳崖,另辟蹊径。

猿声啼不住的,是信念及他的哭声。

有时也是分道扬镳的沉默,只剩下地平线。

一个人永远忠诚于他的影子,还是影子永远忠诚于一个人?

宽阔的河面,从心灵出发的师徒步履在河的正中。

一道闪电划过脚底,冰面破裂。

合掌的哲学惊惶失措,退回岸边的嶙峋,耸立另一个世界。

人,是人的另一面。

告别与走近,在一面镜子里,谁是谁的引渡人?

在前,或者后,似乎没有谁过分计较。

哦——回到我们这个地方,山就是海。

一只独木舟载着梦和灵魂,划过一道山梁。

夕阳沉落处,重叠的身影映在波浪的天空。

一条路,追赶着生命。时光在峰巅重现。

阅读提示

　　汉字是华夏文化的结晶,汉字隐藏着丰富的自然和人文的信息,汉字的演进历程就是中华文明发展的历程。汉字是对意义的抽象,但汉字又是象形直观的。汉字里有着人们的生活形态和社会常识,中国汉字就是一部人类学史,也是一部文化史。汉字本身就是一首诗,但这首诗的内涵却是多样性的,不同的人有不同的解读,不同的时代也会衍生不同的意义。汉字的多音多义就是诗的内质的外现,因此,汉字有着鲜明的诗性特征。用散文诗来解读汉字是一种恰当而有效的方式。

——摘自《汉字意象》后记(喻子涵)

　　他在超越现实的制高点上,面对从高山大河到微小字粒的世间万物,表达了对自然、社会与人生的关切与感悟。灵动的文字与特异的想象,拓展了散文诗的领域和内涵。

——2014 年第五届"中国·散文诗大奖"颁奖词

拓展训练

　　1."借由汉字意象,喻子涵深入了诗歌与现代人生存的关系,对这一精神场域的跋涉,突显了诗歌内在的深刻性"(谭五昌),请在以上两首散文诗中,任选一首谈谈你对其"内在的深刻性"的理解。

2.结合自己的兴趣和理解,请选一个你有感觉的汉字,试写一首散文诗。

阅读推荐

1.喻子涵:《喻子涵的散文诗》,广西美术出版社 2009 年版。

2.喻子涵:《孤独的太阳》,广西民族出版社 1993 年版。

3.赵振元、梦海等选编:《中国散文诗百年经典》,四川文艺出版社 2017 年版。

4.喻子涵:《汉字意象》,北京燕山出版社 2018 年版。

末未诗二首

末 未

末未(1969—),本名王晓旭,苗族,贵州印江人。中国作家协会会员,鲁迅文学院第18届高研班学员。长期从事教育工作。20世纪80年代后期开始诗歌写作。著有诗集《后现代的香蕉》《似悟非悟》《归去来》《在黔之东》。曾获贵州省专业文艺奖特等奖、贵州省尹珍诗歌奖、贵州省乌江文学奖、贵州省少数民族文学金贵奖等。

二 毛

二毛不睡在地上,又能睡到哪里
它不打滚,灰尘就跳不起舞,日子就
无所事事。我不理它,难道我去理鬼

它不咬自己那根短尾巴
谁帮我原地转圈,谁是我的假想敌
谁将我穷追不舍

不离开地面,怎么腾空而起,怎么
追咬蝴蝶,蜻蜓,麻雀,这些童年
飞翔的神器,二毛比我更感兴趣

二毛啊,你不东一口西一口咬空气
我如何知道虚空中,有我
看不见的事物,一再飘过

我不假装没看见,你就不走走停停
对,二毛,你不能停下来
小小院子,你才是主人

二毛,你不警惕,不立起身子
不把前脚搭在院坝边的矮墙上
不转动脑袋,就根本不像一架灵敏的小雷达

再汪汪两声,二毛,代表我
向世界的风吹草动
发出友好的警告,或者回答

二毛,二毛,你一直都在
那时,我一个小屁孩
独自在家,从没感到过孤寂和害怕

清水煮青菜

我用清水洗青菜
她用清水煮青菜

清水河青菜,是我和她
简单的理想生活

有时,我洗着洗着
竟然就把一张青菜叶子洗成了她的手

更多时候,我们两个就是两棵青菜
手拉手,在时光的潮流里沉浮

现在,我们更删繁就简
跳进一碗清汤,抱成一段青青的生活

阅读提示

末末的诗歌具有极强的日常性,对生活的细致观察是末末诗歌创作的一个利器,他许多诗作的诞生源于诗人在某一时刻对生活现象的观察,或者源于对长期生活经验的一个具体呈现。他的诗作一方面写出事物的表象,一方面又揭示出事物的固有本质。末末用精准而感性的语言让日常事物生发出穿透世俗生活的品质,这使他的诗歌颇具禅诗的神韵。《清水煮青菜》是末末早期的诗歌,读者看到的是熟悉的画面与物象,日常的世俗生活在这里成为诗意的主角。《二毛》写于2018年,全诗精准而生动地还原了一只狗的日常,语言朴实却饱含情感,与其说诗人是在描写一只狗,不如说是在写自己的童年。狗与"我"是二位一体的,诗歌语言更显醇熟、自然。

拓展训练

1. 在世俗生活中写出诗意是末末诗歌创作的一个重要特点,如何理解诗歌的神圣性与日常生活之"俗"之间的关系?
2. 试从身边事物出发,发现其中诗意,并将其形成文字。

阅读推荐

1. 末末:《归去来》,贵州人民出版社2015年版。
2. 末末:《在黔之东》,成都时代出版社2019年版。
3. 霍俊明:《先锋诗歌与地方性知识》,山东文艺出版社2017年版。

李寂荡诗二首

李寂荡

　　李寂荡（1970—），贵州福泉人，中国作协会员，杂志主编。发表有翻译、诗歌、小说、评论、散文等作品，诗作入选多种选本，出版诗集《直了集》，参编高校教材《20世纪中国文学作品选读》（上下卷），担任《中国歌谣集成·贵州卷》副主编，主编《新世纪贵州十二诗人诗选》《寻找写作的方向》等。获第七届贵州省文艺奖、贵州省青年作家突出贡献奖、百花文学奖·编辑奖、第三届尹珍诗歌奖等。

隔壁邻居

直到现在，仍然觉得你住在隔壁
我只是看不见你的影子听不见你的动静罢了
尽管那个深夜我亲自看见工人
一脚把你踹进火葬场的运输车

去年冬天，雪下得特别大
阳台上你的旧家具被白雪静静地覆盖
你关门闭户，仿佛出远门未归

直到现在，我仍然对你深怀愧疚
你最后一次跟我说话是问我时间
我很不耐烦地回答了你
当时我急着去赶一趟火车
回来时再也没看见你佝背从我门前经过
或者夹着烟卷坐在走廊尽头发愣
回来时我带来一群体校的姑娘
我们饮酒作乐，高声喧哗
料想你都听见了
当时你就在隔壁，匍伏在地
一大群绿苍蝇围绕着你飞舞
你赤裸着干瘪而扭曲的身子，臀部正在腐烂
不知在哪个夜间你被阎王追逐
未来得及打开门呼救便摔倒在门边

但没有吵醒别人的瞌睡
黑夜结束的地方,太阳照常升起
照常照耀着你的阳台和门窗
直到现在,我仍然感到你住在隔壁
缄默着,怀抱最终未说出的话语
绝望,愤懑,痛

你走后那些健壮的姑娘也离我而去
裹挟着我自以为是的爱情和
对安居乐业的渴望
我漫无目的地过着日子
把日子喝成一堆空酒瓶
把空酒瓶当作废品处理
我常被梦魇惊骇
然后一分一秒等着天明

直到现在,我仍然活着
独自一人,但并不寂寞
因为你走后,我有了两个邻居
他们都住在隔壁
死亡和孤独

来自乡下的鸟们

显得异常的兴奋,周遭的一切
似乎让它们感到无比的新异
正如它们的突然出现

它们站在街道旁的电线杆上
唧唧喳喳,交头接耳

也让我感到无比惊奇
谁也不知道它们是怎么闯入这座城市的
它们仿佛来自我乡下的童年

它们通体近乎漆黑
而翅羽雪白
机灵,轻巧
对人群车流毫无恐惧

它们怎么来到我的寓所前
难道因为走廊上彤红的枸杞

抑或因成熟而爆裂的石榴？
或许都不是
它们的停留是短暂的,仿佛就是
为了我打一个照面

它们成群而去,飞过对面农行大厦
不知飞向哪里

鸟们离去后的电线
颤抖一阵后又渐渐恢复了平静

阅读提示

在我的诗中,显然存在着强烈的对比,青春和衰老,健康与疾病,快乐与痛苦,热闹与凄凉,生存与死亡等等,而二者之间却只有一墙之隔。我的诗是把现实真切的经验直接地搬进诗中。

人是知道自己有一天会死亡的动物。"向死而生",便有了人生种种意义。对于人来说,没有什么事情比死亡更重大的了,没有什么比死亡更让人恐惧的了。然而日常生活周而复始的单调足以让人麻木、迟钝。对于死亡的麻木,也就是对于生的麻木,对于时间的麻木。尽管理智上知道生之有限,生命短暂,但感觉上又觉得生之漫长,以为日子就会像昨天一样不断地重复下去。直到有一天生活突发变故,才知道事实并不是这样。而最大的变故就是"死亡",它将你从麻木的状态中震撼而醒。当你重新打量周围的一切,甚是陌生,你真切地感受到了生的脆弱和无常,感觉到生与死只是一纸之隔,"偶然"无所不在。于是,才更深切地感到生之弥足可贵。

——摘自《与死为邻——〈隔壁邻居〉创作谈》(李寂荡),原载《诗刊》2005 年第 11 期(下)

拓展训练

1.死亡是文学永恒的主题,死亡也是生命的另一种形式,面对死亡,每个人都有自己的思考和看法。《隔壁邻居》是李寂荡的代表作之一,阅读此诗,请从尊重死亡和珍惜生命的角度,写一篇读后感。

2.《来自乡下的鸟们》,表面看来,写的是鸟,但细细品读,这群"鸟"又不仅仅是鸟,而具有了这个时代某群人的特征,甚至有作者自己的影子,联系生活实际,说说这群"鸟"的时代境遇。

阅读推荐

1. 李寂荡:《直了集》,贵州教育出版社 2016 年版。
2. 李寂荡主编:《寻找写作的方向》,贵州人民出版社 2017 年版。
3. 杂志《山花》月刊。

芦苇岸诗二首

芦苇岸

芦苇岸(1971—),土家族,贵州德江人,现居浙江。毕业于铜仁师范高等专科学校(现铜仁学院)中文系,中国作家协会会员。1989年迄今已在众多刊物发表作品若干,主要作品有《光阴密码》《冷,或曰道德经》,长诗《空白带》和大型组诗《湖光》。公开出版有诗集《蓝色氛围》《芦苇岸诗选》《坐在自己面前》《带我去远方》和诗歌评论集《多重语境的精神漫游》《当代诗本论》。先后获得中国诗人奖、贵州省尹珍诗歌奖、中国当代诗歌批评奖等。

日常之欢

在窗前站了许久。整个小区被一片
假日的阳光罩着

那些熟悉的鸟儿,已不见嘈杂的踪影
出东门是广益路,往南,是拥堵的中环路
今天却异常清冷,连接它的支路
也都少了滚滚车流,以及刺耳的鸣笛

所有的路,空旷得叫人
不知所措

我去菜场逛了一圈
摊位前几乎都空空落落
一个职业杀鸭工,坐在桶盖上
剪着指甲,手机音乐在循环播放着
——今天是个好日子

这个做小本生意的异乡人
她五岁的儿子,蹲在身边啃菱角
小孩从嘴里抠出咬破的壳
再把菱肉放进嘴里……

偶尔会有顾客停下来
盯着他慢下脚步,又漠然走开

我的日常,美得平庸,却又不肯落俗

孤独是生产力

剥去表皮的洋葱,砧板上的思想家
陶醉于开水噗动的美声
气味激烈的,还有辣子、花椒
已经渗透鱼肉的酱汁、生煎的蛋卷
开始回收慢生活的口感
文火控制的时间,自带雄辩的热力
他学会在餐桌上圈地,围堰
高山牧场和深冬雪原,交替成为话题
自由的马匹的烈焰点燃黄昏
而雪山,选择凝望,向深刻致敬
只剩一个杯子,为现实
站岗许久。他拖着麻木的腿脚
在饭厅里,搬运寒冷与孤独
他默默地将厨房的辽阔端上餐桌

阅读提示

  芦苇岸的诗歌多以现实作为宏阔背景,呈现各种精神景观的可能和深层探知的力量。其诗歌注重诗思并置的活力与内在节奏的自然性,诗风孤绝、丰赡、盈动而阔远。诗句摄取的细节意趣勃发,平中见奇,耐人寻味,彰显了经验审视的独特个性。在情怀和哲理两个维度构成美学上的呼应。在看似单纯的诗歌语言中,蕴涵着现实生活的矛盾张力:喧嚣与寂静、纯粹与复杂、疼痛与慰藉、古典与现代、紧张与舒缓。这些表征出其诗歌所具有的厚度。《日常之欢》中,诗人用节制、精练的语言写出日常生活所见,写出诗人对平凡生活的温情与关怀。现代生活常常带给社会中人以疲惫、孤独之感,《孤独是生产力》则将这种生活状态放在有限的空间——厨房的饭食间加以呈现。

拓展训练

  1.与古典诗歌相比,现代诗歌语言有什么特点?
  2.诗歌的鉴赏包括对语言特色与主题内蕴等多方面的解读,与鉴赏主体的知识积累、审美趣味有很大的关系,需要鉴赏主体加强阅读与写作的训练。选择一首现代诗写一篇鉴赏文章。

阅读推荐

  1.芦苇岸:《坐在自己面前》,沈阳出版社 2015 年版。
  2.芦苇岸:《带我去远方》,作家出版社 2017 年版。
  3.芦苇岸:《当代诗本论》,宁波出版社 2017 年版。

放眼世界

FANGYAN SHIJIE

希腊神话故事(节选)

神话是古希腊最早的文学样式,是希腊文化的源头和文学的土壤。希腊神话大约产生于公元前8世纪,是古希腊人集体创造的民间口头文学。经过几百年的流传,在荷马的《荷马史诗》、赫西俄德的《神谱》以及古希腊的诗歌、戏剧、历史、哲学等著作中记录下来,后人根据这些零散的材料整理成目前通行的希腊神话故事。希腊神话产生和反映的地理位置,西起希腊半岛,东到小亚细亚半岛,南到克里特岛的广大爱琴海地区。内容上,支脉派系复杂,传说故事并不完全一致,但有明显的家族色彩,分为神的故事和英雄传说两部分。希腊神话不仅是古希腊文学艺术的宝库和土壤,对古罗马文学艺术、文艺复兴时期、古典主义时期直至现当代的欧洲文学和艺术创作都产生了重要且深远的影响。

第一章　普罗米修斯

天和地被创造出来,大海波浪起伏。拍击海岸。鱼儿在水里嬉戏,鸟儿在空中唱歌。大地上动物成群,但还没有一个具有灵魂的、能够主宰周围世界的高级生物。这时普罗米修斯降生了,他是被宙斯放逐的古老的神祇族的后裔,是地母该亚与乌拉诺斯所生的伊阿佩托斯的儿子。他聪慧而睿智,知道天神的种子蕴藏在泥土中,于是,他捧起泥土,用河水把它沾湿调和起来,按照世界的主宰,即天神的模样,捏成人形。为了给这泥人以生命,他从动物的灵魂中摄取了善与恶两种性格,将它们封进人的胸膛里。在天神中,他有一个女友,即智慧女神雅典娜,她惊叹这提坦神之子的创造物,于是,便朝具有一半灵魂的泥人吹起了神气,使它获得了灵性。

这样,第一批人在世上出现了。他们繁衍生息,不久形成了一大群遍布各处。但有很长一段时间,他们不知道该怎样使用他们的四肢,也不知道该怎样使用神赐的灵魂。他们视而不见,听而不闻,如同梦中的人形,漫无目的,却不知道发挥自身的作用。他们不知道采石、烧砖、砍伐林木制成橡梁,然后再用这些材料建造房屋。他们如同蚂蚁一样,蛰居在没有阳光的土洞里,觉察不了冬去春来夏至,他们做样样事情都毫无计划。

于是,普罗米修斯便来帮助他的创造物。他教会他们观察日月星辰的升起和降落;给他们发明了数字和文字,让他们懂得计算和用文字交换思想;他还教他们驾驭牲口来分担他们的劳动,使他们懂得给马套上缰绳拉车或作为坐骑。他发明了船和帆,让他们在海上航行。他关心人类生活中其他的一切活动。从前,生病的人不知道用药物治病,不知道涂膏药来减轻痛苦,许多病人因缺医少药而悲惨地死去。现在,普罗米修斯教会他们调制药剂来防治各种疾病。另外,他教会他们勘探地下的矿产,让他们发现矿石,开采铁和金银。他教会他们农耕技艺,使他们生活得更舒适。

不久前,宙斯放逐了他的父亲克洛诺斯,推翻了古老的神祇族,普罗米修斯也出身于这个神祇族。现在,宙斯和他的儿子们是天上新的主宰,他们开始注意到刚刚形成的人类了。他们要求人类敬重他们,并以此作为保护人类的条件。有一天,在希腊的墨科涅,神祇们集会商谈,确定人类的权利和义务。普罗米修斯作为人类的维护者出席了会议。在会上,他设法使诸神不要因为答应保护人类而提出苛刻的条件。这位提坦神的儿子决意运用他的智慧来蒙骗神祇。他代表他的创造物宰了一头大公牛,请神祇选择他们喜欢的那部分。他把献祭的公牛切成碎块,分为两堆。一堆放上肉、内脏和脂肪,用牛皮遮盖起来,上面放着牛肚子;另一堆放的全是牛骨头,巧妙地用牛的板油包裹起来。这一堆比另一堆大一些。全知全能的神祇之父宙斯看穿了他在玩弄伎俩,便说:"伊阿佩托斯的儿子,尊贵的王,我好朋友,你把祭品分得多不公平啊!"这时,普罗米修斯越发相信他骗过了宙斯,于是暗自笑着说:"尊贵的宙斯,永恒的众神之祖,你就按着自己的心愿挑选一堆吧!"宙斯心里很气恼,却故意伸出双手去拿雪白的板油。当他剥掉板油,看清这全是剔光的骨头时,装着直到现在才发觉上当似的,气愤地说:"我看到了,伊阿佩托斯的儿子,你还没有忘掉你欺骗的伎俩!"

宙斯受了欺骗,决定报复普罗米修斯。他拒绝向人类提供生活必需的最后一样东西:火。可是,伊阿佩托斯的儿子非常机敏,马上想出了巧妙的办法。他拿来一根又粗又长的茴香秆,扛着它走进驰来的太阳车,将茴香秆伸到它的火焰里点燃,然后带着闪烁的火种回到地上,很快第一堆木柴燃烧起来,火越烧越旺,烈焰冲天。宙斯见人间升起了火焰大发雷霆,他眼看已无法把火从人类那儿夺走了,便很快想出了新的灾难来惩罚人类,以便抵消火带给人类的福祉。他命令以工艺著名的火神赫淮斯托斯造了一尊美女石像。雅典娜由于渐渐嫉妒普罗米修斯也对他失去了好意,她亲自给石像披上了闪亮的白衣裳,蒙上了面纱,头上戴上了花环,束上了金发带。这金发带也是出自赫淮斯托斯之手。他为了取悦他父亲,细心制作,金发带造型精巧,带上饰有神态各异的动物形象。众神的使者赫尔墨斯给这妩媚迷人的形体传授语言的技能;爱神阿佛洛狄忒赋予她种种诱人的魅力。于是,宙斯给这美丽的形象注入了恶毒的祸水,他给她取名潘多拉,意为"具有一切天赋的女人",因为众神都馈赠给她一件危害人类的礼物。他把这个年轻的女人送到人间,正在地上自在取乐游荡的众神见了这美得无法比拟的女人都惊美不已。她径自来到普罗米修斯的弟弟埃庇米修斯的面前,请他收下宙斯给他的赠礼。埃庇米修斯心地善良,毫无猜疑。

普罗米修斯曾经警告过他的弟弟,不要接受奥林匹斯山上的宙斯的任何赠礼,而要立即把它退回去。可是,埃庇米修斯忘记了这个警告,很高兴地接纳了这个年轻美貌的女人。直到后来,他吃了苦头才意识到他招来了灾祸。在此之前,人类遵照普罗米修斯的警告,因此没有灾祸,没有艰辛的劳动,也没有折磨人的疾病。现在,这个姑娘手捧上礼物,这是一只紧闭的大盒子。她一走到埃庇米修斯的面前,就突然打开了盒盖,里面的灾害像股黑烟似的飞了出来,迅速扩散到地上。盒子底上还深藏着唯一美好的东西:希望,但潘多拉依照万神之父的告诫,趁它还没有飞出来的时候赶紧关上了盖子,因此希望就永远关在盒内了。从此,各种各样的灾难充满了大地、天空和海洋。疾病日日夜夜在人类中蔓延、肆虐,而又悄无声息,因为宙斯不让它们发出声响。各种热病在大地上猖獗,死神步履如飞地在人间狂奔。接着,宙斯向普罗米修斯本人报复了。他把这名仇敌交到赫淮斯托斯和两名仆人的手里,这两名仆人外号叫作克拉托斯和皮亚,即强力和暴力。他们把普罗米修斯拖到斯库提亚的荒山野岭,在这里,他被牢固的铁链锁在高加索山的悬岩上,下临可怕的深渊。赫淮斯托斯不太情愿执行父亲的命令,因为他很喜欢这位提坦神的儿子,他是他的亲戚,同辈,是他的曾祖父乌拉诺斯的子孙，也是神祇的后裔。可是，执行残酷命令的两个粗暴的仆人，因他说了许多同情的话把他痛斥了一顿。普罗米修斯被迫锁在悬岩绝壁上，他给直挺挺地吊着，无法入睡，无法弯曲一下疲惫的双膝。"不管你发出多少哀诉和悲叹，都是无济于事的，"赫淮斯托斯对他说，"因为宙斯的意志是不可动摇的，这些最近才从别人手里夺得权力的神祇们都是非常狠心的。"这位囚徒被判受折磨是永久的，至少也得三万年。尽管他大声悲叫，并且呼唤风儿、河川、大海和万物之母大地，以及注视万物的太阳来为他的苦痛作证，但是他的精神却是坚不可摧的。"无论谁，只要他学会承认定数的不可制服的威力，"他说，"就必须承受命中注定的痛苦。"宙斯再三威逼他，要他说明他的不吉祥的预言，即"一种新的婚姻将使诸神之王面临毁灭"，但他始终没有开口。宙斯言出必行，每天派一只恶鹰去啄食被缚的普罗米修斯的肝脏。肝脏被吃掉多少，很快又恢复原状。这种痛苦的折磨他不得不忍受，直到将来有人自愿为他献身为止。

为不幸的普罗米修斯解除苦难的一天终于来到了。在他被吊在悬岩上度过了漫长的悲惨岁月以后，有一天，赫拉克勒斯为寻找赫斯珀里德斯来到这里。他看到恶鹰在啄食可怜的普罗米修斯的肝脏，这时，便取出弓箭，把那只残忍的恶鹰从这位苦难者的肝脏旁一箭射落。然后他松开锁链，解放了普罗米修斯，带他离开了山崖。但为了满足宙斯的条件，赫拉克勒斯把半人半马的肯陶洛斯族的喀戎作为替身留在悬岩上。喀戎虽然可以要求永生，但为了解救普罗米修斯，他甘愿献出自己的生命。为了彻底执行宙斯的判决，普罗米修斯必须永远戴一只铁环，环上镶上一块高加索山上的石子。这样，宙斯可以自豪地宣称，他的仇敌仍然被锁在高加索山的悬崖上。

（刘超之，艾英 译）

阅读提示

古希腊位于欧洲南部、地中海东北部，包括今天的巴尔干半岛南部、小亚细亚半岛西岸和爱琴海中的许多岛屿。特殊的地理位置造就了古希腊人特殊的生存环境和生活方式，也由此培养了自由奔放、想象力丰富、充满原始情欲、崇尚智慧和力量的民族性格。这种民族性格为古希腊文学创作奠定了最佳的心理基础，由此衍生出的人本精神和冒险传统成为西方文化的重要特点之一。古希腊人注重个人地位和尊严，注重现世追求和生命价值。在独特的物质与精神文化土壤上，古希腊民族创造了丰富多彩、雄大活泼的文学艺术。在公元前12世纪至公元前8世纪，古希腊文学进入了发展的早期阶段，历史上称为"英雄时代"或"荷马时代"，这个时期的文学主要成就之一就是神话。

《木马计》

古希腊神话由神的故事和英雄传说两个部分组成。神的故事包括天地的开辟、神的产生、神的谱系、神的活动、人类的起源等等。英雄传说则是讲述部落英雄们为民除害的事迹，以不同的英雄为中心形成了许多系统，这些英雄都是集体智慧和力量的化身。此外，还有许多反映古希腊人生产劳动和日常喜怒哀乐的故事。

希腊神话在世界各民族神话中发展得特别完美，最突出是神话中的神人同形同性。希腊神话中的神都是人格化了的形象，无论外形还是性格都和人一样。他们会像人一样对衣食住行有需求，有七情六欲，会犯错、会嫉妒、爱慕虚荣。和人相比，不同之处在于神可以随意变形，长生不死，本领超群，其好恶能左右凡人的命运。这些形象不仅是自然力量的象征，还是社会力量的表现。希腊神话带有浓郁的人本色彩。相较于东方神话,希腊神话受宗教影响比较小。在神话中可以看到他们总是在尽情享受生活,充分展示自己的个性,但始终不会失去自己独立的人格,充满了追求光明,追求自然与人生的美,热爱生活,以人为本,肯定人的力量的思想,其文化心理背景是乐观主义。希腊神话的想象力十分丰富,它把自然万物、人类精神和情感、社会生活等诸多领域的现象用拟人化的艺术手法创造出入情入理、令人难忘的意境和文学形象。希腊神话的故事性和哲理性都很突出,不仅情节曲折,同时又极其深刻,是早期人类智慧和思考的结晶,为古希腊文学艺术提供了丰富的素材。正如马克思所说:"希腊神话不只是希腊艺术的武库,而且是它的土壤。"(马克思《〈政治经济学批判〉导言》,《马克思恩格斯全集》第2卷,人民出版社,1972年版,第113页)希腊神话对后世欧洲文学艺术的影响也是深远的。希腊神话中的人物、故事已深深植入西方人的日常生活和语汇中,成为了解欧洲文学和西方精神的必备常识。

拓展训练

1.古希腊神话以其完备的神谱系统著称于世,你知道这个神谱的具体情况吗?

2.你知道哪些中国神话?试着将自己了解的中国神话与古希腊神话做一个比较,看看二者之间的不同之处是什么。

阅读推荐

1.施瓦布:《希腊神话故事》,刘超之、艾英译,宗教文化出版社1996年版。

2.荷马:《荷马史诗》,罗念生、王焕生译,人民文学出版社1994年版。

神曲（节选）

但丁·阿利盖里

但丁·阿利盖里（1265—1321），意大利民族文学的奠基人，意大利文艺复兴的先驱，是中世纪文学向近代文学过渡的标志。独特的生活环境和新旧交替的时代造就了多元文化，在封建文化与人文主义、东方文化与西方文化的影响下，但丁的思想和创作带有显著的双重性，恩格斯将其誉为"中世纪的最后一位诗人，同时又是新时代的最初一位诗人"。但丁是一位具有强烈爱国思想的作家，其忧国忧民的情怀和人文主义思想在很多作品中都有鲜明的体现。但丁的作品不仅对意大利的民族语言和文学语言奠定了理论基础，其一些思想还深刻影响了欧洲后来的宗教改革运动和资产阶级革命。其重要作品有《飨宴》《论俗语》《论帝制》《新生》等。

地狱篇

第五章

［第二圈，或地狱的正式开始；门口坐着判官冥罗司。①这里都是犯淫欲罪的灵魂；他们的惩罚是在极端黑暗中更不断受罡风鞭挞。诗人首先碰见的是历史上许多有名人物，使他不胜怅惘怜悯，就在这时他忽然注意到两个紧紧挨在一起的灵魂，在风中显得很轻。诗人发现这两个灵魂是法郎赛斯加和她的情人保罗，几乎说不出话来；在听完两人的痛苦的故事之后，诗人就跌倒在地，如同死一样。］

我于是从第一圈降到第二圈；这里地面较狭，痛苦更多，使人凄然欲泣。

门口坐着狰狞的判官冥罗司，张着大嘴在笑；他判决犯人，把他们打发往受刑地点。一个倒霉的灵魂到他面前，就把自己的过犯一一招供出来；那判官看犯人应到地狱圈数，就用尾巴绕自己身子几圈。他面前总站着一大群犯人，轮流受审，自承过犯，尽旁人听着，最后一一被旋风卷了下去。

冥罗司看见我以后，就停止判刑，对我说，"你也到这个苦恼地方来么！你怎样进来的？你得了谁的允许？你不要以为地狱门很大，可以随便闯进来呀！"我的引导人②答道："你叫嚷些什么！你不要阻止他注定的去路；这是为所欲为者的命令，不必多问。"

这时我开始听见哀号之声；接着传来一片悲叹。我到了一块没有光线的地方，好比大海被狂风冲击着，在那里怒号。地狱的风暴永不停息地赶着那些幽灵，旋转着他们，鞭挞着他们，折磨着他们。当他们撞上那片废墟时，他们又是叫，又是哭，并诅咒神的权力。我知道这种刑罚是加于荒淫之人的，他们都是使理性屈从肉欲。好比冬日天空里被冷风所吹的乌鸦一样，那些罪恶的灵魂东飘一阵，西浮一阵，上上下下，不要说没有停止的可能，连减轻痛苦的希望也没有，他们又像天空排成长阵的秋雁，哀哀长鸣，刺人心骨。因此我说："老师，这些被黑风鞭挞的是些什么人呢？"

他答道："你要知道的这些人，其中第一个是一位女皇，拥有广大众民；她因荒淫无度而怕人指摘，便把她的淫行说成是法律。她名叫色迷娜，继她的丈夫尼诺做亚西利亚的皇帝。另一个是因恋爱而自杀的，为了新欢而背弃了死去的旧情人西果；下面一个是荒淫的克里娥彼特拉。"③他一个一个指给我看，那个招致频年战祸的海伦，④为恋爱而战斗到死的亚开纳，⑤还有帕里斯和特里斯坦，⑥我都看见了；此外还有千百个为恋爱而丧失生命的幽灵。当我的老师历述这些古代后妃和勇士之后，我忽然心生恻隐，为之嘘唏不已。

稍后我说："诗人呀，我愿意和这两个紧挨在一起的灵魂说几句话，他们在风中显得很轻呢。"⑦他对我说："你等他们靠近我们的时候，用爱神的名义请他们停留一下；他们就会来。"不一刻，风把他们吹向我们这里，我高声叫道："困倦的灵魂呀！假使没有人阻止你们，请来和我们谈谈。"那两个灵魂好比鸽子听见人召唤，鼓翼归巢一样，离开狄多⑧的队伍，通过险恶的风波向我们飞来；我的呼唤由于带有感情，竟而生效。

那女的灵魂向我们说："仁慈的生人呀！你穿过这样阴暗的空气来访问曾经血污地面的人；如果宇宙的主宰是我们的朋友，我们将祈求他给你安宁，因为你对我们的不幸有怜悯之心！趁现在平静的时刻，我们将听你说话，并回答你的询问。我生长在大海之滨，那里波河汇合群流而入海。爱情很快地燃起了他湿柔的心，使他迷恋于我的美丽肉体，因而使我丧失了肉体，至今言之伤心！爱情决不放过那被爱的人，它使我那样热烈地欢喜他，你看，甚至现在他也不离开我！爱情使我们同归一死，那个毁灭我们生命的人，让该隐环⑨等着他。"

我听了这些被伤害的灵魂谈话之后，把头低下来，后来还是诗人对我说："你想些什么？"我答道："唉！是什么甜蜜的情意，什么热烈的相思，使他们碰上这样悲惨的遭遇呢？"于是我又转向这两个灵魂说："法郎赛斯加，你受的苦使我悲痛怜惜，连眼泪都要流出来了。但是我还要问你，当初你们都在长吁短叹时，怎样会知道对方隐秘的事情呢？"

她于是答道："当困顿之际，回忆往日的欢乐，真使人不胜伤情。这是你的老师所熟知的。不过假使你愿意知道我们的爱苗从何而起，我将含泪奉告。有一天我们为了消闲，共同读着兰斯洛特的恋爱故事。⑩我们只有两个人，相互无猜。有好几次读着书时使我们目光碰在一起，脸色变得雪白，只在一刹那间就决定了我们的命运，当我们读到那微笑的嘴唇被他的情人热烈吻着时，我这个永远不离开我的人儿突然颤颤抖抖地亲了我的嘴唇；这本书和它的作者倒成了我们的撮合。从那天起，我们再不读那本书了。"

这个灵魂在控诉时，那一个灵魂也哀哀地哭；我被他们感动得晕了过去，像断了气一样跌倒在地。

（王维克　译）

《神曲》节选

注　释

①冥罗司本克乃德国王及立法者，传说他死后为冥间判官，但丁在这里把他写成有尾巴的怪物。

②引导人指诗人维吉尔，下面提到的"诗人""老师"也是指他。

③埃及女皇，为恺撒及安东尼的情人。

④斯巴达王妻,被特洛伊王子帕里斯所诱而引起特洛伊战争。

⑤亚开纳,本为助斯巴达之英雄,帕里斯许以妹,诱亚开纳至特洛伊成婚而杀之。

⑥特里斯坦为圆桌故事中的骑士,因与舅母伊索尔德恋爱被杀。

⑦此二人,女为法郎赛斯加,男为保罗。法郎赛斯加嫁保罗之兄吉昂齐奥多,而与保罗私恋,为其夫知悉,遂将二人杀死。一说保罗为美男子,而其兄则貌颇不扬,以保罗代行婚礼,法郎赛斯加事后始知被欺。

⑧狄多为迦太基女皇,因恋爱不遂而自杀。

⑨该隐杀弟亚伯,事见《创世纪》。该隐环属地狱第九圈。

⑩兰斯洛特为圆桌故事中的骑士,恋爱亚述之妻桂内维尔。

阅读提示

《神曲》原名《喜剧》,是但丁的代表作。作为一部意大利文学史上最伟大的诗篇,它用寓言性的方式从哲学本体出发,高度观照了人类的存在和道德问题。

但丁之所以要创作《神曲》,一是为了纪念其青年时代爱慕的贵族女子贝娅特丽齐;二就是诗人想为意大利民族和人民指出一条光明大道,让世人摆脱悲惨的命运,把人们引向幸福的境地——天堂。由此可见但丁身上是具有神父的思想气质和角色意识的。但如果但丁仅仅是一个引导世人摆脱苦难的牧师或神父,那他的伟大和极其特殊的地位也就谈不上了。实际上但丁对国家民族统一的追求,对社会命运和人类幸福的思考,已经远远超出了宗教神学的狭隘范畴。

《神曲》分为三部:《地狱》《炼狱》和《天堂》。《地狱》是《神曲》中最为丰富多彩的篇章。诗人把地狱想象成上宽下窄的漏斗形状,共有九层,象征人类犯的九大类错误,按照生前罪孽的轻重,这些有罪的灵魂被安排在不同的层次当中。值得注意的是,但丁没有按基督教的标准来判断罪孽和错误的轻重,而是用古典的价值标准重新认识了人类历史上的各种错误,强调了理性的重要。《炼狱》篇的描写不及《地狱》篇生动,缺少与人间生活联系紧密的具体故事。炼狱是一个改过自新的地方,所有生前犯有错误、临终忏悔可以得到宽恕的灵魂,祛除七大罪过后便能升到"地上乐园"。如何洗涤罪过、净化灵魂?基督教宣扬的是克制情欲,克制一切欲望。但丁也强调克制,但他主张的是理性引导之下的克制,强调了人的主观能动性。在《天堂》篇中诗人通过贝娅特丽齐这一人物提出了人要有信仰的问题,辩证性地强调了二者的关系和重要性,深刻揭示了人获救的途径和方法,即不仅要有理性,还要有信仰。因为没有理性的信仰是盲目的信仰,没有信仰的理性则是不完整的理性,只有二者统一才能获得精神的救赎。同时还对"上帝"和"上帝精神"做了一个形象、生动的新诠释。《神曲》是一部带有浓厚宗教劝世色彩的作品,通过大量触目惊心的描写警戒世人,宣扬禁欲主义,和中世纪宗教作品并无不同。但诗人在作品中并没有完全受旧文化的束缚,反而在每一篇中都注入了新时代人文主义的气息,打破了传统宗教思想和文化的桎梏,在深度上表现了新时代的曙光。

《神曲》的艺术特色是非常突出的。作品采用了中世纪常用的梦幻和象征手法创作,通过梦境将古今人物放在一起直接对话,打破了时间和空间限制。作品中人物、动物、事物等也都被赋予了神秘的象征色彩,生动反映了丰富多彩的现实生活和社会斗争。《神曲》对数字的运用非常成功且引人注目。通过对特殊数字,如"3""7""9""10""100"等的巧妙运用,构建了一座结构严谨、完整并带有浓厚宗教神学气息的诗性大教堂。

拓展训练

1.中世纪末期的欧洲社会变化对但丁的影响到底有多大?

2.但丁的政治思想、爱情经历对其创作有什么影响?

阅读推荐

1.但丁·阿利盖里:《新生》,钱嘉鸿译,上海译文出版社1993年版。

2.乔万尼·薄伽丘:《十日谈》,王永年译,人民文学出版社2003年版。

堂吉诃德(节选)

米盖尔·德·塞万提斯·萨阿维德拉

米盖尔·德·塞万提斯·萨阿维德拉(1547—1616),文艺复兴时期西班牙文学的代表作家,欧洲近代现实主义小说的先驱。塞万提斯出身破落的贵族家庭,一生多灾多难,充满了无尽的坎坷。他当过兵,受过伤,因无妄之灾数度入狱,当过收入微薄的税收员,写过诗歌、剧本、小说,即使长篇小说《堂吉诃德》获得了成功也没能改变其穷苦潦倒的命运,就如他在《巴拿索神山瞻礼记》里写到,阿波罗为每一位诗人备了座位,却单单没有他的……这位有才华的诗人仿佛被命运之神遗忘。生活的不幸并未使他屈服,反而磨砺了他的意志,并深刻影响了他的思想和创作,为后人留下了丰富的文学遗产。

第一部　第八章

骇人的风车奇险;堂吉诃德的英雄身手,以及其他值得大书特书的事情。

这时候,他们远远望见郊野里有三四十架风车。堂吉诃德一见就对他的侍从说:

"运道的安排,比咱们要求的还好。你瞧,桑丘·潘沙朋友,那边出现了三十多个大得出奇的巨人。我打算去跟他们交手,把他们一个个杀死,咱们得了胜利品,可以发财。这是正义的战争,消灭地球上这种坏东西是为了上帝立大功。"

桑丘·潘沙道:"什么巨人呀?"

他主人说:"那些长胳膊的,你没看见吗? 好些巨人的胳膊差不多二哩瓦①长呢。"

桑丘说:"您仔细瞧瞧,那不是巨人,是风车,上面胳膊似的东西是风车的翅膀,给风吹动了就能推转石磨。"

堂吉诃德道:"你真是外行,不懂冒险。他们确是货真价实的巨人。你要是害怕,就走开些,做你的祷告去,等我一人来和他们大伙儿拼命。"

他一面说,一面踢着坐骑冲出去。他的侍从桑丘大喊说,他前去冲杀的明明是风车,不是巨人;他满不理会,横着念头那是巨人,既没听见桑丘叫喊,跑近了也没看清是什么东西,只顾往前冲,嘴里嚷道:

"你们这伙没胆量的下流东西! 不要跑! 前来跟你们厮杀的只是个单枪匹马的骑士!"

这时微微刮起一阵风,转动了那些庞大的翅翼。堂吉诃德见了说:

"即使你们挥舞的胳膊比巨人布里亚瑞欧②的还多,我也要和你们见个高下!"

他说罢一片虔诚向他那位杜尔西内娅小姐祷告一番,求她在这个紧要关头保佑自己,然后把盾牌遮稳身体,托定长枪飞马向第一架风车冲杀上去。他一枪刺中了风车的翅膀;翅膀在风里转得正猛,把长枪迸作几段,一股劲把堂吉诃德连人带马直扫出去;堂吉诃德滚翻在地,狼狈不堪。桑丘·潘沙趱驴来救,跑近一看,他已经不能动弹,驽骍难得把他摔得太厉害了。

桑丘说："天啊！我不是跟您说了吗，仔细着点儿，那不过是风车。除非自己的脑袋里有风车打转儿，谁还不知道这是风车呢？"

堂吉诃德答道："甭说了，桑丘朋友，打仗有胜败最拿不稳。看来把我的书连带书房一起抢走的弗瑞斯冬法师对我冤仇很深，一定是他把巨人变成风车，来剥夺我胜利的光荣。可是到头来，他的邪法毕竟敌不过我这把剑的锋芒。"

桑丘说："这就要瞧老天爷怎么安排了。"

桑丘扶起堂吉诃德：他重又骑上几乎跌歪了肩膀的驽骍难得。他们谈论着方才的险遇，顺着往拉比塞峡口的大道前去，因为据堂吉诃德说，那地方来往人多③，必定会碰到许多形形色色的奇事。可是他折断了长枪心上老大不痛快，和他的侍从计议说：

"我记得在书上读到一位西班牙骑士名叫狄艾果·贝瑞思·台·巴尔咖斯，他一次打仗把剑斫断了，就从橡树上劈下一根粗壮的树枝，凭那根树枝，那一天干下许多了不起的事。打闷不知多少摩尔人，因此得到了个绰号，叫做'大棍子'。后来他本人和子孙都称为'大棍子'巴尔咖斯。我跟你讲这番话有个计较：我一路上见到橡树，料想他那根树枝有多粗多壮，照样也折它一枝。我要凭这根树枝大显身手，你亲眼看见了种种说来也不可信的奇事，才会知道跟了我多么运气。"

桑丘说："这都听老天爷安排吧。您说的我全相信；可是您把身子挪正中些，您好像闪到一边去了，准是摔得身上疼呢。"

堂吉诃德说："是啊，我吃了痛没作声，因为游侠骑士受了伤，尽管肠子从伤口掉出来，也行不得哼痛。"①

桑丘说："要那样的话，我就没什么说的了。不过天晓得，我宁愿您有痛就哼。我自己呢，说老实话，我要有一丁丁点儿疼就得哼哼，除非游侠骑士的侍从也得遵守这个规矩，不许哼痛。"

堂吉诃德瞧他侍从这么傻，忍不住笑了。他声明说：不论桑丘喜欢怎么哼、或什么时候哼，不论他是忍不住要哼、或不哼也可，反正他尽管哼好了，因为他还没读到什么游侠骑士的规则不准侍从哼痛。桑丘提醒主人说，该是吃饭的时候了。他东家说这会子还不想吃。桑丘什么时候想吃就可以吃。桑丘得了这个准许，就在驴背上尽量坐舒服了。把褡裢袋里的东西取出来，慢慢儿跟在主人后面一边走一边吃，还频频抱起酒袋来喝酒，喝得津津有味，玛拉咖最享口福的酒馆主人见了都会美慕⑤。他这样喝着酒一路走去，早把东家许他的愿抛在九霄云外，觉得四处冒险尽管担惊受怕，也不是什么苦差，倒是很舒坦的。

长话短说，他们当夜在树林过了一宿。堂吉诃德折了一根可充枪柄的枯枝，换去断柄把枪头挪上。他曾经读到骑士们在穷林荒野里过夜，想念自己的意中人，好几夜都不睡觉。他要学样，当晚彻夜没睡，只顾想念他的意中人杜尔西内娅。桑丘·潘沙却另是一样。他肚子填得满满的，又没喝什么提神醒睡的饮料，倒头一觉，直睡到天大亮。阳光照射到他脸上，鸟声嘈杂，欢迎又一天来临，他都不理会，要不是东家叫唤，他还沉睡不醒呢。他起身去抚摸一下酒袋，觉得比昨晚越发萎瘪了，不免心上烦恼，因为照他看来，在他们这条路上，无法立刻弥补这项亏空，堂吉诃德还是不肯开斋，上文已经说过，他决计靠甜蜜的相思来滋养自己。他们又走上前往拉比塞峡口的道路；约莫下午三点，山峡已经在望。

堂吉诃德望见山峡，就说："桑丘·潘沙兄弟啊，这时的险境和奇事多得应接不暇，可是你记着，尽管瞧我遭了天大的危险，也不可以拔剑卫护我。如果我对手是下等人，你可以帮忙；如果对手是骑士，按骑士道的规则，你怎么也不可以帮我，那是违法的。你要帮打，得封授了骑士的称号才行。"

桑丘答道："先生，我全都听您的，决没有错儿。我生来性情和平，最不爱争吵。当然，我如果保卫自己身体，就讲究不了这些规则。无论天定的规则，人定的规则，总容许动手自卫。"

堂吉诃德说："这话我完全同意。不过你如果要帮我跟骑士打架，那你得捺下火气，不能使性。"

桑丘答道："我一定听命，把您这条戒律当礼拜日的安息诫一样认真遵守。"

他们正说着话，路上来了两个圣贝尼多教会的修士。他们好像骑着两匹骆驼似的，因为那两头骡子简直有骆驼那么高大。两人都戴着面罩⑥，撑着阳伞。随后来一辆马车，有四五骑人马和两个步行的骡夫跟从。原来车上是一位到塞维利亚去的比斯盖贵夫人；她丈夫得了美洲的一个很体面的官职要去上任，正在塞维利亚等待出发。两个修士虽然和她同路，并不是一伙。可是堂吉诃德一看见他们，就对自己的侍从说：

"要是我料得不错，咱们碰上破天荒的奇遇了。前面这几个黑魆魆的家伙想必是魔术家——没什么说的，一定是魔术家；他们用这辆车劫走一位公主。我得尽力去除暴惩凶。"

桑丘说："这就比风车的事更糟糕了。您瞧啊，先生，那些人是圣贝尼多教会的修士，那辆马车准是过往客人的。您小心，我跟您说，您干事要多多小心，别上了魔鬼的当。"

堂吉诃德说："我早跟你说过，桑丘，你不懂冒险的事。我刚才的话是千真万确的，你这会儿瞧吧。"

他说罢往前几步，迎着两个修士的当路站定，等他们走近，估计能听见他答话了，就高声喊道：

"你们这起妖魔鬼怪！快把你们车上抢走的几位贵公主留下！要不，就叫你们当场送命；干了坏事，得受惩罚！"

两个修士带住骡子，对堂吉诃德的那副模样和那套话都很惊讶；他们回答说：

"绅士先生，我们不是妖魔，也并非鬼怪。我们俩是赶路的圣贝尼多会修士。这辆车是不是劫走了公主，我们也不知道。"

堂吉诃德喝道："我不吃这套花言巧语！我看破你们是撒谎的混蛋！"

他不等人家答话，踢动驽骍难得，斜绰着长枪，向前面一个修士直冲上去。他来势非常凶猛，那修士要不是自己滚下骡子，准被撞下地去，不跌死也得身受重伤。第二个修士看见伙伴遭殃，忙踢着他那匹高大的好骡子落荒而走，跑得比风还快。

桑丘瞧修士倒在地下，就迅速下驴，抢到他身边，动手去剥他的衣服。恰好修士的两个骡夫跑来，问他为什么脱人家衣服。桑丘说，这衣服是他东家堂吉诃德打了胜仗赢来的战利品，按理是他份里的。两个骡夫不懂得说笑话，也不懂得什么战利品、什么打仗，他们瞧堂吉诃德已经走远，正和车上的人说话呢，就冲上去推倒桑丘，把他的胡子拔得一根不剩，又踢了他一顿，撇下他直挺挺地躺在地下，气都没了，人也晕过去了。跌倒的修士心惊胆战，面无人色，急忙上骡，踢着骡子向同伴那里跑；逃走的修士正在老远等着，看这番袭击怎么下场。他们不等事情结束，马上就走了，一面只顾在胸前画十字；即使背后有魔鬼追赶，也不必画那么多十字。

上文已经说了，堂吉诃德正在和车上那位夫人谈话呢。他说：

"美丽的夫人啊,您可以随意行动了,我凭这条铁臂,已经把抢劫您的强盗打得威风扫地。您不用打听谁救了您;我省您的事,自己报名吧。我是个冒险的游侠骑士,名叫堂吉诃德·台·拉·曼却;我倾倒的美人是绝世无双的堂娜杜尔西内娅·台尔·托波索。您受恩不用别的报酬,只需回到托波索去代我拜见那位小姐,把我救您的事告诉她。"

有个随车伴送的侍从是比斯盖人,听了堂吉诃德的话,瞧他不让车辆前行,却要他们马上回托波索去,就冲到他面前,一把扭住他的长枪跟他理论,一口话既算不得西班牙语,更算不得比斯盖语,似通非通地说:

"走哇!骑士倒霉的!我凭上帝创造我的起誓:不让车走啊你,我比斯盖人杀死你是真!好比你身在此地一样是真!"⑦

这话堂吉诃德全听得懂。他很镇静地答道:

"你呀,不是个骑士;你要是个骑士,这样糊涂放肆,我早就惩罚了你,你这奴才!"

比斯盖人道:

"我不是绅士⑧?对上帝发誓:你很撒谎!好比我很基督徒一样!如果你长枪放下,拔出来剑,马上可以你瞧瞧,你是把水送到猫儿旁边去呢⑨!陆地上比斯盖人,海上也绅士!哪里都绅士⑩!你道个不字。哼,撒谎你就是!"

堂吉诃德答道:"阿格拉黑斯说的:'你这会儿瞧吧。'"⑪

他把长枪往地下一扔,拔出剑,挎着盾牌,直取那比斯盖人,一心要结果他的性命。比斯盖人因为自己的坐骑是雇来的劣骡子,靠不住;他想要下地,可是瞧堂吉诃德这般来势,什么也顾不及,只有拔剑的工夫,幸亏正在马车旁边,就从车上抢了个垫子,权当盾牌使用,两人就像不共戴天的冤家那样打起来。旁人想劝解,可是不行,比斯盖人用他那种支离破碎的话向大家声明:他们要是不让他把这一仗打到底,他就亲手把女主人杀掉,把所有阻挡他的人都杀掉。车上那位太太看到这种情况,又惊又怕,忙叫车夫把车赶远些,就在那边遥遥观看这场恶战。当时比斯盖人伸手越过堂吉诃德的盾牌,在他肩上狠狠地劈了一剑;要不是他身披铠甲,腰以上早劈做两半了。这一剑好不凶猛,堂吉诃德觉得分量不轻,大喊道:

"啊!我心上的主子、美人的典范杜尔西内娅!你的骑士为了不负你的十全十美,招得大难临头了!请你快来帮忙呀!"

他说着话,一手握剑,一手用盾牌护严身子,直向比斯盖人冲去。说时迟,那时快,他一股猛劲,要一剑劈去立见输赢。

比斯盖人瞧堂吉诃德这股冲劲,看出对手的勇猛,决计照样跟他拼一拼;可是坐下的骡子已经疲乏不堪,况且天生也不是干这种玩意儿的,所以一步也挪移不动,左旋右转都不听使唤,他只好把坐垫护严身子,站定了等候。上文说过,堂吉诃德举剑这机警的比斯盖人,一心要把他劈做两半;比斯盖人也举着剑,把坐垫挡着身子迎候;旁人不知道这两把恶狠狠的剑下会生出什么事来,惴惴不安地等候着;车上那位太太和几个侍女只顾向西班牙所有的神像和礼拜堂千遍万遍地许愿,求上帝保佑这侍从和她们自己逃脱当前这场大难。可是偏偏在这个紧要关头,作者把一场厮杀半中间截断了,推说堂吉诃德生平事迹的记载只有这么一点。当然,这部故事的第二位作者绝不信这样一部奇书会被人遗忘,也不相信拉·曼却的文人对这位著名骑士的文献会漠不关心,让它散失。因此他并不死心,还想找到这部趣史的结局。靠天保佑,他居然找到了。如要知道怎么找到的,请看本书第二卷⑫。

(杨绛　译)

①一哩瓦合 6.4 公里。

②希腊神话里和神道作战的巨人,有一百条手臂。

③因为在马德里到塞维利亚的大道上。

④骑士规则第九条:"骑士不论受到什么伤,不得哼痛。"

⑤玛拉咖的酒是著名的。

⑥西班牙人旅行用的面罩,上面安着护眼的玻璃,防尘土入目,也防太阳晒脸。

⑦关于比斯盖人这句话的意义,注释家众说纷纭,这里是根据马林注本的解释翻译的。

⑧原文双关,又指骑士,又指绅士。堂吉诃德指的是骑士,比斯盖人指的是绅士。

⑨西班牙谚语"送猫儿下水"指一桩非常难办的事,因为猫儿是不肯下水的。比斯盖人恼怒中把谚语说颠倒了。

⑩西班牙人只要是比斯盖世家子弟,就是贵族。

⑪ 阿格拉黑斯是《阿马狄斯·台·咖乌拉》里的人物,每当他拔剑在手,总说:"你这会儿瞧吧。"这句话变成了谚语。

⑫ 一般骑士小说往往在故事的紧要关头截住,叫读者等"下回分解"。塞万提斯故意模仿这种手法。他原先把第一部分分作四卷,但后来改变了这种分法。

阅读提示

《堂吉诃德》全名《拉·曼却的机敏骑士堂吉诃德传》,塞万提斯在前言中自嘲这是"监狱里诞生的孩子",小说描写了堂吉诃德三次游侠的故事。塞万提斯创作这部作品的目的是要"把骑士文学的可恶的地盘完全捣毁",小说出版不久,西班牙的骑士小说果然销声匿迹了。骑士小说从 13 世纪起就在欧洲流行,主要歌颂封建骑士的冒险事迹和爱情故事,具有浓厚的浪漫色彩。但这类作品中的人物性格缺乏真实感,文字矫揉造作,故作高雅,在后来的发展中质量越来越差,粗制滥造、平庸拙劣、千篇一律,人物呈模式化,情节荒诞离谱,严重阻碍了西班牙人文主义文学的发展,所以,消灭骑士小说势在必行。小说广泛真实地描写了 16 世纪末 17 世纪初的西班牙社会生活,通过堂吉诃德这一形象,表达了作家向往平等、自由、幸福的人文主义理想,表现了作家对生活、历史、社会的深刻体验和思考。由此可见,这部小说的思想意义已经远超出了作者所申明的创作意图。

作品最成功的地方在于主人公堂吉诃德的塑造。在这个人物身上,荒诞与严肃、平庸与高尚、悲剧性与喜剧性等诸多矛盾、复杂的因素完美地融合在一起,令其充满了艺术张力。受骑士小说毒害太深的堂吉诃德,整个世界在他眼里是变了形的。满脑子稀奇古怪的想法,完全脱离了现实,活在一个纯粹的自我世界里,一本正经地干着自认为正确的事,出尽了洋相、闹尽了笑话,成了一个典型的夸张滑稽的喜剧人物。然而,堂吉诃德并不是一个头脑简单、幼稚的喜剧角色,在他的心中其实拥有远大的理想和抱负,每一次的可笑行为皆是为了心中伟大的理想。他总是以铲除人间不平为己任,坚定不移地为理想冲锋陷阵,执着于他的信仰,他身上拥有的美好的人格力量足以震撼所有人。堂吉诃德俨然是一个永不妥协的斗士,一个纯粹的理想主义者。然而,这样一个带有自发性的理想主义者却生活在社会意识形态与之完全背离的时代,这就不得不注定了他的悲剧性。堂吉诃德的悲剧虽然与他的性格有关,执着,不容易被他人劝服,这种性格当中的执拗因素一旦与整个社会相冲突,悲剧是在所难免的。而更大的悲剧则来源于他所处的那个时代。在特定的社会里,堂吉诃德以救世主的身份妄图用一己之力摧毁一个千疮百孔的旧世界,创造一个平等友爱的新世界,但根深蒂固的旧思想、旧文化、旧制度并非能轻易被撼动。纵观历史,任何个人反抗在强大的统治集团面前都显得孱弱无力并被无情绞杀,人类历史社会发展规律决定了统治阶层对付异己的手段是如此惊人的一致。堂吉诃德纵然全身心浸透着对理想的忠诚,但终究还是沦为一个悲剧人物。

堂吉诃德这一形象兼具个人性格和时代的悲剧色彩,他对绝望的悲剧性反抗是社会进步不可或缺的原动力,所以,至今仍熠熠生辉。

拓展训练

1."如果人人都像堂吉诃德,世界也许会垮掉;但如果我们之中没有堂吉诃德,那世界一定完蛋。"就这句话谈谈你的看法。

2.文学创作理论与实践的问题一直是现当代作家最关心的问题,塞万提斯在《堂吉诃德》中巧妙处理了文学虚构与现实、创作与阅读的问题,为现代小说创作做出了贡献,你能结合作品谈谈吗?

阅读推荐

1.米盖尔·德·塞万提斯·萨阿维德拉:《堂吉诃德》(上下),杨绛译,人民文学出版社2015年版。

2.陈众议:《塞万提斯研究文集》,译林出版社2014年版。

3.米盖尔·德·塞万提斯·萨阿维德拉:《塞万提斯全集》(1—8卷),杨绛译,人民文学出版社2018年版。

威尼斯商人(节选)

莎士比亚

莎士比亚(1564—1616),是16世纪后半叶到17世纪初英国最著名的作家(本·琼斯称他为"时代的灵魂"),也是欧洲文艺复兴时期人文主义文学的集大成者。他共写有37部戏剧,154首十四行诗,两首长诗和其他诗歌。长诗《维纳斯与阿多尼斯》和《鲁克丽丝受辱记》均取材于罗马诗人维奥维德吉尔的著作,主题是描写爱情不可抗拒以及谴责违背"荣誉"观念的行为。十四行诗多采用连续性的组诗形式,主题是歌颂友谊和爱情。其主要成就是戏剧,按时代、思想和艺术风格的发展,可分为早(人文主义)、中(批判现实主义)、晚(浪漫主义)三个时期。马克思称莎士比亚为"人类最伟大的天才之一"。恩格斯盛赞其作品的现实主义精神与情节的生动性、丰富性。莎氏的作品几乎被翻译成世界各种文字。

第四幕

第一场　威尼斯·法庭

公爵、众绅士、安东尼奥、巴萨尼奥、葛莱西安诺、萨拉里诺、萨莱尼奥及余人等同上。

公爵:安东尼奥有没有来?

安东尼奥:有,殿下。

公爵:我很替你难过;你是来跟一个心如铁石的对手当庭质对,一个不懂得怜悯、没有一丝慈悲心的不近人情的恶汉。

安东尼奥:听说殿下曾经用尽力量劝他不要过为已甚,可是他一味坚持,不肯略作让步。既然没有合法的手段可以使我脱离他怨毒的掌握,我只有用默忍迎受他的愤怒,安心等待着他残暴的处置。

公爵:来人,传那犹太人到庭。

萨拉里诺:他在门口等着;他来了,殿下。

夏洛克上。

公爵:大家让开些,让他站在我的面前。夏洛克,人家都以为你不过故意装出这一副凶恶的姿态,到了最后关头,就会显出你的仁慈恻隐来,比你现在这种表面上的残酷更加出人意料;现在你虽然坚持着照约处罚,一定要从这个不幸的商人身上割下一磅肉来,但是到了那时候,你不但愿意放弃这一种处罚,而且因为受到良心上的感动,说不定还会豁免他一部分的欠款。人家都是这样说,我也是这样猜想着。你看他最近接连遭逢的巨大损失,足以使无论怎样富有的商人倾家荡产,即使铁石一样的心肠,从来不知道人类同情的野蛮人,也不能不对他的境遇发生怜悯。犹太人,我们都在等候你一句温和的回答。

夏洛克：我的意思已经向殿下告禀过了；我也已经指着我们的圣安息日起誓，一定要照约执行处罚；要是殿下不准许我的请求，那就是蔑视宪章，我要到京城里去上告，要求撤销贵邦的特权。您要是问我为什么不愿接受三千块钱，宁愿拿一块腐烂的臭肉，那我可没有什么理由可以回答您，我只能说我喜欢这样，这算不算一个回答？要是我的屋子里有了耗子，我高兴出一万块钱叫人把它们赶掉，谁管得了我？这不是回答了您吗？有的人不爱看张开嘴的猪，有的人瞧见一头猫就要发脾气，还有人听见人家吹风笛的声音，就忍不住要小便；因为一个人的感情完全受着喜恶的支配，谁也做不了自己的主。现在我就这样回答您：为什么有人受不住一头张开嘴的猪，有人受不住一只有益无害的猫，还有人受不住咿咿唔唔的风笛的声音，这些都是毫无充分的理由的，只是因为天生的癖性，使他们一受到刺激，就会情不自禁地现出丑相来；所以我不能举什么理由，也不愿举什么理由，除了因为我对于安东尼奥抱着久积的仇恨和深刻的反感，所以才会向他进行这一场对于我自己并没有好处的诉讼。现在您不是已经得到我的回答了吗？

巴萨尼奥：你这冷酷无情的家伙，这样的回答可不能作为你的残忍的辩解。

夏洛克：我的回答本来也不是为了讨你的欢喜。

巴萨尼奥：难道人们对于他们所不喜欢的东西，都一定要置之死地吗？

夏洛克：哪一个人会恨他所不愿意杀死的东西？

巴萨尼奥：初次的冒犯，不应该就引为仇恨。

夏洛克：什么！你愿意给毒蛇咬两次吗？

安东尼奥：请你想一想，你现在跟这个犹太人讲理，就像站在海滩上，叫那大海的怒涛减低它奔腾的威力，责问豺狼为什么害母羊为了失去它的羔羊而哀啼，或是叫那山上的松柏，在受到天风吹拂的时候，不要摇头摆脑，发出簌簌的声音。要是你能够叫这个犹太人的心变软——世上还有什么东西比它更硬呢？——那么还有什么难事不可以做到？所以我请你不用再跟他商量什么条件，也不用替我想什么办法，让我痛痛快快地受到判决，满足这犹太人的心愿吧。

巴萨尼奥：借了你三千块钱，现在拿六千块钱还你好不好？

夏洛克：即使这六千块钱中间的每一块钱都可以分做六份，每一份都可以变成一块钱，我也不要它们；我只要照约处罚。

公爵：你这样没有一点儿慈悲之心，将来怎么能够希望人家对你慈悲呢？

夏洛克：我又不干错事，怕什么刑罚？你们买了许多奴隶，把他们当作驴狗骡马一样看待，叫他们做种种卑贱的工作，因为他们是你们出钱买来的。我可不可以对你们说，让他们自由，叫他们跟你们的子女结婚？为什么他们要在重担之下流着血汗呢？让他们的床铺得跟你们的床同样柔软，让他们的舌头也尝尝你们所吃的东西吧，你们会回答说："这些奴隶是我们所有的。"所以我也可以回答你们：我向他要求的这一磅肉，是我出了很大的代价买来的；它是我的所有，我一定要把它拿到手里。您要是拒绝了我，那么你们的法律根本就是骗人的东西！我现在等候着判决，请快些回答我，我可不可以拿到这一磅肉？

公爵：我已经差人去请培拉里奥，一位有学问的博士，来替我们审判这件案子了；要是他今天不来,我可以有权宣布延期判决。

萨拉里诺:殿下,外面有一个使者刚从帕度亚来,带着这位博士的书信,等候着殿下的召唤。

公爵:把信拿来给我;叫那使者进来。

巴萨尼奥:高兴起来吧,安东尼奥! 喂,老兄,不要灰心! 这犹太人可以把我的肉、我的血、我的骨头、我的一切都拿去,可是我决不让你为了我的缘故流一滴血。

安东尼奥:我是羊群里一头不中用的病羊,死是我的应分,最软弱的果子最先落到地上,让我也就这样结束了我的一生吧。你应当继续活下去,巴萨尼奥;我的墓志铭除了你以外,是没有人写得好的。

尼莉莎扮律师书记上。

公爵:你是从帕度亚培拉里奥那里来的吗?

尼莉莎:是,殿下。培拉里奥叫我向殿下致意。(呈上一信。)

巴萨尼奥:你这样使劲儿磨着刀干吗?

夏洛克:从那破产的家伙身上割下那磅肉来。

葛莱西安诺:狠心的犹太人,你的刀不应该放在你的靴底磨,应该放在你的灵魂里磨,那样才磨得锐利;就是刽子手的钢刀,也赶不上你刻毒的心肠厉害。难道什么恳求都不能打动你吗?

夏洛克:不能,无论你说得多么婉转动听,都没有用。

葛莱西安诺:万恶不赦的狗,看你死后不下地狱! 让你这种东西活在世上,真是公道不生眼睛。你简直使我的信仰发生动摇,相信起毕达哥拉斯所说畜生的灵魂可以转生人体的议论来了;你的前生一定是一只豺狼,因为吃了人给人捉住吊死,它那凶恶的灵魂就从绞架上逃了出来,钻进了你那老娘腌臜的胎里,因为你的性情正像豺狼一样残暴贪婪。

夏洛克:除非你能够把我这一张契约上的印章骂掉,否则像你这样拉开了喉咙直嚷,不过白白伤了你的肺,何苦来呢? 好兄弟,我劝你还是修养修养你的脑子吧,免得它将来一起毁坏得不可收拾。我在这儿要求法律的裁判。

公爵:培拉里奥在这封信上介绍一位年轻有学问的博士出席我们的法庭。他在什么地方?

尼莉莎:他就在这儿附近等着您的答复,不知道殿下准不准许他进来?

公爵:非常欢迎。来,你们去三四个人,恭恭敬敬地领他到这儿来。现在让我们把培拉里奥的来信当庭宣读。

书记:(读)"尊翰到时,鄙人抱疾方剧;适有一青年博士鲍尔萨泽君自罗马来此,致其慰问,因与详讨犹太人与安东尼奥一案,遍稽群籍,折衷是非,遂恳其为鄙人庖代,以应殿下之召。凡鄙人对此案所具意见,此君已深悉无遗;其学问才识,虽穷极赞辞,亦不足道其万一,务希勿以其年少而忽之,盖如此少年老成之士,实鄙人生平所仅见也。倘蒙延纳,必能不辱使命。敬祈钧裁。"

《威尼斯商人》节选

公爵:你们已经听到了博学的培拉里奥的来信。这来的大概就是那位博士了。

鲍西娅扮律师上。

187

(朱生豪　译)

阅读提示

《威尼斯商人》是莎士比亚早期作品,当时的英国女皇伊丽莎白一世借助工商业者和新贵族的力量打败西班牙的无敌舰队,使英国国内经济迅速发展,国力得到极大的增强,在此期间莎士比亚的作品充满了乐观主义情绪和人文主义精神。莎士比亚作为英国文艺复兴时期的代表作家,这一时期他试图通过自己的作品去反映人文主义精神,并坚信人文主义可以实现。我们知道欧洲文艺复兴时期的文人和艺术家把"人文主义"作为自己的思想武器,他们张扬自我,在作品中竭尽全力地去追求自由和平等,提倡人性的解放,《威尼斯商人》正是这样一部作品。莎士比亚在《威尼斯商人》中,着力抒写了友谊、爱情、自由、正义等要素,充满了人文主义情怀。

安东尼奥在自己遇到困难没有钱的情况下,为了帮助朋友巴萨尼奥娶到心仪的富家小姐鲍西娅,不惜冒着风险向夏洛克借钱并签下一张可能因此丧命的借据。"急人之所急""为朋友两肋插刀"在安东尼奥看来太正常不过了,正如他所说的,"哪有朋友之间通融几个臭钱也要斤斤计较地计算利息的道理?"当安东尼奥遭遇困难,无法按期归还债务,面临割肉的危险时,他既没有去问朋友要钱,也没有逃跑躲避,而是坦然接受。巴萨尼奥为了为救自己而身处险境的朋友安东尼奥,不但愿意出十倍的钱替他偿还债务,甚至愿意代替朋友受刑,甚至说道,"我爱我的妻子,就像我自己的生命一样;可是我的生命、我的妻子以及整个的世界,在我的眼中都不比你的生命更为贵重;我愿意丧失一切,把它们献给这恶魔做牺牲,来救出你的生命"。从中我们可以看到两个人格伟大的朋友之间的友谊是何等高贵,在这里友谊战胜了金钱!

富家小姐鲍西娅面对父亲的遗命"三个匣子"决定自己爱情的问题,她没有选择屈从于命运的安排,而是巧妙地运用了自己的智慧拒绝了那些所谓"出身高贵"的追求者。她让自己心仪之人巴萨尼奥选中装有自己相片的匣子,还阔气地出手帮助爱人带钱去救出朋友。在这里我们可以看见,真挚的爱情战胜了世俗礼法和封建的束缚。

庄子的《逍遥游》中"大鹏"的形象千百年来为人们称道,是因为"大鹏"的形象反映了人对自由的渴望。《威尼斯商人》中的两段爱情(巴萨尼奥和鲍西娅的爱情以及罗兰佐和杰西卡的爱情)也反映了人性对自由的渴望,他们渴望自己掌控自己的命运,选择自己喜欢的人,特别是对于中世纪的欧洲女性而言,她们摆脱家庭的束缚的愿望表现得更加强烈。故事完美结局也宣告了自由的最终胜利。

安东尼奥多次痛斥夏洛克的自私贪婪,自己则慷慨大方、乐于助人,并拒绝像夏洛克一样放高利贷。两者对立见高下,莎士比亚有意美化安东尼奥的形象并让他成为正义的化身和邪恶的夏洛克相对抗。最终鲍西娅女扮男装当上法官,运用自己的智慧拿起法律的武器,解救了安东尼奥,还严惩了贪婪的夏洛克,让正义得以彰显。

拓展训练

1. 在这个特殊的历史时期,《威尼斯商人》中的安东尼奥与夏洛克矛盾冲突的实质是什么?

2.夏洛克开始为了讨好鲍西娅,用了哪些动人的词语? 其目的是什么?

3.莎士比亚在作品中极力讴歌鲍西娅这一女性角色,鲍西娅这一女性角色有何特点,具有何代表意义?

4.请从法律角度解读一下《威尼斯商人》中安东尼奥与夏洛克合约的有效性和鲍西娅审判结果的合理性。

阅读推荐

1.莎士比亚:《莎士比亚全集》,朱生豪译,时代文艺出版社 2017 年版。

2.彼得·阿克罗伊德:《莎士比亚传》,覃学岚等译,北京师范大学出版社 2014 年版。

3.刘丽霞:《艾汶河畔的天鹅》,河北人民出版社 1999 年版。

4.莎士比亚:《莎士比亚的十四行诗》,梁宗岱译,华东师范大学出版社 2016 年版。

竞选州长

马克·吐温

马克·吐温(1835—1910),美国作家,本名塞缪尔·朗赫恩·克莱门斯,马克·吐温是其笔名。他出生于密西西比河畔小城汉尼拔的一个乡村贫穷律师家庭,从小出外拜师学徒。当过排字工人,密西西比河水手、南军士兵,还经营过木材业、矿业和出版业,但有效的工作是当记者和写作幽默文学。

马克·吐温是美国 19 世纪到 20 世纪批判现实主义文学的奠基人,世界著名的短篇小说大师。他经历了美国从"自由"资本主义到帝国主义的发展过程,其思想和创作也表现为从轻快调笑到辛辣讽刺再到悲观厌世的发展阶段。马克·吐温一生写了大量作品,题材涉及小说、剧本、散文、诗歌等各方面,被誉为"美国文学中的林肯"。

几个月以前,我被提名为独立党的纽约州州长候选人,同斯图尔特·L.伍德福特先生以及约翰·T.霍夫曼先生竞选。我总觉得同两位先生相比,我的显著长处是声望还好。从报上很容易看出,即便两位先生也知道了珍惜自己名声的好处,那也已经晚了。最近几年,他们已经习惯于干尽各种无耻的罪行。不过,就在我颇为自己的长处而由衷欣喜、暗自得意之时,却有一股令人不愉快的深暗浊流在我内心深处"骚动"——我总是听到我的名字居然同这些人的名字一起被人议论,到处传播,这使我越来越不安。于是我给祖母写信,报告了这件事情。我很快收到她的回信,她直截了当地告诉我:"你平生从没干过一桩可耻的事——从来没有。看看报纸——你就明白,伍德福特和霍夫曼这两位先生是何等货色,你应该想一想你自己是否宁愿将自己降至他们的水平,和他们公开竞选。"

这正是我的想法呀!那天晚上我一夜未眠,但无论如何我也不能就此作罢。既然我已经完全卷进漩涡,那么即使破釜沉舟,也得同他们继续这场斗争了。

我边吃早餐,边懒洋洋地浏览报纸,突然看到一段报道,老实说,我大为震惊,这种情况我以前从未有过:

"伪证罪——马克·吐温先生现在既然已在公众面前公开竞选州长,也许,他会赏个面子向公众解释一下他如何犯下伪证罪的经过。此事已于一八六三年在交趾支那瓦卡瓦克被三十四名证人证明,他正欲强夺当地一位土著寡妇和她那无依无靠的儿女惟一赖以勉强糊口的一小块贫瘠的香蕉园。为了不辜负那些投票支持他的公众的信任,马克·吐温先生应当澄清此事真相。他是否会照办呢?"

我愣住了。简直气炸了!这种诬蔑太残酷无情了。我这一辈子从未到过交趾支那!我压根儿没听说过有这个地方!我甚至不知道什么香蕉园,正如我不知道它和袋鼠有什么区别一样!我不知所措,我气得要命,简直要神经错乱了。我没心思做任何事情,就这样过了一天。第二天早晨，同一家报纸上对此事的报道登着这么一句——其他事只字未提：

"耐人寻味——诸位必定已注意到，马克·吐温先生至今仍对交趾支那那件伪证案保持沉默，似其本人有难言之隐。"

〔附注：至此，在竞选活动期间，这家报纸只要一提到我，惟一的称呼便始终是"欺世盗名的伪证犯吐温"。〕

其次，《新闻报》对此事这样写道：

"敬请说明——新任本届州长候选人吐温先生是否愿意对广大市民（他们正急不可耐，要投他的票）赐予解释以下一事，以释群疑：在蒙大那期间与他同住一屋的伙伴们常常遗失一些贵重小物品，而这些东西后来居然都在吐温先生身上或他的"箱子"（他用来包卷他身边物品的报纸）里发现了。为了帮助他改过自新，大家只好友善地对他告诫一番，替他浑身涂上柏油，粘上羽毛，让他在横杆上'坐木杠'，然后奉劝他把铺位让出来，永远别再回来。这究竟是怎么回事，此事吐温先生愿意说明吗？"

世上难道还有什么比这种谎言更险恶的吗？我这一辈子还从没到过蒙大那州呢。

〔自此以后，这家报纸便以此为据，把我叫做"蒙大那小偷吐温"。〕

从此，一拿起报纸，我就提心吊胆——这就像你想睡觉，却怕一揭开毯子，下面会有一条响尾蛇似的。有一天，我看到又一则消息：

"谎言被揭穿了！——据五点区的迈克尔·奥弗兰根先生和沃特街的吉特·彭期斯先生以及约翰·艾伦先生的宣誓证词，现已证实马克·吐温先生曾诬蔑我党德高望重的领袖约翰·霍夫曼已故的祖父由于拦路抢劫罪而被处以绞刑。这一谎言极其卑劣、恶毒，纯属无稽之谈。为了在政界上出人头地，他居然诽谤死者，用无耻手段去诋毁去玷污他们的英名，这不能不使任何正直的人看了痛心。这种卑鄙谎言必定会使死者清白无辜的家属、朋友无比悲痛，而我们也难以平静，真想鼓动起愤怒满腔和受到侮辱的公众断然对诽谤者进行非法的报复。但是，我们并不打算这样做！还是让他备受良心的谴责而内疚、痛苦吧。（不过，倘若公众义愤难平，让感情占了上风，贸然行事，以致对诽谤者进行人身伤害，那么对于闹事者，陪审员是不会给这些激于义愤的人定罪的，法院也不会对他们加以处罚。）"

最后那句话真绝了，果然大起作用。当天夜里，就有一群"愤怒满腔和受到侮辱的公众"从前门闯入，吓得我立刻从床上爬起来，从后门逃走。这些人一进门个个义愤难平，气势汹汹，他们毁坏了家具和窗户，走时还把能拿走的财物一齐卷走。尽管如此，我还是敢把手按在《圣经》上发誓，我从来没诽谤过霍夫曼州长的祖父，而且，直到这以前，我对此人一无所知，而且从没听说过他。

〔顺便说一句，从那以后，登载这一消息的这家报纸便称我为"盗尸犯吐温"。〕

另一份报纸上的一篇文章也引起了我的注意，全文如下：

"好一个体面的候选人——马克·吐温先生原定于昨晚在独立党的集会上作一次诋毁其竞争对手的演说，但是他却未准时到场！他的医生发来一个电报声称他被一辆疾驰的马车撞倒，腿部两处受伤——卧倒在床，备受苦痛……此类谎言恕不一一援引。独立党党员极力试图相信这一骗人的托词。假装不知道他们提名为候选人的这个行为放浪之徒为何未到会的真正原因。"

事实是，昨晚有一个人烂醉如泥，跟跟跄跄地走进了吐温先生住的旅馆；独立党党员们应该义不容辞，敢于证明那个人事不醒的酒鬼并非马克·吐温本人；我们这次到底把他们难住了！此事不容闪烁其词。公众呼声如雷，要求回答："那个人究竟是谁？"

真不可思议,绝对难以置信,看到这篇文章,我当时的确这样想过。因为,我已经整整三年没尝过一口麦酒、啤酒、葡萄酒以及任何别的什么酒了。

〔这家报纸次日便立刻称呼我为"酒鬼吐温先生",仿佛这一绰号是我求之不得的。回想起来,我当时看了居然毫不气恼——即使我明知这家报纸肯定不会罢休,还会这样继续称呼我——由此可见,当时的局势对我的影响之大。〕

从这之后,匿名信在我收到的信中占有极大比重。一般是这样写的:

"那个在你家门前乞讨、被你一脚踢开的老太婆,现在怎么样?好管闲事者"

也有来信这样写:

"你干的事情,别人不知,我却了如指掌。你最好识相一点,快孝敬老子几块钱,否则,将有一位大爷在报上跟你过不去。"

匿名信的内容大概如此。如果诸位有兴趣再看的话,我可以再写下去,直到大家厌烦为止。

不久,共和党的主要报纸又"指控"我是特大贿赂犯;而民主党的主要报纸则给我"定"罪,声称一桩性质严重的讹诈案是我所为。

〔就这样,我又荣获两个称号:"卑鄙的贿赂犯吐温"和"臭不可闻的讹诈犯吐温"。〕

这时候,公众呼声日益高涨,要求我"答复"那些针对我的一切可怕的指控。以致我们党的报刊主编和领袖们也都认为,倘若我仍保持缄默,就会毁掉我的政治前程。仿佛有意要使这种控诉显得更加有力似的,就在第二天,一家报纸又登出了以下一则:

"注意这个角色!——独立党的候选人至今仍缄默无话。因为他根本不敢答复。一切对他的指控都是通过充分证实了的;而且他本人的沉默不可辩驳地一次又一次证明他确实犯下了这些罪行;现在,他休想翻案。独立党的党员们,请看你们的这位候选人!盯住这位可耻下流的伪证犯!这位蒙大那小偷!这位盗尸犯!睁大眼睛看看你们这位酗酒成性的代言人!你们的这位肮脏的贿赂犯!你们的这位臭气熏天的讹诈犯!紧紧盯住他——想一想他的所作所为——这家伙可真是恶贯满盈,获得了这么一大串不光彩的称号,可却闭口无言,一条也不敢否认,你们是否还打算相信这家伙,把选票投给他!"

简直无法从这样一种困境中脱身,我只好在蒙受这奇耻大辱之余,开始准备"回复"这一大堆无中生有的指控和拙劣卑鄙的谎言。可这事我始终未能如愿,因为次日上午另一家报纸披露了一桩新的耸人听闻的案件,又一次对我进行恶毒诽谤,严厉地指控我纵火烧毁了一家精神病院,把里面的病人都烧死了,其原因是它们影响了我家周围的环境。我万分恐慌,接着,另一指控接踵而至,竟说我毒死了我的叔父,其目的是为了独吞他的财产,为此他们强烈要求立即掘坟验尸。这真是要逼得我发疯。仿佛这一切还嫌不够刺激似的,我又被指控,说我在担任育婴院院长时,曾经雇佣过连牙齿都没有的、又老又蠢的亲戚做饭。我开始动摇了——愈来愈失去自信心。最后,由于党派之间不择手段的残酷斗争而引至我身上的无耻迫害不可避免地自然发展到最高潮:九个肤色各异,刚刚学会走路的小孩,身穿破烂衣服,在别人的指使下,冲上群众集会讲台,抱着我的双腿不放,一个劲地叫我"爸爸"!

我退出竞选。我偃旗息鼓,甘拜下风。我没有资格去竞选纽约州长,于是,我呈上一份放弃竞选的声明书,并且由于满怀懊恼,信末签上了这样的名字:

"你忠实的朋友——从前是体面的人,可现在成了欺世盗名的伪证犯、小偷、盗尸犯、酒鬼、卑鄙的贿赂犯和臭不可闻的讹诈犯马克·吐温。"

(杨栋　译)

注　释

①坐木杠,是当时美国的一种私刑。把认为犯有罪行的人绑住,身上涂上柏油,粘上羽毛,让他跨坐在一根木棍上,抬着他游街示众。

阅读提示

《竞选州长》首次发表于1870年,是马克·吐温创作早期的作品。当时美国的南北战争已经结束,代表自由资本主义的北方取得了胜利,国家恢复统一,国内经济得到迅速发展,垄断资本主义逐渐形成,并进一步控制了国家权力,国家的民主政治主要体现为两党制(总统和各州州长都由民主党和共和党选举产生)。民主党和共和党为获取选票,一方面给选民许以种种美好的承诺,另一方面不惜造谣中伤对手。此时的马克·吐温在报社已经当了一段时间的记者,对美国政客这种利用报纸制造舆论误导民众作为竞选手段的做法已经非常熟悉,而这篇小说正是取材于此。小说采用了第一人称的手法,以"我"作为全文的主人公,讲述自己糟糕的竞选经历。这种手法既便于故事的叙述,又能让整个故事真实可信,同时也便于剖析主人公的心理活动,吐露真相获得读者的理解和同情。故事中"我"本来是一个清白没有污点的独立党竞选人,而我们知道美国的政治社会从总统候选人到州长候选人都是从民主党和共和党中产生,其实从这里我们就可以知道"我"参与竞选的结果注定是失败的。小说中自以为名声很好的"我"面对两个声名狼藉的竞争对手可谓是信心十足。可令人万万没有想到的是随着报纸不断地给出不实报道,先后诬陷"我"作伪证、偷窃、盗尸、酗酒、贿赂、诈骗、纵火、谋财害命和以权谋私,"我"被置于舆论的风口浪尖,这一切不仅让"我"声名扫地并成为众矢之的,更令"我"惶惶不可终日。最后,竟然还有九个不同肤色的孩子喊"我"爸爸。或许是因为"我"软弱可欺,又或许是因为"我"本来就没有什么背景,"我"面对对手的咄咄攻势,最终选择了缴械投降,宣布退出选举。整个故事中作者虽然没有明说,但读者都能感受到操纵这一切的幕后黑手就是"我"的竞选对手。从"我"竞选的失败可以看到,美国政治社会中满身污点、名声败坏的政客们,为了赢得竞选胜利会去操纵报纸舆论肆意地攻击、诋毁他人。这就是美国民主政治的缩影,所谓的民主选举都只不过是一场闹剧而已。直到现在,美国社会无论是总统选举还是州长选举,都离不开电视、报纸、网络等各种媒体手段。马克·吐温以自己敏锐的视角捕捉到了这一切,并用自己熟悉的方式表达出来。马克·吐温的诸多作品都是建立在对现实生活的批判之上的,《竞选州长》正是这样一部作品,因此马克·吐温不愧为美国19世纪批判现实主义作家。

拓展训练

1.《竞选州长》这篇小说结构上没有具备一般小说的故事情节、典型环境、出场人物,请思考一下这篇小说结构的奇特之处。

2.有人说幽默源于生活,《竞选州长》中的幽默讽刺有着怎样的现实意义?

3.有人说《竞选州长》告诉我们,在当今新媒体横行的年代要时刻保持清醒的头脑去辨别真假信息,你是否被虚假的信息迷惑过?

阅读推荐

1.马克·吐温:《马克·吐温中短篇小说集》,曹润宇译,北方文艺出版社 2013 年版。

2.马克·吐温:《汤姆·索亚历险记》,桂裕芳译,北京联合出版公司 2014 年版。

3.马克·吐温:《马克·吐温自传》,谢淼译,长江文艺出版社 2016 年版。

麦琪的礼物

欧·亨利

欧·亨利(1862—1910),原名威廉·西德尼·波特,美国短篇小说家、美国现代短篇小说创始人,与莫泊桑、契诃夫并称世界三大短篇小说之王。欧·亨利的经历比较丰富,从事过许多工作:药房学徒、牧羊人、歌手、药剂师、记者、银行出纳员、专栏作家等,因为经济原因坐过牢。1899年用笔名"欧·亨利"发表了短篇小说《口哨大王迪克的圣诞袜》,开始受文坛关注。欧·亨利创作了大约三百多部短篇小说,描写小人物、强盗、骗子等,用诙谐幽默的笔法较为全面地反映了美国社会尤其是底层普通民众的生活,被誉为是"美国生活的幽默百科全书"。

一块八毛七分钱。全在这儿了。其中六毛还是一分一分铜子儿凑起来的。这些铜子儿是每一次一个、两个向杂货铺、菜贩和肉店老板那儿死乞白赖地硬扣下来的;人家虽然没有明说,自己总觉得这种掂斤播两的交易未免太吝啬,当时脸都臊红了。德拉数了三遍。数来数去还是一块八毛七分钱,而第二天就是圣诞节了。

除了倒在那张破旧的小榻上号哭之外,显然没有别的办法。德拉就那样做了,这使一种精神上的感慨油然而生,认为人生是由啜泣、抽噎和微笑组成的,而啜泣占了其中绝大部分。

这个家庭的主妇渐渐地从第一阶段退到第二阶段,我们不妨抽空儿来看看这个家吧。一套带家具的公寓,房租每星期八块钱。虽不能说是绝对难以形容,其实跟贫民窟也相去不远。

下面的门廊里有一个信箱,但是永远不会有信件投进去;还有一个电钮,除非神仙下凡才能把铃按响。那里还贴着一张名片,上面印有"詹姆斯·迪林汉·扬先生"几个字。

"迪林汉"这个名号是主人先前每星期挣三十块钱得法的时候,一时高兴,加在姓名之间的。现在收入缩减到二十块钱,"迪林汉"几个字看来就有些模糊,仿佛它们正在郑重考虑,是不是缩成一个质朴而谦逊的"迪"字为好。但是每逢詹姆斯·迪林汉·扬先生回家上楼,走进房间的时候,詹姆斯·迪林汉·扬太太——就是刚才已经介绍给各位的德拉——总是管他叫做"吉姆",总是热烈地拥抱他。那当然是很好的。

德拉哭了之后,在脸颊上扑了些粉。她站在窗子跟前,呆呆地瞅着外面灰蒙蒙的后院里,一只灰猫正在灰色的篱笆上行走。明天就是圣诞节了,她只有一块八毛七分钱来给吉姆买一件礼物。好几个月来,她省吃俭用,能攒起来的都攒了,可结果只有这一点儿。一星期二十块钱的收入是不经用的。支出总比她预算的要多。总是这样的。只有一块八毛七分钱来给吉姆买礼物。她的吉姆。为了买一件好东西给他,德拉自得其乐地筹划了好些日子。要买一件精致、珍奇而真有价值的东西——够得上为吉姆所有的东西固然很少,可总得有些相称才成呀。

房里两扇窗子中间有一面壁镜。诸位也许见过房租八块钱的公寓里的壁镜。一个非常瘦小灵活的人,从一连串纵的片段的影像里,也许可以对自己的容貌得到一个大致不差的概念。德拉全凭身材苗条,才精通了那种技艺。

她突然从窗口转过身,站在壁镜面前。她的眼睛晶莹明亮,可是她的脸在二十秒钟之内却失色了。她迅速地把头发解开,让它披落下来。

且说,詹姆斯·迪林汉·扬夫妇有两样东西特别引为自豪,一样是吉姆三代祖传的金表,另一样是德拉的头发。如果示巴女王①住在天井对面的公寓里,德拉总有一天会把她的头发悬在窗外去晾干,使那位女王的珠宝和礼物相形见绌。如果所罗门王②地下室堆满金银财宝、所罗门王又是守门人的话,每当吉姆路过那儿,准会摸出金表,好让那所罗门王忌妒得吹胡子瞪眼睛。

这当儿,德拉美丽的头发披撒在身上,像一股褐色的小瀑布,奔泻闪亮。头发一直垂到膝盖底下,仿佛给她铺成了一件衣裳。她又神经质地赶快把头发梳好。她踌躇了一会儿,静静地站着,有一两滴泪水溅落在破旧的红地毯上。

她穿上褐色的旧外套,戴上褐色的旧帽子。她眼睛里还留着晶莹的泪光,裙子一摆,就飘然走出房门,下楼跑到街上。

她走到一块招牌前停住了,招牌上面写着:"莎弗朗妮夫人——专营各种头发用品"。德拉跑上一段楼梯,气喘吁吁地让自己定下神来。那位夫人身躯肥大,肤色白得过分,一副冷冰冰的模样,同"莎弗朗妮"③这个名字不大相称。

"你要买我的头发吗?"德拉问道。

"我买头发,"夫人说。"脱掉帽子,让我看看头发的模样。"

那股褐色的小瀑布泻了下来。

"二十块钱,"夫人用行家的手法抓起头发说。

"赶快把钱给我,"德拉说。

噢,此后的两个钟头仿佛长了玫瑰色翅膀似的飞掠过去。诸位不必理会这种杂凑的比喻。总之,德拉正为了送吉姆的礼物在店铺里搜索。

德拉终于把它找到了。它准是专为吉姆,而不是为别人制造的。她把所有店铺都兜底翻过,各家都没有像这样的东西。那是一条白金表链,式样简单朴素,只是以货色来显示它的价值,不凭什么装潢来炫耀——一切好东西都应该是这样的。它甚至配得上那只金表。她一看到就认为非给吉姆买下不可。它简直像他的为人。文静而有价值——这句话拿来形容表链和吉姆本人都恰到好处。店里以二十一块钱的价格卖给了她,她剩下八毛七分钱,匆匆赶回家去。吉姆有了那条链子,在任何场合都可以毫无顾虑地看看钟点了。那只表虽然华贵,可是因为只用一条旧皮带来代替表链,他有时候只是偷偷地瞥一眼。

德拉回家以后,她的陶醉有一小部分被审慎和理智所替代。她拿出卷发铁钳,点着煤气,着手补救由于爱情加上慷慨而造成的灾害。那始终是一件艰巨的工作,亲爱的朋友们——简直是了不起的工作。

不出四十分钟,她的头上布满了紧贴着的小发鬈,变得活像一个逃课的小学生。她对着镜子小心而苛刻地照了又照。

"如果吉姆看了一眼不把我宰掉才怪呢,"她自言自语地说,"他会说我像是康奈岛游乐场里的卖唱姑娘。我有什么办法呢——唉！只有一块八毛七分钱，叫我有什么办法呢？"

到了七点钟，咖啡已经煮好，煎锅也放在炉子后面热着，随时可以煎肉排。

吉姆从没有晚回来过。德拉把表链对折握在手里，在他进来时必经的门口的桌子角上坐下来。接着，她听到楼下梯级上响起了他的脚步声，她脸色白了一忽儿。她有一个习惯，往往为了日常最简单的事情默祷几句，现在她悄声说："求求上帝，让他认为我还是美丽的。"

门打开了，吉姆走进来，随手把门关上。他很瘦削，非常严肃。可怜的人儿，他只有二十二岁——就负起家庭的担子！他需要一件新大衣，手套也没有。

吉姆在门内站住，像一条猎犬嗅到鹌鹑气味似的纹丝不动。他的眼睛盯着德拉，所含的神情是她所不能理解的，这使她大为惊慌。那既不是愤怒，也不是惊讶，又不是不满，更不是嫌恶，不是她所预料的任何一种神情。他只带着那种奇特的神情凝视着德拉。

德拉一扭腰，从桌上跳下来，走近他身边。

"吉姆，亲爱的，"她喊道，"别那样盯着我。我把头发剪掉卖了，因为不送你一件礼物，我过不了圣诞节。头发会再长出来的——你不会在意吧，是不是？我非这么做不可。我的头发长得快极了。说句'恭贺圣诞'吧！吉姆，让我们快快乐乐。我给你买了一件多么好——多么美丽的好东西，你怎么也猜不到的。"

"你把头发剪掉了吗？"吉姆吃力地问道，仿佛他绞尽脑汁之后，还没有把这个显而易见的事实弄明白似的。

"非但剪了，而且卖了。"德拉说。"不管怎样，你还是同样地喜欢我吗？虽然没有了头发，我还是我，可不是吗？"

吉姆好奇地向房里四下张望。

"你说你的头发没有了吗？"他带着近乎白痴般的神情问道。

"你不用找啦，"德拉说。"我告诉你，已经卖了——卖了，没有了。今天是圣诞前夜，亲爱的。好好地对待我，我剪掉头发为得是你呀。我的头发也许数得清，"她突然非常温柔地接下去说，"但我对你的爱情谁也数不清。我把肉排煎上好吗，吉姆？"

吉姆好像从恍惚中突然醒过来。他把德拉搂在怀里。我们不要冒昧，先花十秒钟工夫瞧瞧另一方面无关紧要的东西吧。每星期八块钱的房租，或是每年一百万元房租——那有什么区别呢？一位数学家或是一位俏皮的人可能会给你不正确的答案。麦琪带来了宝贵的礼物④，但其中没有那件东西。对这句晦涩的话，下文将有所说明。

吉姆从大衣口袋里掏出一包东西，把它扔在桌上。

"别对我有什么误会，德尔，"他说，"不管是剪发、修脸，还是洗头，我对我姑娘的爱情是绝不会减低的。但是只消打开那包东西，你就会明白，你刚才为什么使我楞住了。"

白皙的手指敏捷地撕开绳索和包皮纸。接着是一声狂喜的呼喊；紧接着，哎呀！突然变成女性神经质的眼泪和号哭，立刻需要公寓的主人用尽办法来安慰她。

因为摆在眼前的是那套插在头发上的梳子——全套的发梳，两鬓用的，后面用的，应有尽有；那原是在百老汇路上的一个橱窗里，为德拉渴望了好久的东西。纯玳瑁做的，边上镶着珠宝的美丽的发梳——来配那已经失去的美发，颜色真是再合适也没有了。她知道这套发梳是很贵重的，心向神往了许久，但从来没有存过占有它的希望。现在这居然为她所有了，可是那佩带这些渴望已久的装饰品的头发却没有了。

但她还是把这套发梳搂在怀里不放，过了好久，她才能抬起迷濛的泪眼，含笑对吉姆说：

"我的头发长得很快,吉姆!"

接着,德拉像一只给火烫着的小猫似的跳了起来,叫道,"喔!喔!"

吉姆还没有见到他的美丽的礼物呢。她热切地伸出摊开的手掌递给他。那无知觉的贵重金属仿佛闪闪反映着她那快活和热诚的心情。

"漂亮吗,吉姆?我走遍全市才找到的。现在你每天要把表看上百来遍了。把你的表给我,我要看看它配在表上的样子。"

吉姆并没有照着她的话去做,却倒在榻上,双手枕着头,笑了起来。

"德尔,"他说,"让我们把圣诞礼物搁在一边,暂且保存起来。它们实在太好啦,现在用了未免可惜。我是卖掉了金表,换了钱去买你的发梳的。现在请你煎肉排吧。"

那三位麦琪,诸位知道,全是有智慧的人——非常有智慧的人——他们带来礼物,送给生在马槽里的圣子耶稣。他们首创了圣诞节馈赠礼物的风俗。他们既然有智慧,他们的礼物无疑也是聪明的,可能还附带一种碰上收到同样的东西时可以交换的权利。我的拙笔在这里告诉了诸位一个没有曲折、不足为奇的故事;那两个住在一间公寓里的笨孩子,极不聪明地为了对方牺牲了他们一家最宝贵的东西。但是,让我们对目前一般聪明人说最后一句话,在所有馈赠礼物的人当中,那两个人是最聪明的。在一切授受衣物的人当中,像他们这样的人也是最聪明的。无论在什么地方,他们都是最聪明的。他们就是麦琪。

(王仲年　译)

注　释

①示巴女王:示巴古国在阿拉伯西南,即今之也门。《旧约·列王纪上》载示巴女王带了许多香料、宝石和黄金去觐见所罗门王,用难题考验所罗门的智慧。

②所罗门王:公元前10世纪以色列国王,以聪明豪富著称。

③莎弗朗妮:意大利诗人塔索(1544—1595)以第一次十字军东征为题材的史诗《被解放的耶路撒冷》中的人物,她为了拯救耶路撒冷全城的基督城,承认了并未犯过的罪行,成为舍己救人的典型。

④麦琪:指基督初生时来送礼物的三贤人。一说是东方的三王即梅尔基奥尔(光明之王)赠送黄金表示尊贵;加斯帕(洁白者),赠送乳香象征神圣;巴尔撒泽赠送没药预示基督后来遭受迫害而死。

阅读提示

欧·亨利善于捕捉生活中令人啼笑皆非且富于哲理的戏剧性场景,用漫画夸张的笔法勾勒出人物的特点,其作品情节发展较快,结尾时会突然出现一个意料不到的结局,使读者惊愕之余,不能不承认故事合情合理,进而赞叹作者构思的巧妙。《麦琪的礼物》是欧·亨利代表作之一,不仅充分展示了欧·亨利的文学创作特点,同时又带有深刻的社会意义。当初创作这部小说时,作家本人的境遇很糟糕,生活穷困,还因为被怀疑欠银行的债而官司缠身,为了躲避牢狱之灾被迫离开病重的妻子,直到妻子病逝都没能见上一面。欧·亨利和妻子的感情很好,为了表达对妻子的愧疚与怀念写了这部短篇小说。事实上这部作品不仅仅是夫妻感情笃厚的见证,更是作家作为一个"小人物"的代表为美国无数贫民呐喊的有力证明。

　　小说中,作家运用陌生化的艺术表现手法为读者营造了一个辛酸又意外的故事。小说标题提到的"麦琪",在小说中并不是以主角的形式出场。阅读文本我们不难发现,自始至终"麦琪"都没有出现,为什么题目却是"麦琪的礼物"呢?通过对语言陌生化的分析才发现"麦琪"的原型来源于一个典故,指的是三位圣人送给耶稣的珍贵礼物,代表圣人们珍贵的感情和对耶稣的虔诚。德拉剪掉一头美丽的长发为吉姆买表链,吉姆卖掉祖传的金表为德拉买梳子,最后我们发现原来小说用这样的标题是有其深刻寓意的:男女主人公互赠的礼物虽失去了使用价值,但其中深藏的感情却极为珍贵和难得。小说中对数字的具体描写也是这种陌生化表现手法的再现。在一般文学创作中,数字往往采取模糊化手段处理,但小说中却非常精确——"一块八毛七分"。为什么要精确到分?一块八毛七分连一份圣诞礼物都买不到,女主人公只能用自己的一头漂亮长发换取礼物。看似普通的语言,却带来陌生的效果,即这个社会的残酷以及社会底层人生活的困苦都展现在"一块八毛七分"当中。

　　欧·亨利的文字生动活泼、夸张幽默、妙趣横生,不仅注重细节的幽默,还常常用反讽的手法凸出小说的主题,尤其是结尾处的处理呈现出"带泪的微笑"的独特魅力。当读者还在为德拉和吉姆两夫妻互换礼物最后却徒劳无功而叹息时,却突然发现两者之间其实收获了比贵重的礼物更为珍贵的真挚的情感。这种情节发展表面上指向一个方向,但结果却完全不同,出其不意的结局令人宽慰,即便带有悲哀的色彩,也常包含着某种光明之处。这种结尾方式通常被称为"欧·亨利式结尾"。

拓展训练

　　1.《麦琪的礼物》里的人性美是如何表现的?

　　2.这部作品能否助当代大学生树立正确的爱情观、价值观、人生观?你愿意做"傻孩子"吗?就当下而言,这部作品的最大意义是什么?在未来还会继续产生影响吗?

　　3.试着比较了解欧·亨利、莫泊桑、契诃夫三大短篇小说巨匠的创作手法和艺术风格。

阅读推荐

　　1.欧·亨利:《欧·亨利短篇小说选》,王仲年译,人民文学出版社1986年版。

　　2.莫泊桑:《莫泊桑短篇小说选》,张英伦译,人民文学出版社2015年版。

　　3.契诃夫:《契诃夫短篇小说选》,汝龙译,人民文学出版社2015年版。

墙上的斑点

弗吉尼亚·伍尔夫

弗吉尼亚·伍尔夫(1882—1941),生于伦敦,其父是著名学者,丈夫是作家伦纳德·伍尔夫。伍尔夫是英国小说家、批评家,意识流小说的重要代表之一,是20世纪现代主义文学与女性主义文学的先锋。伍尔夫的创作思想、艺术风格和写作技法受布卢姆斯伯里集团(一个文学创作团体)的影响很大,她和丈夫都是该集团的成员。受爱尔兰作家詹姆斯·乔伊斯影响,在出版了《出航》和《日出》后,伍尔夫开始探索外界对人的刺激所引发的复杂感情以及在瞬间产生的印象,注重挖掘并描绘人的潜意识。她运用内心独白、内部分析、瞬间印象、时间转换等意识流技巧创作了《雅各布的房间》《到灯塔去》《海浪》等影响很大的意识流小说。

　　大约是在今年一月中旬,我抬起头来,第一次看见了墙上的那个斑点。为了要确定是在哪一天,就是回忆当时我看见了些什么。现在我记起了炉子里的火,一片黄色的火光一动不动地照射在我的书页上;壁炉上圆形玻璃缸里插着三朵菊花。对啦,一定是冬天,我们刚喝完茶,因为我记得当时我正在吸烟,我抬起头来,第一次看见了墙上那个斑点。我透过香烟的烟雾望过去,眼光在火红的炭块上停留了一下,过去关于在城堡塔楼上飘扬着一面鲜红的旗帜的幻觉又浮现在我脑际,我想到无数红色骑士潮水般地骑马跃上黑色岩壁的侧坡。这个斑点打断了这个幻觉,使我觉得松了一口气,因为这是过去的幻觉,是一种无意识的幻觉,可能是在孩童时期产生的。墙上的斑点是一块圆形的小迹印,在雪白的墙上呈暗黑色,在壁炉上方大约六七英寸的地方。

　　我们的思绪是多么容易一哄而上,簇拥着一件新鲜事物,像一群蚂蚁狂热地抬一根稻草一样,抬了一会儿,又把它扔在那里……如果这个斑点是一只钉子留下的痕迹,那一定不是为了挂一幅油画,而是为了挂一幅小肖像画——一幅鬈发上扑着白粉、脸上抹着脂粉、嘴唇像红石竹花的贵妇人肖像。它当然是一件赝品,这所房子以前的房客只会选那一类的画——老房子得有老式画像来配它。他们就是这种人家——很有意思的人家,我常常想到他们,都是在一些奇怪的地方,因为谁都不会再见到他们,也不会知道他们后来的遭遇了。据他说,那家人搬出这所房子是因为他们想换一套别种式样的家具,他正在说,按他的想法,艺术品背后应该是包含着思想的时候,我们两人就一下子分了手,这种情形就像坐火车一样,我们在火车里看见路旁郊外别墅里有个老太太正准备倒茶,有个年轻人正举起球拍打网球,火车一晃而过,我们就和老太太以及年轻人分了手,把他们抛在火车后面。

　　但是,我还是弄不清那个斑点到底是什么?我又想,它不像是钉子留下的痕迹。它太大、太圆了。我本来可以站起来,但是,即使我站起身来瞧瞧它,十之八九我也说不出它到底是什么;因为一旦一件事发生以后,就没有人能知道它是怎么发生的了。唉!天哪,生命是多么神秘!思想是多么不准确!人类是多么无知!为了证明我们对自己的私有物品是多么无法加以控制——和我们的文明相比,人的生活带有多少偶然性啊——我只要列举少数几件我们一生中遗失的物件就够了。就从三只装着订书工具的浅蓝色罐子说起吧,这永远是遗失的东西当中丢失得最神秘的几件——哪只猫会去咬它们,哪只老鼠会去啃它们呢?再数下去,还有那几个鸟笼子、铁裙箍、钢滑冰鞋、安女王时代的煤斗子、弹子戏球台、手摇风琴——全都丢失了,还有一些珠宝,也遗失了。有乳白宝石、绿宝石,它们都散失在芜菁的根部旁边。它们是花了多少心血节衣缩食积蓄起来的啊!此刻我四周全是挺有分量的家具,身上还穿着几件衣服,简直是奇迹。要是拿什么来和生活相比的话,就只能比作一个人以一小时五十英里的速度被射出地下铁道,从地道口出来的时候头发上一根发针也不剩。光着身子被射到上帝脚下!头朝下脚朝天地摔倒在开满水仙花的草原上,就像一捆捆棕色纸袋被扔进邮局的输物管道一样!头发飞扬,就像一匹赛马会的跑马尾巴。对了,这些比拟可以表达生活的飞快速度,表达那永不休止的消耗和修理;一切都那么偶然,那么碰巧。

那么来世呢?粗大的绿色茎条慢慢地被拉得弯曲下来,杯盖形的花倾翻了,它那紫色和红色的光芒笼罩着人们。到底为什么人要投生在这里,而不投生到那里,不会行动、不会说话、无法集中目光,在青草脚下,在巨人的脚趾间摸索呢?至于什么是树,什么是男人和女人,或者是不是存在这样的东西,人们再过五十年也是无法说清楚的。别的什么都不会有,只有充塞着光亮和黑暗的空间,中间隔着一条条粗大的茎干,也许在更高处还有一些色彩不很清晰的——淡淡的粉红色或蓝色的——玫瑰花形状的斑块,随着时光的流逝,它会越来越清楚、越——我也不知道怎样……

可是墙上的斑点不是一个小孔。它很可能是什么暗黑色的圆形物体,比如说,一片夏天残留下来的玫瑰花瓣造成的,因为我不是一个警惕心很高的管家——只要瞧瞧壁炉上的尘土就知道了,据说就是这样的尘土把特洛伊城严严实实地埋了三层,只有一些罐子的碎片是它们没法毁灭的,这一点完全能叫人相信。

窗外树枝轻柔地敲打着玻璃……我希望能静静地、安稳地、从容不迫地思考,没有谁来打扰,一点也用不着从椅子里站起来,可以轻松地从这件事想到那件事,不感觉敌意,也不觉得有阻碍。我希望深深地、更深地沉下去,离开表面,离开表面的生硬的个别事实。让我稳住自己,抓住第一个一瞬即逝的念头……莎士比亚……对啦,不管是他还是别人,都行。这个人稳稳地坐在扶手椅里,凝视着炉火,就这样——一阵骤雨似的念头源源不断地从某个非常高的天国倾泻而下,进入他的头脑。他把前额倚在自己的手上,于是人们站在敞开的大门外面向里张望——我们假设这个景象发生在夏天的傍晚——可是,所有这一切历史的虚构是多么沉闷啊!它丝毫引不起我的兴趣。我希望能碰上一条使人愉快的思路,同时这条思路也能间接地给我增添几分光彩,这样的想法是最令人愉快的了。连那些真诚地相信自己不爱听别人赞扬的谦虚而灰色的人们头脑里,也经常会产生这种想法。它们不是直接恭维自己,妙就妙在这里;这些想法是这样的:

"于是我走进屋子。他们在谈植物学。我说我曾经看见金斯威一座老房子的地基上的尘土堆里开了一朵花。我说那粒花籽多半是查理一世在位的时候种下的。查理一世在位的时候人们种些什么花呢?"我问道——(但是我不记得回答是什么)也许是高大的、带着紫色花穗的花吧。于是就这样想下去。同时,我一直在头脑里把自己的形象打扮起来,是爱抚地、偷偷地，而不是公开地崇拜自己的形象。因为，我如果当真公开地这么干了，就会马上被自己抓住，我就会马上伸出手去拿过一本书来掩盖自己。说来也真奇怪，人们总是本能地保护自己的形象，不让偶像崇拜或是什么别的处理方式使它显得可笑，或者使它变得和原型太不相像以至于人们不相信它。但是，这个事实也可能并不那么奇怪？这个问题及其重要。假定镜子打碎了，形象消失了，那个浪漫的形象和周围一片绿色的茂密森林也不复存在，只有其他的人看见的那个人的外壳——世界会变得多么闷人，多么浮浅，多么光秃，多么凸出啊！在这样的世界里是不能生活的。当我们面对面坐在公共汽车和地下铁道里的时候，我们就是在照镜子；这就说明为什么我们的眼神都那么呆滞而朦胧。未来的小说家们会越来越认识到这些想法的重要性，因为这不只是一个想法，而是无限多的想法；它们探索深处、追逐幻影，越来越把现实的描绘排除在他们的故事之外，认为这类知识是天生具有的，希腊人就是这样想的，或许莎士比亚也是这样想的——但是这种概括毫无价值。只要听听概括这个词的音调就够了。它使人想起社论，想起内阁大臣——想起一整套事物，人们在儿童时期就认为这些事物是正统，是标准的、真正的事物，人人都必须遵循，否则就得冒打入十八层地狱的危险。提起概括，不知怎么使人想起伦敦的星期日，星期日午后的散步，星期日的午餐，也使人想起已经去世的人的说话方式、衣着打扮、习惯——例如大家一起坐在一间屋子里直到某一个钟点的习惯，尽管谁都不喜欢这么做。每件事都有一定的规格。在那个特定时期，桌布的规矩就是一定要用花毯做，上面印着黄色的小方格子，就像你在照片里看见的皇宫走廊里铺的地毯那样。另外一种花样的桌布就不能算真正的桌布。当我们发现这些真实的事物、星期天的午餐、星期天的散步、庄园宅第和桌布并不全是真实的，确实带着些幻影的味道，而不相信它们的人所得到的处罚只不过是一种非法的自由感时，事情是多么使人惊奇，又是多么奇妙啊！我奇怪现在到底是什么代替了它们，代替了那些真正的、标准的东西？也许是男人，如果你是个女人的话；男性的观点支配着我们的生活，是它制定了标准，订出惠特克的尊卑序列表；据我猜想，大战后它对于许多男人和女人已经带上幻影的味道，并且我们希望很快它就会像幻影、红木碗橱、兰西尔版面、上帝、魔鬼和地域之类东西一样遭到讥笑，被送进垃圾箱，给我们大家留下一种令人陶醉的非法的自由感——如果真存在自由的话……

在某种光线下面看到那个斑点，它竟像是凸出在墙上的。它也不完全是圆形的，我不敢肯定，不过它似乎投下一点淡淡的影子，使我觉得如果我用手指顺着墙壁摸过去，在某一点上会摸着一个起伏的小小的古冢，就像南部丘陵草原地带上的那些古冢，据说，它们不是坟墓，就是宿营地。在两者之中，我倒宁愿它们是坟墓，我像多数英国人一样偏爱忧伤，并且认定在散步结束时想到草地下埋着白骨是很自然的事情……一定有一部书写到过它。一定有哪位古物收藏家会是什么样的人？多半准是些退役的上校，领着一伙上了年纪的工人爬到这儿的顶上，检查泥块和石头，和附近的牧师互相通信。牧师在早餐的时候拆开信件来看，觉得自己颇为重要。为了比较不同的箭镞，还需要作多次乡间旅行，到本州的首府去，这种旅行对于牧师和他们的老伴都是一种愉快的职责，他们的老伴正想做樱桃酱，或者正想收拾一下书房。他们完全有理由希望那个关于营地或者坟墓的重大问题长期悬而不决。而上校本人对于就这个问题的两方面能否搜集到证据却感到愉快而达观。的确，他最后终于倾向于营地说；由于受到反对，他便写了一篇文章，准备拿到当地会社的季度例会上宣读，恰好在这时他中风病倒，他的最后一个清醒的念头不是想到妻子和儿女，而是想到营地和箭镞，这个箭镞已经被收藏进当地博物馆的橱柜,和一只中国女杀人犯的脚、一把伊丽莎白时代的铁钉、一大堆都铎王朝时代的土制烟斗、一件罗马时代的陶器,以及纳尔逊用来喝酒的酒杯放在一起——我真的不知道它到底证明了什么。

不,不,什么也没有证明,什么也没有发现。假如我在此时此刻站起身来,弄明白墙上的斑点果真是——我们怎么说才好呢?——一只巨大的旧钉子的钉头,钉进墙里已经有两百年,直到现在,由于一代又一代女仆耐心的擦拭,钉子的顶端得以露出到油漆外面,正在一间墙壁雪白、炉火熊熊的房间里第一次看见现代的生活,我这样做又能得到些什么呢?——知识吗?还是可供进一步思考的题材?不论是静坐着还是站起来我都一样能思考。什么是知识?我们的学者除了是蹲在洞穴和森林里熬药草、盘问地老鼠、记载星辰的语言的巫婆和隐士们的后代,还能是什么呢?我们的迷信逐渐消失,我们对美和健康的思想越来越尊重,我们也就不那么崇敬他们了……是的,人们能够想象出一个十分可爱的世界。这个世界安宁而广阔,在旷野里盛开着鲜红和湛蓝色的花朵。这个世界里没有教授、没有专家、没有警察面孔的管家,在这里人们可以像鱼儿用鳍翅划开水面一般,用自己的思想划开世界,轻轻地掠过荷花的梗条,在装满白色的海鸟卵的鸟窠上空盘旋……在世界的中心扎下根,透过灰暗的海水和水里瞬间的闪光以及倒影向上看去,这里是多么宁静啊——假如没有惠特克年鉴——假如没有尊卑序列表!

我一定要跳起来亲眼看看墙上的斑点到底是什么?——是只钉子?一片玫瑰花瓣?还是木块上的裂纹?

大自然又在这里玩弄她保存自己的老把戏了。她认为这条思路至多不过白白浪费一些精力,或许会和现实发生一点冲突,因为谁又能对惠特克的尊卑序列表妄加非议呢?排在坎特伯雷大主教后面的是大法官;而大法官后面又是约克大主教。每一个人都必须排在某人的后面,这是惠特克的哲学。最要紧的是知道谁该排在谁的后面。惠特克是知道的。大自然忠告你说,不要为此感到恼怒,而要从中得到安慰;假如你无法得到安慰,假如你一定要破坏这一小时的平静,那就去想想墙上的斑点吧。

我懂得大自然耍的什么把戏——她在暗中怂恿我们采取行动以便结束那些容易令人兴奋或痛苦的思想。我想,正因为如此,我们对实干家总不免稍有一点轻视——我们认为这类人不爱思索。不过,我们也不妨注视墙上的斑点,来打断那些不愉快的思想。

真的,现在我越加仔细地看着它,就越发觉得好似在大海中抓住了一块木板。我体会到一种令人心满意足的现实感,把那两位大主教和那位大法官统统逐入了虚无的幻境。这里,是一件具体的东西,是一件真实的东西。我们半夜从一场噩梦中惊醒,也往往这样,急忙扭亮电灯,静静地躺一会儿,赞赏着衣柜,赞赏着实在的物体,赞赏着现实,赞赏着身外的世界,它证明除了我们自身以外还存在着其他的事物。它产生于一棵树;树木会生长,我们并不知道它们是怎么样生长起来的。它们长着、长着,长了许多年,一旦也没有注意到我们。炎热的午后,母牛在树下挥动着尾巴;树木把小河点染得这样翠绿一片,以至于使我们觉得当一只雌的红松鸡一头扎进水里去的时候,它应该带着绿色的羽毛冒出水面来。我喜欢去想那些像被风吹得鼓起来的旗帜一样逆流而上的鱼群,我还喜欢去想那些在河床上一点点垒起一座座圆顶土堆的水甲虫。我喜欢想象那棵树本身的情景:首先是它自身木质的紧密干燥的感觉。然后感受到雷雨的摧残;接下去就感到树液缓慢地、舒畅地一滴滴流出来。我还喜欢去想这棵树怎样在冬天的夜晚独自屹立在空旷的田野上,树叶紧紧地合拢起来,对着月亮射出的铁弹，什么弱点也不暴露，像一根空荡荡的桅杆竖立在整夜不停地滚动着的大地上。6月里鸟儿的鸣啭听起来一定很震耳，很不习惯；小昆虫在树皮的折皱上吃力地爬过去，或者在树叶搭成的薄薄的绿色天蓬上面晒太阳，它们红宝石般的眼睛直盯着前方，这时候它们的脚会感觉多么的寒冷啊……大地的寒气凛冽逼人，压得树木的纤维一根根地断裂开来。最后的一场暴风雨袭来，树倒了下去，树梢的枝条重新深深地陷进泥土。即使到了这种地步，生命也并没有结束。这棵树还有一百万条坚毅而清醒的生命分散在世界上。有的在卧室里，有的在船上，有的在人行道上，还有的变成了房间的护壁板，男人和女人们在喝过茶以后就坐在这间屋里抽烟。这棵树勾起了许许多多平静的、幸福的联想。我很愿意挨个儿去思索它们——可是遇到了阻碍……我想到什么地方啦？是怎么样想到这里的呢？一棵树？一条河？丘陵草原地带？惠特克年鉴？盛开水仙花的原野？我什么也记不起啦。一切在转动、在下沉、在滑开去、在消失……事物陷进了大动荡之中。有人正在附身对我说：

"我要出去买份报纸。"

"是吗？"

"不过买报纸也没有什么意思……什么新闻都没有。该死的战争；让这次战争见鬼去吧！……然而不论怎么说，我认为我们也不应该让一只蜗牛爬在墙壁上。"

哦，墙上的斑点！那是一只蜗牛。

（文美惠 译）

阅读提示

要了解意识流小说，首先必须清楚两个概念：意识流和心理时间。

"意识流"这个概念是美国心理学家威廉·詹姆斯在1884年提出来的。他在一篇题为《论内省心理学的几个问题》中首次提出这一概念，而后又在《心理学原理》中进一步发挥。威廉·詹姆斯认为"意识并不是片段的衔接，而是不断流动着的。用一条'河'或者一股'流水'的比喻来表达它是最自然的了。此后，我们再说起它的时候，就把它叫作思想流、意识流或主观生活之流吧"。不过威廉·詹姆斯似乎认为人的心理活动完全是有意识的，而现代心理学和语言学研究表明，人的思维大致分为前语言的无意识、介于清醒与昏睡状态的最初意识和能够用语言表达的意识三个阶段。在意识流作家看来，前两个阶段代表人内心世界的真实状态，而第三个阶段因为经过了理性筛选和提炼失去了真实性，所以，意识流小说要写的是前语言的无意识和最初意识。

与"意识流"相关的另一个重要概念"心理时间"是法国哲学家亨利·柏格森提出来的。柏格森认为"时间的延续不是一个瞬间代替另外一个瞬间，而是过去不断地前进，吞噬着未来，并在前进中不断地充实自己"。如果说我们通常使用的时间是"物理时间"，是表示宽度的数量概念，那"心理时间"是各个时刻相互渗透、表示强度的质量概念。进入人的意识领域越深，"心理时间"的概念就越适用。

意识流小说相对传统小说而言，在诸多方面做了颠覆性的改变。叙事手法上人物的内心独白、内在视角替代了传统的全知全能型叙述；具有典型性格、血肉丰满的人物被"主观生活之流"取代；以时间推移为线索的连贯情节被打乱，过去、现在、未来彼此颠倒、互相渗透，带有很大的随意性和跳跃性。在伍尔夫的《墙上的斑点》里，这些特点得到充分的展示，整个作品用自由联想的手法写成。女主人公坐在沙发上,看到墙上有一个黑色的斑点,它是什么?是凸出的还是凹陷的?是以前的房客挂画用的钉子还是一个洞孔?女主人公由此发挥自由联想,无数相关或不相关的事、物犹如缓缓流淌的水流不断涌现。小说展示了各种意象,读者仿佛置身于一个无所不包的博物馆,各种平常处于沉睡状态的表象此时被唤醒,读者由此能感知到这些表象被唤醒后带来的各种体验,从而产生一种流畅的快感。因为一个"黑点",主人公联想到了前房客、前房客搬家的原因、楼房、网球拍、火车、家具、衣服、自然物象等等,这些意象浸透着人类的智慧、力量以及理想境界。与此同时,读者不仅可以欣赏到叙述者叙述出来的物象、人文地理和历史世界,还可以欣赏到叙述者在叙述时的那种心游万仞、联想翩翩的姿态,不由对叙述者表现出一种由衷的喜爱。

拓展训练

以往的小说叙事习惯于将叙述者看作是作者的替身,叙述者代替作家在文本里叙述作家的"意识流",叙述者被置身于故事层之外,属于话语层。你认为《墙上的斑点》的叙述者是这样的吗?这部小说的结构应该是一种什么结构?

阅读推荐

1.尼科尔森:《伍尔夫》,王璐译,生活·读书·新知三联书店2014年版。
2.弗吉尼亚·伍尔夫:《达洛维夫人》,姜向明译,陕西师范大学出版社2014年版。
3.弗吉尼亚·伍尔夫:《一间自己的房间》,吴晓雷译,陕西师范大学出版社2014年版。

放眼世界

雪国(节选)

川端康成

川端康成(1899—1972),是日本当代著名作家,他的创作深深植根在日本传统文学的沃土之中,并广泛吸收了西方现代派的艺术手法,形成了独特的创作风格。代表作有《伊豆的舞女》《雪国》《古都》《千只鹤》《山音》《睡美人》等。因为"以敏锐的感觉,高超的小说技巧表现了日本人的内心精华"而荣获1968年诺贝尔文学奖。中篇小说《雪国》是其获奖作品之一,是"川端康成作品群中的巅峰之作",是作家美学思想的集中体现。

穿过县界长长的隧道,便是雪国。夜空下一片白茫茫。火车在信号所前停了下来。

一位姑娘从对面座位上站起身子,把岛村座位前的玻璃窗打开。一股冷空气卷袭进来。姑娘将身子探出窗外,仿佛向远方呼唤似的喊道:

"站长先生,站长先生!"

一个把围巾缠到鼻子上、帽耳聋拉在耳朵边的男子,手拎提灯,踏着雪缓步走了过来。

岛村心想:已经这么冷了吗?他向窗外望去,只见铁路人员当作临时宿舍的木板房,星星点点地散落在山脚下,给人一种冷寂的感觉。那边的白雪,早已被黑暗吞噬了。

"站长先生,是我。您好啊!"

"哟,这不是叶子姑娘吗!回家呀?又是大冷天了。"

"听说我弟弟到这里来工作,我要谢谢您的照顾。"

"在这种地方,早晚会寂寞得难受的。年纪轻轻,怪可怜的!""他还是个孩子,请站长先生常指点他,拜托您了。"

"行啊。他干得很带劲,往后会忙起来的。去年也下了大雪,常常闹雪崩,火车一抛锚,村里人就忙着给旅客送水送饭。"

"站长先生好像穿得很多,我弟弟来信说,他还没穿西服背心呢。"

"我都穿四件啦!小伙子们遇上大冷天就一个劲儿地喝酒,现在一个个都得了感冒,东歪西倒地躺在那儿啦。"

站长向宿舍那边晃了晃手上的提灯。

"我弟弟也喝酒了吗?"

"这倒没有。"

"站长先生这就回家了?"

"我受了伤,每天都去看医生。"

"啊,这可太糟糕了。"

和服上罩着外套的站长,在大冷天里,仿佛想赶快结束闲谈似的转过身来说:

"好吧,路上请多保重。"

"站长先生,我弟弟还没出来吗?"叶子用目光在雪地上搜索,"请您多多照顾我弟弟,拜托啦。"

她的话声优美而又近乎悲戚。那嘹亮的声音久久地在雪夜里回荡。

火车开动了,她还没把上身从窗口缩回来。一直等火车追上走在铁路边上的站长,她又喊道:

"站长先生,请您告诉我弟弟,叫他下次休假时回家一趟!"

"行啊!"站长大声答应。

叶子关上车窗,用双手捂住冻红了的脸颊。

这是县界的山,山下备有三辆扫雪车,供下雪天使用。隧道南北,架设了电力控制的雪崩报警线。部署了五千名扫雪工和两千名消防队的青年队员。

这个叶子姑娘的弟弟,从今冬起就在这个将要被大雪覆盖的铁路信号所工作。岛村知道这一情况以后,对她越发感兴趣了。

但是,这里说的"姑娘",只是岛村这么认为罢了。她身边那个男人究竟是她的什么人,岛村自然不晓得。两人的举动很像夫妻,男的显然有病。陪伴病人,无形中就容易忽略男女间的界限,侍候得越殷勤,看起来就越像夫妻。一个女人像慈母般地照拂比自己岁数大的男子,老远看去,免不了会被人看作是夫妻。

岛村是把她一个人单独来看的,凭她那种举止就推断她可能是个姑娘。也许是因为他用过分好奇的目光盯住这个姑娘,所以增添了自己不少的感伤。

已经是三个钟头以前的事了。岛村感到百无聊赖,发呆地凝望着不停活动的左手的食指。因为只有这个手指,才能使他清楚地感到就要去会见的那个女人。奇怪的是,越是急于想把她清楚地回忆起来,印象就越模糊。在这扑朔迷离的记忆中,也只有这手指所留下的几许感触,把他带到远方的女人身边。他想着想着,不由得把手指送到鼻子边闻了闻。当他无意识地用这个手指在窗玻璃上画道时,不知怎的,上面竟清晰地映出一只女人的眼睛。他大吃一惊,几乎喊出声来。大概是他的心飞向了远方的缘故。他定神看时,什么也没有。映在玻璃窗上的,是对座那个女人的形象。外面昏暗下来,车厢里的灯亮了。这样,窗玻璃就成了一面镜子。然而,由于放了暖气,玻璃上蒙了一层水蒸气,在他用手指揩亮玻璃之前,那面镜子其实并不存在。

玻璃上只映出姑娘一只眼睛,她反而显得更加美了。

岛村把脸贴近车窗,装出一副带着旅愁观赏黄昏景色的模样,用手掌揩了揩窗玻璃。

姑娘上身微倾,全神贯注地俯视着躺在面前的男人。她那小心翼翼的动作,一眨也不眨的严肃目光,都表现出她的真挚感情。男人头靠窗边躺着,把弯着的腿搁在姑娘身边。这是三等车厢。他们的座位不是在岛村的正面,而是在斜对面。所以在窗玻璃上只映出侧身躺着的那个男人的半边脸。

姑娘正好坐在斜对面,岛村本是可以直接看到她的,可是他们刚上车时,她那种迷人的美,使他感到吃惊,不由得垂下了目光。就在这一瞬间,岛村看见那个男人蜡黄的手紧紧攥住姑娘的手,也就不好意思再向对面望去了。

镜中的男人,只有望着姑娘胸脯的时候,脸上才显得安详而平静。瘦弱的身体,尽管很衰弱,却带着一种安乐的和谐气氛。男人把围巾枕在头下,绕过鼻子,严严实实地盖住了嘴巴,然后再往上包住脸颊。这像是一种保护脸部的方法。但围巾有时会松落下来,有时又会盖住鼻子。就在男人眼睛要动而未动的瞬间,姑娘就用温柔的动作,把围巾重新围好。两人天真地重复着同样的动作,使岛村看着都有些焦灼。另外,裹着男人双脚的外套下摆,不时松开拖拉下来。姑娘也马上发现了这一点,给他重新裹好。这一切都显得非常自然。那种姿态几乎使人认为他俩就这样忘记了所谓距离,走向了漫无边际的远方。正因为这样,岛村看见这种悲愁,没有觉得辛酸,就像是在梦中看见了幻影一样。大概这些都是在虚幻的镜中幻化出来的缘故。

黄昏的景色在镜后移动着。也就是说,镜面映现的虚像与镜后的实物好像电影里的叠影一样在晃动。出场人物和背景没有任何联系。而且人物是一种透明的幻象,景物则是在夜霭中的朦胧暗流,两者消融在一起,描绘出一个超脱人世的象征的世界。特别是当山野里的灯火映照在姑娘的脸上时,那种无法形容的美,使岛村的心都几乎为之颤动。

在遥远的山巅上空,还淡淡地残留着晚霞的余晖。透过车窗玻璃看见的景物轮廓,退到远方,却没有消逝,但已经黯然失色了。尽管火车继续往前奔驰,在他看来,山野那平凡的姿态越是显得更加平凡了。由于什么东西都不十分惹他注目,他内心反而好像隐隐地存在着一股巨大的感情激流。这自然是由于镜中浮现出姑娘的脸的缘故。只有身影映在窗玻璃上的部分,遮住了窗外的暮景,然而,景色却在姑娘的轮廓周围不断地移动,使人觉得姑娘的脸也像是透明的。是不是真的透明呢?这是一种错觉。因为从姑娘面影后面不停地掠过的暮景,仿佛是从她脸的前面流过。定睛一看,却又扑朔迷离。车厢里也不太明亮。窗玻璃上的映像不像真的镜子那样清晰了。反光没有了。这使岛村看入了神,他渐渐地忘却了镜子的存在,只觉得姑娘好像漂浮在流逝的暮景之中。

这当儿,姑娘的脸上闪现着灯光。镜中映像的清晰度并没有减弱窗外的灯火。灯火也没有把映像抹去。灯火就这样从她的脸上闪过,但并没有把她的脸照亮。这是一束从远方投来的寒光,模模糊糊地照亮了她眼睛的周围。她的眼睛同灯火重叠的那一瞬间,就像在夕阳的余晖里飞舞的妖艳而美丽的夜光虫。

叶子自然没留意别人这样观察她。她的心全用在病人身上,就是把脸转向岛村那边,她也不会看见自己映在窗玻璃上的身影,更不会去注意那个眺望着窗外的男人。

岛村长时间地偷看叶子,却没有想到这样做会对她有什么不礼貌,他大概是被镜中暮景那种虚幻的力量吸引住了。也许岛村在看到她呼唤站长时表现出有点过分严肃,从那时候起就对她产生了一种不寻常的兴趣。

火车通过信号所时,窗外已经黑沉沉的了。在窗玻璃上流动的景色一消失,镜子也就完全失去了吸引力,尽管叶子那张美丽的脸依然映在窗上,而且表情还是那么温柔,但岛村在她身上却发现她对别人似乎特别冷漠,他也就不想去揩拭那面变得模糊不清的镜子了。

约莫过了半小时,没想到叶子他们也和岛村在同一个车站下了车,这使他觉得好像还会发生什么同自己有关的事似的,所以他把头转了过去。从站台上迎面扑来一阵寒气,他立即对自己在火车上那种非礼行为感到羞愧,就头也不回地从火车头前面走了过去。

男人攥住叶子的肩膀,正要越过路轨的时候,站务员从对面扬手加以制止。

转眼间从黑暗中出现一列长长的货车,挡住了他俩的身影。

前来招徕顾客的客栈掌柜,穿上一身严严实实的冬装,包住两只耳朵,蹬着长统胶靴,活像火场上的消防队员。一个女子站在候车室窗旁,眺望着路轨那边,她披着蓝色斗篷,蒙上了头巾。

由于车带下来的暖气尚未完全从岛村身上消散,岛村还没有感受到外面的真正寒冷。他是第一次遇上这雪国的冬天,一上来就被当地人的打扮吓住了。

"真冷得要穿这身衣服吗?"

"嗯,已经完全是过冬的装束了。雪后放晴的头一晚特别冷。今天晚上可能降到零下哩。"

"已经到零下了吗?"

岛村望着屋檐前招人喜欢的冰柱,同客栈掌柜一起上了汽车。在雪天夜色的笼罩下,家家户户低矮的屋顶显得越发低矮,仿佛整个村子都静悄悄地沉浸在无底的深渊之中。

"难怪啰,手无论触到什么东西,都觉得特别的冷啊。"

"去年最冷是零下二十多度哩。"

"雪呢?"

"雪嘛,平时七八尺厚,下大了恐怕有一丈二三尺吧。"

"大雪还在后头啰?"

"是啊,是在后头呢。这场雪是前几天下的,只有尺把厚,已经融化得差不多了。"

"能融化掉吗?"

"说不定什么时候还会再来场大的呢!"

已经是十二月上旬了。

岛村感冒总不见好,这会儿让冷空气从不通气的鼻孔一下子冲到了脑门心,清鼻涕簌簌地流个不停,好像把脏东西都给冲了出来。

"老师傅家的姑娘还在吗?"

"嗯,还在,还在。在车站上您没看见?披着深蓝色斗篷的就是。"

"就是她?……回头可以请她来吗?"

"今天晚上?"

"是今天晚上。"

"说是老师傅的少爷坐末班车回来,她接车去了。"

在暮景镜中看到叶子照拂的那个病人,原来就是岛村来会晤的这个女子的师傅的儿子。

一了解到这点,岛村感到仿佛有什么东西掠过自己的心头。但他对这种奇妙的因缘,并不觉得怎么奇怪,倒是对自己不觉得奇怪而感到奇怪。

岛村不知怎的,内心深处仿佛感到:凭着指头的感触而记住的女人,与眼睛里灯火闪映的女人,她们之间会有什么联系,可能会发生什么事情。这大概是还没有从暮景的镜中清醒过来的缘故吧。他无端地喃喃自语:那些暮景的流逝,难道就是时光流逝的象征吗?

滑雪季节前的温泉客栈,是顾客最少的时候,岛村从室内温泉上来,已是万籁俱寂了。他在破旧的走廊上,每踏一步,都震得玻璃门微微作响。在长廊尽头账房的拐角处,亭亭玉立地站着一个女子,她的衣服下摆铺展在乌亮的地板上,使人有一种冷冰冰的感觉。

看到衣服下摆,岛村不由得惊:她到底还是当艺妓了吗! 可是她没有向这边走来,也没有动动身子做出迎客的娇态。从老远望去,她那亭亭玉立的姿势,使他感受到一种真挚的感情。他连忙走了过去,默默地站在女子身边。女子也想绽开她那浓施粉黛的脸,结果适得其反,变成了一副哭丧的脸。两人就那么默然无言地向房间走去。

虽然发生过那种事情，但他没有来信，也没有约会，更没有信守诺言送来舞蹈造型的书。在女子看来，准以为是他一笑了之，把自己忘了。按理说，岛村是应该首先向她赔礼道歉或解释一番的，但岛村连瞧也没瞧她，一直往前走。他觉察到她不仅没有责备自己的意思，反而在一心倾慕自己。这就使他越发觉得此时自己无论说什么，都只会被认为是不真挚的。他被她慑服了，沉浸在美妙的喜悦之中，一直到了楼梯口，他才突然把左拳伸到女子的眼前，竖起食指说：

"它最记得你呢。"

"是吗？"

女子一把攥住他的指头，没有松开，手牵手地登上楼去。在被炉前，她把他的手松开时，一下子连脖子根都涨红了。为了掩饰这点，她慌慌张张地又抓住了他的手说：

"你是说它还记得我吗？"

他从女子的掌心里抽出右手，伸进被炉里，然后再伸出左拳说："不是右手，是这个啊！"

"嗯，我知道。"

她装作若无其事的样子，一边抿着嘴笑起来，一边掰开他的拳头，把自己的脸贴了上去。

"你是说它还记得我吗？"

"噢，真冷啊！我头一回摸到这么冰凉的头发。"

"东京还没下雪吗？"

"虽然那时候你是那样说了，但我总觉得那是违心的话。要不然，年终岁末，谁还会到这样寒冷的地方来呢？"

（叶渭渠，唐月梅　译）

阅读提示

日本文学长于抒情，"物哀"是其传统美学精神，作品往往表现出追求闲寂、静寂的美感。"哀"在日本等同于"美"的意思。"物哀"的含义有两层。一是凝视对象（物）而产生兴叹，由"感动"之意，心物交融、情景相映引起某种感触。即"由外物触发心神摇曳，便可成为文学的萌芽。""物哀"的另一重含义在于它的情绪基调，这种"物哀"之情包含赞赏、亲爱、喜爱、可怜、共鸣、同情、悲伤、怜悯、壮美、感动、失望等诸多情绪。正如本居宣长所言"在人的种种感情中，只有苦闷、忧愁、悲哀——即一切不能如意的事，才是使人感受最深的"。

川端康成延续了日本古典文学"物哀"这一美学观念，《雪国》描写了岛村、驹子、叶子之间发生的幽婉、凄美的情爱故事，让人经久难忘。岛村三次去雪花纷飞的北国山村，和艺妓驹子邂逅而相爱，同时对萍水相逢的少女叶子也流露出倾慕之情。在与驹子的接触和对叶子的幻想中，雪国让岛村感到无比留恋。第三次来到雪国时，雪国已失去往日的繁荣景象，岛村在犹豫徘徊中准备离开雪国。但就在临行前，一场大火无情地吞噬了叶子，驹子也随之疯癫。《雪国》作为川端康成的代表作，被认为有"精纯的珠玉"之美，作者着力体现现代日本人的感受，用雪一般的纯洁幽冷、火一般的扑朔迷离、银河一般的壮观明丽的笔调，渲染出"物哀"凄美无比的绝唱。

《雪国》体现了"物哀"独特的思想结构。第一个层次是对人的感动，主要是男女恋情滋生的哀感。文中驹子对岛村的迷恋、岛村对叶子的朦胧幻想这两种情感因不可实现而带来的悲哀。第二个层次是对世相的感动,贯穿在对人情世态包括"天下大事"的咏叹上。这体现在女主人公驹子对生存的渴望,岛村对当时日本舞蹈感到不满,无力也无意改变现实,选择逃避,沉浸在西方舞蹈的憧憬幻想里等等,这些人情世态在岛村看来都是"徒劳"的,似乎象征着人世间的困顿、疑惑难以消除最终产生的虚无感,而突破这种"虚无""徒劳"的唯一方法是发现美、追寻美。第三个层次是对自然物的感动,尤其是季节带来的无常感,即对自然美的动心。贯穿在文本中的自然景色的描绘、纯净的雪国风光、主人公对于自然的亲近,都蕴含着主人公对自然美的倾心。岛村是一个唯美主义者,美是主人公岛村的唯一追求,也是最终追求。叶子和驹子是岛村的审美对象,岛村看待驹子和叶子是纯粹美的欣赏。我们可以发现,岛村内心根深蒂固的徒劳,必然导致悲哀,那么怎样解决深入骨髓的悲哀呢?答案是——悲哀最终导向美,这便是作品的主旨和意义所在,对于美的追求是生命对现实的超越。

拓展训练

1.《雪国》是如何体现"物哀"之美的?这种美学传统为什么在川端康成身上特别突出?
2.为什么说川端康成是唯美主义者?

阅读推荐

1.川端康成:《伊豆的舞女》,叶渭渠译,南海出版公司2017年版。
2.川端康成:《古都》,叶渭渠、唐月梅译,南海出版公司2014年版。
3.川端康成:《花的圆舞曲》,唐月梅译,南海出版公司2017年版。

拂　晓

豪尔赫·路易斯·博尔赫斯

> 豪尔赫·路易斯·博尔赫斯(1899—1986),阿根廷诗人、小说家、散文家、翻译家,生于布宜诺斯艾利斯一个有英国血统的律师家庭。从小受到良好的家庭教育和文学熏陶,自幼喜欢阅读和写作,六岁写出了第一篇故事《不幸的帽檐》,七八岁能用英文和西班牙文创作。1921 年回国,供职于布宜诺斯艾利斯公共图书馆,从此终身从事图书馆工作。1923 年博尔赫斯出版了第一部诗集《布宜诺斯艾利斯激情》,早期诗歌属于先锋派"极端主义"风格。三十年代开始一边创作诗歌,一边专注小说创作,并以其独特的幻想性叙事方式成为拉丁美洲文学的主要代表之一。博尔赫斯的创作成果主要体现在诗歌、散文和短篇小说上。

深邃而普遍的黑夜
几乎不曾为一盏盏苍白的提灯所否定
夜里一阵迷路的疾风
侵入了沉默的街道
颤抖着预示了
可怕的拂晓,它徘徊
如一个谎言游荡在
这世上荒无人烟的郊外。
衷情于这安逸的黑暗
又惧怕黎明的威吓
我又一次感到了那出自叔本华
与贝克莱的惊人猜测,
它宣称世界
是一个心灵的活动,
灵魂的大梦一场,
没有根据没有目的也没有容量。

而既然思想
并非大理石般永恒
而像森林或河流一样常新,
于是前面的那段推测
在黎明采取了另一个形式,
这个时辰的迷信

在光线如一支藤蔓

即将缠住阴影的墙壁之时，

降服了我的理智

并描画了如下的异想：

倘若万物都缺乏实质

倘若这人口众多的布宜诺斯艾利斯

其错综复杂足以与一支军队相比，

却仅仅是一个梦

由灵魂共同的魔法获得，

那么就有一个时刻

它的存在陷于混乱无序的危险

而那就是黎明震颤的瞬间，

这时梦见世界的人已不多

只有几只夜猫子保存着

大街小巷灰色的，几乎没有轮廓的图像

他们随后要与别人将它确定。

此刻生命的持久梦境

正处于崩溃的危险里，

此刻上帝会轻易地消灭

他的一切作品！

但又一次，这世界拯救了自己。

光明漫流，虚构着肮脏的色彩

而心怀某种歉疚

悔恨我每天复活的同谋

我寻找我的屋舍，

在大白的天光中它惊愕而冰冷，

与此同时一只鸟不愿沉默

而那消褪的黑夜

留在了失明者的眼里。

（陈东飚　译）

阅读提示

博尔赫斯被认为是谜一样的作家和诗人，要想了解这位神秘的作家和诗人，首先就得读他的诗歌。博尔赫斯本人也说过"诗是我内心唯一真诚的东西"。生命、书籍、梦幻、死亡、历史、世界的本质、神秘的东方教派、时间、空间等等都是他诗歌描写、探索的主题。博尔赫斯早年曾受到不同哲学思想影响，如柏拉图和叔本华等人的唯心哲学、尼采的唯意志论、休谟和康德的不可知论和宿命论，以及笛卡尔、芝诺、苏格拉底等人的思想。在这些哲学思想基础上，他运用"隐喻""暗示""转换"等独特的艺术表现手法，打破历史、现实、文学和哲学之间的界限,在真实和虚幻之间找到一条穿梭往来的通道。从他开始,传统的文学观念发生了很大变化,文学种类的界限被打破、客观时间被取消、幽默与荒谬结合、写真与魔幻统一。博尔赫斯的诗歌清晰、质朴、直率,初读可能会有空泛、不易理解之感,但慢慢品味却能感受到一种特别的明净与质朴,并进一步引发读者的思考与遐想。

隐喻的运用贯穿了博尔赫斯一生的创作。在他看来,隐喻不只是一种修辞和技巧,更是他对自我之谜和世界之谜的认识的一种表达,是他切身体验到的一切。在《拂晓》这首诗中,很显然"拂晓"就是一个隐喻。众所周知,拂晓指的是天要亮的时候。天将明,黑暗中的一切都将清晰呈现,人们能更为清楚地去看、去听、去触摸、去分辨、去思考,人们能面对一个真实的世界。然而这只是大多数人的认识,在诗人看来,一切都将打上问号,真的能认清这一切吗?他不相信这一"许诺",将其视为"一个谎言",他宁愿相信"那出自叔本华与贝克莱的惊人猜测"。

贝克莱认为,所谓的"存在",即是被感知。也就是说外界事物只是人感觉的符号,是一个"虚构"。认识力有限的人类,应敬仰无限的上帝。叔本华认为,人能认识的只是表象,而表象背后有一个超乎一切之上的独立实体即生存意志。博尔赫斯惊叹这两位哲学家了不起的发现,"世界是一个心灵的活动/灵魂的大梦一场/没有根据没有目的也没有容量"。博尔赫斯通过对世界和人生种种流变的直觉体验和内省,顿悟出理性像"一盏盏苍白的提灯",无法烛照世界和生命最深刻、最晦涩的本源与灵魂背后的"魔法"这一结果,进而认识到人们能够认识到的东西,不过是事物的表象罢了。既然无法把握事物的本质,诗人认为人应该保持对不可知之物的敬意,对曾经信赖过佞妄的理性要"心怀某种歉疚",应该让奥秘呈示奥秘,让"黑夜"隐退到"黑夜"里,只有这样才能保持世界的神秘性和真实性。《拂晓》这首诗由"拂晓"的灵感引发,但诗人没有单凭"灵感"去感知、去书写,而是以生命体验的本真、学养的丰厚、字词的精审掂量,对"灵感"进行了必要的修葺和磨砺。

读博尔赫斯的诗歌,总能在神秘的迷宫里找到属于自己的精神寄托。当人们能够思考世界与自我的许多不可知时,人便不再孤单。

拓展训练

1.博尔赫斯诗歌中的神秘主义哲学对其诗歌创作的影响及意义到底在哪里?诗人用这些神秘思想贯穿写作的目的是什么?

2.博尔赫斯早期诗歌与后期诗歌风格有何不同?

阅读推荐

1.豪尔赫·路易斯·博尔赫斯:《老虎的金黄》,林之木译,上海译文出版社2017年版。

2.豪尔赫·路易斯·博尔赫斯:《布宜诺斯艾利斯激情》,林之木译,上海译文出版社2016年版。

3.豪尔赫·路易斯·博尔赫斯:《小径分岔的花园》,王永年译,上海译文出版社2015年版。

4.豪尔赫·路易斯·博尔赫斯:《阿莱夫》,王永年译,上海译文出版社2015年版。

百年孤独（节选）

加西亚·马尔克斯

加西亚·马尔克斯(1927—2014)，哥伦比亚著名记者、作家和社会活动家。拉丁美洲魔幻现实主义文学的代表人物，20世纪最有影响力的作家之一，1982年获诺贝尔文学奖。其作品被认为是"20世纪的文学标杆"，主要作品有长篇小说《百年孤独》《霍乱时期的爱情》，中篇小说《没有人给他写信的上校》《一桩事先张扬的凶杀案》，短篇小说集《世上最美的溺水者》《礼拜二午睡时刻》，自传《活着为了讲述》，非虚构文学作品《一个海难幸存者的故事》等。

第一章

多年之后，奥雷连诺上校面对行刑队，一定会想起父亲带他去见识冰块的那个遥远的下午。

奥雷连诺的家乡马贡多，远离海滨，最初只是一个二十户人家的村落，房子用泥巴和芦苇建筑，全都建在河边。河水清澈，河心到处是光滑洁白的大石头。

奥雷连诺的父亲何塞·阿卡迪奥·布恩迪亚是西班牙人的后裔，他的想象力极其丰富，以至于常常超越大自然的智慧，甚至比魔术走得更远。他执拗地相信科学发明的力量，于是他用一头骡子和一群山羊从吉普赛人梅尔加德斯那里换回两块磁铁石和一套咒语，希望用它们来发现金矿。妻子乌苏拉本来想用这些家畜重振破败的家业的。"过不了多久，咱家的金子就会多得用来铺地"，这是何塞对前来劝阻的妻子的回应，但他最终只挖出一件早已锈蚀的破烂盔甲。

何塞的想象力，依旧像河水一样源源不断地在马贡多这个地方流淌着。梅尔加德斯又为何塞带来了新的科学发明——放大镜。何塞见识到放大镜能聚集太阳光、点燃干草的威力后，便产生了用它制造新式武器的想法。何塞无视妻子的阻拦，用两块磁铁和三枚金币置换了放大镜，一门心思地投入到自己的科学试验中。为了测试新式武器的威力，何塞不惜将自己置身于太阳光的焦点之下，造成多处灼伤，甚至差点儿点着了自家的房子。

在新式武器丝毫得不到认可后，何塞又迷恋上了航海用的观像仪、罗盘和六分仪。他抛弃了家庭事务，仿佛着魔一样，整日在屋内来回踱步，自言自语地嘟嘟囔囔。长期的熬夜和苦思冥想累垮了他的身子，他发着高烧，颤抖着向自己的孩子宣布自己的发现：

"地球是圆的，像一个橙子。"

后来，何塞又迷上了炼金术。他固执地要求妻子把压箱底的三十枚金币拿出来。这是乌苏拉的祖产。经过熔炼之后，这些金币却变成了一大块粘在锅底怎么也挖不下来的渣滓。

其实，何塞从前并非如此，他的事业心很强，马贡多就是由他一手创建的。

何塞和妻子乌苏拉出生在列奥阿察，是从小一起长大的青梅竹马。可就在他们决定结婚的时候，却遭到了双方家长的反对。因为他们是表兄妹，长辈们担心健康的两人在结婚后,会生出像他们的叔叔那样长着尾巴的怪胎。但是,何塞对此根本不在意。他认为孩子"只要能说话就行",坚持与乌苏拉举行了婚礼。

婚后,乌苏拉听从母亲的劝诫,一直穿着自制的"贞洁裤",不曾和丈夫过正常的夫妻生活。渐渐地,村子里开始流传一种说法,声称何塞有毛病。在一个星期天,普罗登肖·阿吉利奥尔因为在斗鸡比赛中输给了何塞,使用这个流言狠狠地羞辱了何塞。愤怒的何塞举起标枪,刺穿了普罗登肖的喉咙。

流言消失了,但何塞与乌苏拉的生活却失去了平静。普罗登肖的灵魂不断地在他们身边出没,使二人终日沉浸在良心的谴责之中。最后,何塞带着妻子,与几个年轻的朋友一起,离开了村子,打算寻找大海,在海边定居生活。

他们一路翻山越岭,却始终没能找到大海。在经历了将近两年的旅行后,他们走进了一片巨大的沼泽地。就在一行人在沼泽地中宿营休息的时候,何塞做了一个梦。他梦到宿营地上建起了一座城市,城市里所有的墙壁都是晶莹剔透的,闪着夺目的光芒。第二天,何塞对众人宣布,要在这里建立自己的村庄,定居下来。何塞像一位领袖那样,设计村子的街道,带领村民们修建房屋,教导大家如何种田、饲养家畜,为大伙造福。在为村子命名时,何塞采用了梦中那所城市的名字,马贡多。

在何塞的带领下,没过几年,马贡多就成了最整洁、最幸福的一个村子。居住在这里的三百多名村民非常年轻,都还不到三十岁。可是好景不长,在吉普赛人把磁铁等各种小发明带到马贡多后,何塞就变成了一个不事生产、外表邋遢、整日沉迷于各种试验的人。

即便如此,村民们依然对他充满信任,认为他只是中了邪,很快还会变成那个为村子造福的何塞。所以,当何塞决心开拓一条道路,将马贡多与文明世界连接起来时,不少村民还是拿起铁锹和锄头,加入了他的冒险之旅。

何塞根据自己对周围地区的了解,认为只有一路向北,才可以找到通向外界的道路。可当他带领村民走出不见阳光、充满诡异气息的魔幻区域时,非但没有看到新的陆地,反而来到了大海边。何塞绝望了,愤怒地叫道:"马贡多被海水给围住了!"

这次冒险之旅后,何塞变得非常消沉,他认为自己选择在这里建立村子是一种错误。何塞开始考虑把马贡多整体搬迁到别的地方去。最终,何塞在妻子的劝阻下,放弃了自己的想法,开始在试验室中教导自己的两个儿子读书写字,并运用自己的知识和想象,向他们描述外面的世界。

这样的日子没过多久,吉普赛人再次来到了马贡多。在吉普赛人那里,何塞不仅带着两个儿子见识到了更多的新发明,更重要的是看到了那块让奥列连诺上校始终难以忘记的巨大冰块。

奥雷连诺上校清晰地记得,当时自己父亲脸上的神情无比庄严,他并手放在冰块上,声称"这是当代最伟大的发明"。

第二章

在何塞见到巨大的冰块前,他只有两个儿子。大儿子叫何塞·阿卡迪奥,出生在他们离开故乡,寻找大海的旅途中。小儿子叫奥雷连诺·布恩迪亚,是何塞夫妇在马贡多生下的第一个孩子。

何塞·阿卡迪奥非常健康,甚至有些发育过了头。在他刚刚十四岁的时候,脸颊和下巴上就已经长满了胡须,魁梧的身材让他看起来更像一个成年男子。他继承了父亲何塞执拗的性格,却对父亲着迷的科学试验丝毫不感兴趣。

小儿子奥雷连诺性格孤僻,不喜欢说话,并在很小的时候就表现出非凡的预言能力。而且,奥雷连诺和父亲何塞一样,喜欢各种科学试验,尤其在炼金术方面,展现出非凡的天赋。从此,父子二人便整天待在试验室里,努力研究梅尔加德斯留下来的日记,试图将乌苏拉的金子重新分离出来。

由于再次怀孕,乌苏拉时常让一个名叫皮拉·苔列娜的女人到家中帮忙做些家务。没过多久,大儿子何塞·阿卡迪奥和这名热情、喜欢用纸牌占卜的女子发生了关系。就在他沉浸在两性体验中时,何塞和奥雷连诺在经过不断的努力后,向众人宣布他们从那块渣滓中提取出了乌苏拉的金子。

何塞·阿卡迪奥对父亲的试验充满厌恶,甚至不惜用言语冲撞自己的父亲。这种厌恶使得他变得孤僻,开始习惯在深夜离开家,到皮拉·苔列娜那里寻找快活。这天夜里,何塞·阿卡迪奥没有去找皮拉·苔列娜,而是走进了一个表演杂技的吉普赛姑娘的帐篷。

两天后,乌苏拉发现大儿子失踪了。她在村子里四处寻找,一个村民告诉她,何塞·阿卡迪奥已经在前一天晚上跟随吉普赛人离开了马贡多。得知这一消息后,何塞表现得非常镇定,他只是对妻子说,"他已经是一个男子汉了",便再次埋头于手头的试验。

乌苏拉决定自己去寻找儿子。她离开村子,沿着吉普赛人离开的那条路寻找,不断地向碰到的路人打听吉普赛人的行踪,希望能尽早追上儿子。当乌苏拉发现自己已经离马贡多很远的时候,她决定暂时不回村子,继续找下去。

直到听到小女儿阿玛兰塔撕心裂肺的哭声时,何塞才发现妻子不见了。他迅速召集了一些村民,前去找寻乌苏拉。可是,在经过三天的寻找后,仍然一无所获。何塞只得放弃,与村民们一起返回了马贡多。

对于妻子的失踪,何塞很苦恼。因为他不得不一边继续试验室的工作,一边亲自照顾小女儿。就在乌苏拉失踪几个月后,何塞的试验室里出现了一些奇怪的事情:空瓶子突然变得非常重,根本无法挪动;水会自己沸腾起来,直到完全蒸发;装着阿玛兰塔的篮子突然在房间里自己绕圈子。虽然无法解释这些现象,但何塞坚持认为这应该是某种预兆。

不久,这个预兆便得到了应验。乌苏拉在失踪五个月后,回到了马贡多。她穿着新式衣服,兴奋地向丈夫介绍跟随自己来到村子的一群人。这些人的外貌特征与马贡多的村民一样,也说着同样的语言,他们来自沼泽地的另一边的城镇,那里已经在使用何塞向往的新发明和新机器。原来,乌苏拉没能追上儿子,却在无意中发现了自己丈夫始终在找寻的,马贡多通往外面文明世界的道路。

第三章

在何塞的坚持下,乌苏拉把大儿子和皮拉·苔列娜的孩子接回了家里,依然取名叫塞·阿卡迪奥。为了和他的父亲区分开,大家都叫他阿卡迪奥。

与外界连接的道路开通后,马贡多变得热闹起来,增设了不少商店和手工业作坊,重新修建了街道,不少来到马贡多的人选择留在这里定居。何塞也走出试验室,开始指导建设工作。很快,马贡多由一小村庄扩建成了一个初具规模的城镇。

繁忙的工作让乌苏拉无暇照顾孩子,她把阿卡迪奥和小女儿阿玛兰塔都交给了一名印第安女人照顾。越来越沉默的奥雷连诺则一个人待在试验室里,努力练习制造首饰的技术。

这天奥雷连诺再次说出了预言,他告诉乌苏拉,"有人即将来到这里"。

奥雷连诺预言中的这个人是一个十一岁小女孩儿,雷贝卡。送她来的人给何塞带了一封信,声称雷贝卡是何塞与乌苏拉的远房侄女,因为父母双亡,希望何塞夫妇能够收养她。何塞夫妇虽然记不清楚自己是否有这样的亲戚,但最终还是留下了雷贝卡。

乌苏拉发现雷贝卡除了喜欢咂吮手指头,还有一个非常恶劣的习惯,喜欢吃泥土和墙上的石灰。在经过几个星期的强制治疗后,雷贝卡逐渐恢复健康,开始融入这个家庭,成为布恩迪亚家的新成员。

后来,照顾孩子的印第安女人发现雷贝卡身上表现出失眠症的症状。这种失眠症虽然会让人睡不着觉,却不会感觉到疲惫,只是时间长了,人会慢慢丧失记忆,最后连自己都忘掉,变成白痴一样。虽然乌苏拉谨慎地将雷贝卡与家人隔离开,但几个星期后,布恩迪亚一家还是都染上了失眠症。由于不够留意,失眠症通过乌苏拉制作的动物糖果,使得全城人都患上了这种病。

刚开始,村民们对患上失眠症并不担心,甚至有些高兴,毕竟当时有太多的事情要做,不睡觉正好可以在很短的时间内完成工作。不过,很快,由失眠症引发的健忘症开始给生活在马贡多的人带来很大的麻烦。为了克服日益严重的健忘症,村民们只得给生活中的每样东西都贴上了标签,标明东西的名称以及作用,以此来维持日常的生活。

就在何塞想通过研制一种记忆机器帮助村民们对抗健忘症的时候,他的老朋友吉普赛人梅尔加德斯来到了何塞的家里。这位打算在马贡多定居的老人带来了可以医治健忘症的药水。马贡多人恢复了往日记忆。

随着时间的流逝,辛勤操持家务的乌苏拉突然意识到孩子们都长大了。小伙子很快会建立自己的家庭,生养下一代,姑娘们也需要有合适的地方接待客人。这样一来,家里现在住的房子就不够用了。考虑再三,乌苏拉决定拿出多年的积蓄,扩建自家的住宅。按照她的设想,新建房子的外墙壁将会被涂成白色。可是,一份由马贡多新任镇长阿·摩斯柯特签发的公文却要求所有房屋的外墙壁都涂成蓝色。

自马贡多建立以来,何塞都是这个地方领袖一般的人物,从来没有人对他下达命令,指手画脚。所以,何塞找到阿·摩斯柯特,告诉他"这里不需要别人发号施令",然后便将这名由共和国政府派遣的官员直接赶出了马贡多。一个星期后,阿·摩斯柯特带着自己的妻子和七个女儿,在六名带枪士兵的护卫下重新返回马贡多。村民们纷纷表示要将这些外人赶出村子,不过何塞这次打算和平解决此事。

在奥雷连诺的陪同下,何塞与阿·摩斯柯特进行谈判。何塞提出了两个条件:首先,要那六名士兵离开马贡多;其次,居民们"想把自己的房子刷成什么颜色就是什么颜色"。在阿·摩斯柯特答应了条件后,马贡多的居民们接受了这位镇长。阿·摩斯柯特一家人正式在这里定居下来。

(范晔 译)

阅读提示

《百年孤独》围绕布恩地亚家族七代人的生活经历,展现了哥伦比亚农村小镇马贡多,从荒芜的沼泽地上兴起到最后被一阵飓风卷走而完全消亡的百余年的图景。作品揭示了百余年来拉丁美洲的孤独,即:愚昧野蛮、贫穷落后、因循守旧、与世隔绝,以及必然被连根拔起的命运。马尔克斯在《百年孤独》中深刻挖掘出本民族孤独的群体意识,还带着"含泪的微笑"批判了这种民族群体意识。启示着人们思考:造成马贡多——拉丁美洲的缩影——百年孤独的原因,给哥伦比亚人乃至整个拉丁美洲人民,预示了如何摆脱孤独和贫穷落后现状的道路。

　　小镇马贡多带着浓郁的神秘色彩。当世界步入工业化时代时,它还处于原始状态,纯朴的村民在愚昧、落后和与世隔绝中繁衍生息。吉卜赛人带来的千奇百怪的东西,使他们知道了马贡多外面还有广阔的令人眼花缭乱的世界。布恩地亚家族以独特的方式接受外界文明,使得这种孤独非但没有被打破,反而有增无减。作品中描述了无休止的内战,数不清的政变,使小镇马贡多长期陷入动乱中,孤独的马贡多还是那样封闭、贫穷、落后。外来资本家在马贡多建立公司,曾给马贡多带来空前的繁荣,使布恩地亚家族的生活方式略有改变,略显文明,但随之而来的却是种种罪恶。殖民者在马贡多大肆掠夺、屠杀,使小镇坠入痛苦的深渊,孤独使马贡多变得更加不自由、更加贫困,"马贡多这个镜子似的城镇,将被飓风从地面上一扫而光,将从人们的记忆中彻底消失",这不是偶然,是必然。一百年,孤独的马贡多转了一圈又回到原点,从无到有,从兴起到消亡,什么都没有留下。"百年"在这里已不是一个纯粹的时间单位,而是一个循环单位,在作品中意味着"静止"和"死亡"。马尔克斯通过虚构的小镇马贡多的兴衰过程,艺术地概括了哥伦比亚乃至整个拉美大陆百年停滞不前、封闭保守的历史,揭示了百余年来拉丁美洲的孤独。在这里,孤独就是贫穷落后、与世隔绝、毫无出路的代名词。这种孤独状况不仅弥漫在布恩地亚家族和马贡多镇,而且还渗入了民族的精神,成为阻碍民族进步的绊脚石。"孤独的反义词是团结。"拥有了团结,拉美就可以振兴。马尔克斯写出拉丁美洲的孤独及其孤独的原因,就是希望拉丁美洲民众团结起来摆脱孤独。

　　《百年孤独》在拉美引起了一场文学"爆炸",使魔幻现实主义成为举世瞩目的文学流派。"魔幻现实主义"概括了《百年孤独》的艺术风格,《百年孤独》则以斑斓多姿的表现手法和凝重深邃的内在思想将魔幻现实主义文学推向文学的高峰。作为一部格局宏大、内容精彩、情感唯美的杰作,《百年孤独》会永远在世界文学史上熠熠生辉。

拓展训练

1.《百年孤独》描写的故事纯属虚构,作家为什么要编织一个如此荒诞可笑的故事?

2.魔幻现实主义产生的原因及其基本特征是什么?

阅读推荐

1.加西亚·马尔克斯:《霍乱时期的爱情》,杨玲译,南海出版公司2015年版。

2.加西亚·马尔克斯:《没有人给他写信的上校》,陶玉平译,南海出版公司2018年版。

3.加西亚·马尔克斯:《世上最美的溺水者》,陶玉平译,南海出版公司2015年版。

追风筝的人（节选）

卡勒德·胡赛尼

卡勒德·胡赛尼，1965 年生于阿富汗喀布尔市，后随父亲逃往美国。胡塞尼毕业于加州大学圣地亚哥医学系，现居加州。"立志拂去蒙在阿富汗普通民众面孔的尘灰，将背后灵魂的悸动展示给世人。"著有小说《追风筝的人》《灿烂千阳》《群山回唱》等作品。2006 年，因其作品巨大影响力，获得联合国人道主义奖，并受邀担任联合国难民署亲善大使。

第七章

次日早晨，哈桑在泡早餐红茶，他告诉我他做了一个梦。"我们在喀尔卡湖，你，我，爸爸，老爷，拉辛汗，还有几千个人。"他说，"天气暖和，阳光灿烂，湖水像镜子一样清澈。但是没有人游泳，因为他们说湖里有个鬼怪。它在湖底潜伏着，等待着。"

他给我倒了一杯茶，加了糖，吹了几下，把它端给我。"所以大家都很害怕，不敢下水。突然间你踢掉鞋子，阿米尔少爷，脱掉你的衣服。'里面没有鬼怪，'你说，'我证明给你们看看。'大家还来不及阻止你，你头扎进湖里，游开了。我跟着你，我们都游着。"

"可是你不会游泳。"

哈桑哈哈大笑："那是在梦里啊，阿米尔少爷，你能做任何事情。每个人都尖声叫唤：'快起来！快起来！'但我们只是在冰冷的湖水里面游泳。我们游到湖中央，停下来。我们转向湖岸，朝人们挥手。他们看起来像小小的蚂蚁，但我们能听到他们的掌声。现在他们知道了，湖里没有鬼怪，只有湖水。随后他们给湖改了名字，管它叫'喀布尔的苏丹阿米尔和哈桑之湖'。我们向那些到湖里游泳的人收钱。"

"这梦是什么意思呢？"我说。

他替我烤好馕饼，涂上甜果酱，放在盘子里。"我不知道，我还指望你告诉我呢。"

"好吧，那是个愚蠢的梦而已，没有什么含义。"

"爸爸说梦总是意味着某种东西。"

我喝着茶，"那么你为什么不去问他呢？他多聪明呀。"我的不耐烦简直出乎自己意料。我彻夜未眠，脖子和后背像绷紧的钢丝，眼睛刺痛。即使这样，我对哈桑也太刻薄了。我差点向他道歉，但是没有。哈桑明白我只是精神紧张。哈桑总是明白我。

楼上，我听见从爸爸的卫生间传来一阵水流的声音。

街上新霁的积雪银光闪闪，天空蓝得无可挑剔。雪花覆盖了每一个屋顶，矮小的桑椹树在我们这条街排开，树枝上也堆满了积雪。一夜之间，雪花塞满了所有的裂缝和水沟。哈桑和我走出锻铁大门时，雪花反射出白晃晃的光芒，照得我睁不开眼。阿里在我们身后关上门。我听见他低声祈祷——每次他儿子外出，他总是要祈祷。

我从来没有见到街上有这么多人。儿童在打雪仗，拌嘴，相互追逐，咯咯笑着。风筝斗士和帮他们拿卷轴的人挤在一起，做最后的准备。周围的街道传来欢声笑语，各处屋顶已经挤满了看客，他们斜躺在折叠椅上，暖水壶里的红茶热气腾腾，录音机传出艾哈迈德·查希尔喧闹的音乐。风靡全国的艾哈迈德·查希尔改进了阿富汗音乐，给传统的手鼓和手风琴配上电吉他、小号和鼓，激怒了那些保守的教徒。无论在台上表演还是开派对，他都跟以前那些呆板的歌手不同，他拒绝木无表情的演出，而是边唱边微笑——有时甚至对女人微笑。我朝自家的屋顶看去，发现爸爸和拉辛汗坐在一张长凳上，两人都穿着羊毛衫，喝着茶。爸爸挥挥手，我不知道他究竟是跟我还是跟哈桑打招呼。

　　"我们得开始了。"哈桑说。他穿着一双黑色的橡胶雪靴，厚厚的羊毛衫和褪色的灯芯绒裤外面，罩着绿色的长袍。阳光照在他脸上，我看到他唇上那道粉红色的伤痕已经弥合得很好了。

　　突然间我想放弃，把东西收起来，转身回家。我在想什么呢？我既然已经知道结局，何必还要让自己来体验这一切呢？爸爸在屋顶上，看着我。我觉得他的眼光像太阳那样热得令人发烫。今天，即使是我，也必定难逃惨败。

　　"我有点不想在今天放风筝了。"我说。

　　"今天是个好日子。"哈桑说。

　　我转动双脚，试图让眼光离开我们家的屋顶。"我不知道，也许我们该回家去。"

　　接着他上前一步，低声说了一句让我有些吃惊的话。"记住，阿米尔少爷，没有鬼怪，只是个好日子。"我对他脑海盘桓的念头常常一无所知，可是我在他面前怎么就像一本打开的书？到学校上学的人是我，会读书写字的人是我，聪明伶俐的也是我。哈桑虽然看不懂一年级的课本，却能看穿我。这让人不安，可是有人永远对你的需求了如指掌，毕竟也叫人宽心。

　　"没有鬼怪。"我低声说，出乎意料的是我竟然觉得好些了。

　　他微笑："没有鬼怪。"

　　"你确定？"

　　他闭上双眼，点点头。

　　我看着那些在街道蹿上蹿下打雪仗的孩子，"今天是个好日子，对吧？"

　　"我们来放风筝吧。"他说。

　　当时我觉得哈桑那个梦可能是他编出来的。那可能吗？我确定不是，哈桑没那么聪明，我也没那么聪明。但不管是否是编造的，那个愚蠢的梦缓解了我的焦虑。兴许我该除去衣服，到湖里去游一游。为什么不呢？

　　"我们来放。"我说。

　　哈桑神色一振："好啊！"他举起我们的风筝：红色的风筝，镶着黄边，在竖轴和横轴交叉的地方，有塞弗的亲笔签名。他舔舔手指，把它举起，测试风向，然后顺风跑去。我们偶尔也在夏天放风筝，他会踢起灰尘，看风吹向什么方位。我手里的卷轴转动着，直到哈桑停下来，大约在五十英尺开外。他将风筝高举过顶，仿佛一个奥运会的田径运动员高举获得的金牌。按照我们往常的信号，我猛拉两次线，哈桑放开了风筝。

　　虽说爸爸和学校的老师诲我不倦，我终究无法对真主死心塌地。可是当时，从教义答问课程学到的某段《可兰经》涌上嘴边，我低声念诵，然后深深吸气，呼气，跟着拉线跑开。不消一分钟，我的风筝扶摇直上，发出宛如鸟儿扑打翅膀的声音。哈桑拍掌称好，跑在我身后。

我把卷轴交给他，双手拉紧风筝线，他敏捷地将那松弛的线卷起来。

空中已经挂着至少二十来只风筝，如同纸制的鲨鱼，巡游搜猎食物。不到一个钟头，这个数字翻了一番，红色的、蓝色的、黄色的风筝在苍穹来回飞舞，熠熠生辉。寒冷的微风吹过我的头发。这风正适宜放风筝，风速不大，恰好能让风筝飘浮起来，也便于操控。哈桑在我身旁，帮忙拿着卷轴，手掌已被线割得鲜血淋漓。

顷刻间，割线开始了，第一批被挫败的风筝断了线，回旋着跌落下来。它们像流星那样划过苍天，拖着闪亮的尾巴，散落在临近的街区，给追风筝的人带来奖赏。我能听得见那些追风筝的人，高声叫嚷，奔过大街小巷。有人扯开喉咙，报告说有两条街上爆发冲突了。

我偷眼望向爸爸，看见他和拉辛汗坐在一起，寻思他眼下在想些什么。他在为我加油吗？还是希望我的失败给他带来愉悦？放风筝就是这样的，思绪随着风筝高低起伏。

风筝纷纷坠下，而我的仍在翱翔。我仍在放着风筝，双眼不时瞟向爸爸，紧紧盯着他的羊毛衫。我坚持了这么久，他是不是很吃惊？你的眼睛没有看着天上，你坚持不了多久啦。我将视线收回空中。有只红色的风筝正在飞近——我发现它的时间恰到好处。我跟它对峙了一会儿，它失去耐心，试图从下面割断我，我将它送上了不归路。

街头巷尾满是凯旋而回的追风筝者，他们高举追到的战利品，拿着它们在亲朋好友面前炫耀。但他们统统知道最好的还没出现，最大的奖项还在飞翔。我割断了一只带有白色尾巴的黄风筝，代价是食指又多了一道伤口，血液汩汩流入我的掌心。我让哈桑拿着线，把血吸干，在牛仔裤上擦擦手指。

又过了一个钟头，天空中幸存的风筝，已经从约莫五十只剧减到十来只。我的是其中之一，我杀入前十二名。我知道巡回赛到了这个阶段，会持续一段时间，因为那些家伙既然能活下来，技术实在非同小可——他们可不会掉进简单的陷阱里面，比如哈桑最喜欢用的那招，古老的猛升急降。

到下午三点，阴云密布，太阳躲在它们后面，影子开始拉长，屋顶那些看客戴上围巾，穿上厚厚的外套。只剩下六只风筝了，我仍是其中之一。我双腿发痛，脖子僵硬。但看到风筝一只只掉落，心里的希望一点点增大，就像堆在墙上的雪花那样，一次一片地累积。

我的眼光转向一只蓝风筝，在过去那个钟头里面，它大开杀戒。

"它干掉几只？"我问。

"我数过了，十一只。"哈桑说。

"你知道放风筝的人是谁吗？"

哈桑啪嗒一下舌头，仰起下巴。那是哈桑的招牌动作，表示他不知道。蓝风筝割断一只紫色的大家伙，转了两个大圈。隔了十分钟，它又干掉两只，追风筝的人蜂拥而上，追逐它们去了。

又过了半个小时，只剩下四只风筝了。我的风筝仍在飞翔，我的动作无懈可击，仿佛阵阵寒风都照我的意思吹来。我从来没有这般胜券在握，这么幸运，太让人兴奋了！我不敢抬眼望向那屋顶，眼光不敢从天空移开，我得聚精会神，聪明地操控风筝。又过了十五分钟，早上那个看起来十分好笑的梦突然之间触手可及：只剩下我和另外一个家伙了，那只蓝风筝。

局势紧张得如同我流血的手拉着的那条玻璃线。人们纷纷顿足、拍掌、尖叫、欢呼。"干掉它！干掉它！"我在想，爸爸会不会也在欢呼呢？音乐震耳欲聋，蒸馒头和油炸菜饼的香味从屋顶和敞开的门户飘出来。

但我所能听到的——我迫使自己听到的——是脑袋里血液奔流的声音。我所看到的，只是那只蓝风筝。我所闻到的，只是胜利的味道。获救。赎罪。如果爸爸是错的，如果真像他们在学校说的，有那么一位真主，那么他会让我赢得胜利。我不知道其他家伙斗风筝为了什么，也许是为了在人前吹嘘吧。但于我而言，这是惟一的机会，让我可以成为一个被注目而非仅仅被看到、被聆听而非仅仅被听到的人。倘若真主存在，他会引导风向，让它助我成功，我一拉线，就能割断我的痛苦，割断我的渴求，我业已忍耐得太久，业已走得太远。刹那之间，就这样，我信心十足。我会赢。只是迟早的问题。

结果比我预想的要快。一阵风拉升了我的风筝，我占据了有利的位置。我卷开线，让它飞高。我的风筝转了一个圈，飞到那只蓝色家伙的上面，我稳住位置。蓝风筝知道自己麻烦来了，它绝望地使出各种花招，试图摆脱险境，但我不会放过它，我稳住位置。人群知道胜负即将揭晓。"干掉它！干掉它！"的齐声欢呼越来越响，仿佛罗马人对着斗士高喊"杀啊！杀啊！"。

"你快赢了，阿米尔少爷，快赢了！"哈桑兴奋得直喘气。

那一刻来临了。我合上双眼，松开拉着线的手。寒风将风筝拉高，线又在我手指割开一个创口。接着……不用听人群欢呼我也知道，我也不用看。哈桑抱着我的脖子，不断尖叫。

"太棒了！太棒了！阿米尔少爷！"

我睁开眼睛，望见蓝风筝猛然扎下，好像轮胎从高速行驶的轿车脱落。我眨眨眼，疲累不堪，想说些什么，却没有说出来。突然间我腾空而起，从空中望着自己。黑色的皮衣，红色的围巾，褪色的牛仔裤。一个瘦弱的男孩，肤色微黄，身材对于十二岁的孩子来说显得有些矮小。他肩膀窄小，黑色的眼圈围着淡褐色的眼珠，微风吹起他淡棕色的头发。他抬头望着我，我们相视微笑。

然后我高声尖叫，一切都是那么色彩斑斓、那么悦耳动听，一切都是那么鲜活、那么美好。我伸出空手抱着哈桑，我们跳上跳下，我们两个都笑着、哭着。"你赢了，阿米尔少爷！你赢了！"

"我们赢了！我们赢了！"我只说出这句话。这是真的吗？在过去的日子里，我眨眨眼，从美梦中醒来，起床，下楼到厨房去吃早餐，除了哈桑没人跟我说话。穿好衣服。等爸爸。放弃。回到我原来的生活。然后我看到爸爸在我们的屋顶上，他站在屋顶边缘，双拳挥舞，高声欢呼，拍掌称快。就在那儿，我体验到有生以来最棒的一刻，看见爸爸站在屋顶上，终于以我为荣。

但他似乎在做别的事情，双手焦急地摇动。于是我明白了，"哈桑，我们……"

"我知道，"他从我们的拥抱中挣脱，"安拉保佑，我们等会儿再庆祝吧。现在，我要去帮你追那只蓝风筝。"他放下卷轴，撒腿就跑，他穿的那件绿色长袍的后褶边拖在雪地上。

"哈桑！"我大喊，"把它带回来！"

他的橡胶靴子踢起阵阵雪花，已经飞奔到街道的拐角处。他停下来，转身，双手放在嘴边，说："为你，千千万万遍！"然后露出一脸哈桑式的微笑，消失在街角之后。再一次看到他笑得如此灿烂，已是二十六年之后，在一张褪色的宝丽莱照片上。

人群涌上来向我道贺，我开始把风筝收回来。我跟他们握手，向他们道谢。那些比我更小的孩童望着我的眼神充满敬畏，我是个英雄。人们伸手拍拍我的后背，摸摸我的头发。我边拉着线，边朝每个人微笑，但我的心思在那个蓝风筝上。

最后，我收回了自己的风筝。我捡起脚下的卷轴，把松弛的线收好，期间又握了几双手，接着走回家。走到那扇锻铁大门时，阿里在门后等着，他从栅栏伸出手，"恭喜。"

我把风筝和卷轴给他，握握他的手，"谢谢你，亲爱的阿里。"

"我一直为你祈祷。"

"继续祈祷吧，我们还没全赢呢。"

我匆忙走回街上。我没向阿里问起爸爸，我还不想见到他。在我脑里，一切都计划好了：我要班师回朝，像个英雄，用鲜血淋漓的手捧着战利品。我要万头攒动，万众瞩目，罗斯坦和索拉博彼此打量，此时无声胜有声。然后年老的战士会走向年轻的战士，抱着他，承认他出类拔萃。证明。获教。赎罪。然后呢？这么说吧……之后当然是永远幸福。还会有别的吗？

瓦兹尔·阿克巴·汗区的街道不多，彼此成直角纵横交错，像个棋盘。当时它是个新城区，仍在蓬勃发展中，已建成的住宅区有把八英尺高的围墙，在它们之间，街道上有大量的空地和尚未完工的房子。我跑遍每条街巷，搜寻哈桑的踪迹。到处都是忙着收起折叠椅的人们，在整天的狂欢之后，收起食物和器皿。有些还坐在他们的屋顶上，高声向我祝贺。

（李继宏　译）

阅读提示

在众多人眼中，阿富汗是战乱和恐怖主义的代名词，小说通过叙述主人公阿米尔和哈桑天真幸福的童年生活，描述了阿富汗平民的日常生活，小说在一定程度上还原了阿富汗平民的生活状态。作者用充满温情的叙述，改变世界人民对阿富汗的印象，表达作者对阿富汗重建的期望与向往。

《追风筝的人》这个"人"是谁呢？是阿米尔？阿米尔的父亲？哈桑？其实都是。对于主人公阿米尔而言，风筝象征着他人格中不可缺少的那部分，只有追到了才能完成自我救赎，才能成为拥有完善人格的人。对于哈桑而言，风筝象征着和阿米尔之间的友情，虽然被阿米尔暂时丢弃，但是阿米尔最终通过赎罪（救助哈桑的儿子）证明了他们友情的分量和珍贵。因此，风筝既是亲情、友情、爱情，也是正直、善良、诚实……只有追到风筝的人，才能成为一个健全的人。我们每个人都是追风筝的人，因为平凡，犯的错也是在情理之中。因为人生经历的迥异，每个人对自己的人生都有不同的追求。有的人选择终身逃避让自己永受内心的折磨，而有些人通过救赎重获新生，不断地追寻是为了不让人生留下遗憾，是对自我的救赎。阿米尔有勇气追求那只折射着人性光辉的风筝，给予读者以启迪。

这部小说之所以能够吸引不同民族、不同国家的读者，撼动读者内心纤细的情感，是因为它讨论了人性和人性的拯救问题，人性的救赎是这部小说的核心价值。战争的残酷鲜血淋漓，满目疮痍；种族歧视的根深蒂固，掩埋了友情亲情，仿佛一道不可逾越的鸿沟；人性的丑恶，对幼童的凌虐，令人愤怒。小说围绕爱、恐惧、忠诚、奉献、牺牲、赎罪等展开，作者的人文关怀蕴含在对人的终极价值的追问和生存意义的关注上。

小说巧用伏笔，阿米尔第一次说话说的是"爸爸"，而哈桑开口的第一句话是"阿米尔"，这决定了他们的命运，哈桑为阿米尔千千万万遍，阿米尔为得到"爸爸"的疼爱拼搏努力，小说在开头就为故事的发展埋下伏笔。作者采用丰富的人物刻画方式,如对哈桑形象的刻画运用了肖像、语言、动作等描写,比如那句"为你,千千万万遍!"个性化的人物语言有力地揭示了哈桑的忠诚品格。此外,细腻的心理刻画,对于童年趣事的描写清新亮丽、基调明快,景物的描写文采盎然,小说在主题思想和艺术手法上都极具价值。

拓展训练

1. 分析和鉴赏《追风筝的人》的思想内容和艺术特色。
2. 试从风筝对"我"、对哈桑的意义这一角度探究文本中"风筝"的内涵。

阅读推荐

1. 霍达:《穆斯林的葬礼》,北京十月文艺出版社 1988 年版。
2. 米兰·昆德拉:《生命不能承受之轻》,韩少功,韩刚译,作家出版社 1987 年版。

参考文献

[1] 薄刚.领略《你是人间四月天》[J].齐齐哈尔大学学报(哲学社会科学版),2010(1).

[2] 蔡萍.乱世中的奇葩:浅析张爱玲小说的艺术特色[J].宁波职业技术学院学报,2008(4).

[3] 陈志鹏.《雷雨》中繁漪形象的女权主义解读[J].湖北经济学院学报(人文社会科学版),2007(1).

[4] 程学兰.中外文学名作导读[M].广州:华南理工大学出版社,2000.

[5] 崔婧.张爱玲小说语言的特色解读[J].佳木斯职业学院学报,2017(2).

[6] 方铭.新大学语文[M].合肥:合肥工业大学出版社,2006.

[7] 傅诚谦.新编大学语文[M].吉林:吉林大学出版社,2017.[8] 厚夫.路遥:一位与大地同在的作家[N].延安日报,2018-12-23,第003版.

[9] 黄玲青,李华平.论张爱玲小说的文学成就及影响[J].现代语文(学术综合版),2009(6).

[10] 贾平凹,路遥:时代的缩影与典范[N].文艺报,2018-12-12,第002版.

[11] 李建军.中国现当代小说精品鉴赏[M].沈阳:辽宁教育出版社,2002.

[12] 李玲.《月牙儿》的苦难意识[J].辽宁大学学报(哲学社会科学版),2007(4).

[13] 李仁喜.老舍作品《月牙儿》中的"月牙儿"意象[J].濮阳职业技术学院学报,2012(5).

[14] 李学颖.再论《百年孤独》中拉美民族文化的魔幻与现实[J].时代文学(下半月),2008(07).

[15] 林徽因.你是人间四月天[M].北京:作家出版社,2016.

[16] 林彦.戏剧冲突及其在《雷雨》中的应用[J].赤峰学院学报(汉文哲学社会科学版),2008(10).

[17] 林亦修.张爱玲小说结构艺术[J].中国现代文学研究丛刊,1996(1).

[18] 刘春雷.论欧·亨利《麦琪的礼物》的叙事风格[J].语文建设,2014(11).

[19] 刘俐俐.外国经典短篇小说文革分析[M].北京:北京大学出版社,2004.

[20] 刘素芳.浅谈《故乡》的对比艺术[J].郑州铁路职业技术学院学报,2000(3).

[21] 刘玮凤.从《边城》中的人性美看沈从文的人生追求[J].新疆石油教育学院学报,1997(1).

[22] 刘现法.1985年寻根文学与拉美魔幻现实主义[D].天津:天津师范大学,2008.

[23] 路遥.路遥全集:早晨从中午开始[M].广州:广州出版社,2000.

[24] 阮航.文学欣赏[M].北京:清华大学出版社,2010.

[25] 瑞仁.《边城》研究述略[J].吉首大学学报(社会科学版),2004(2).

[26] 山东省教学研究室.《中国现当代诗歌选读》教学参考书[M].济南:山东人民出版社,2006.

[27] 舒颖.《月牙儿》中"我"堕落的原因及"月牙儿"的象征意味[J].青年文学家.2015(15).

[28] 水晶.张爱玲的小说艺术[M].台北:大地出版社,1973.

放眼世界

［29］孙冰，徐巍.中国现当代文学精典导读［M］.上海：学林出版社，2011.

［30］田本相.曹禺剧作论［M］.北京：中国戏剧出版社，1981.

［31］汪保忠.论《雪国》物哀之美［J］.名作欣赏，2011(20).

［32］王成磊.评马尔克斯《百年孤独》的孤独［J］.泰安教育学院学报，岱宗学刊，2011(1).

［33］王凤仙.论繁漪形象的悲剧审美意义［J］.四川戏剧，2006(6).

［34］王红梅.川端康成《雪国》中的人物形象特征解析［J］.周口师范学院学报.2010(3).

［35］王宁.20世纪西方现代派文学名著导读［M］.天津：天津人民出版社，2000.

［36］王小波.我的精神家园［M］.北京：中国人民大学出版社，2010.

［37］吴敏.孤独之悲与魔幻之美——解读《百年孤独》［J］.浙江树人大学学报，2004(1).

［38］杨晓莲.拉丁美洲的孤独——《百年孤独》的文化批判意识［J］.西南民族学院学报（哲学社会科学版），2002(10).

［39］俞晓红.大学生必读的中华经典诗歌100首［M］.芜湖：安徽师范大学出版社，2011.

［40］章绍岩.耕耘并收获着——一位中学校长的多味人生［M］.上海：上海文化出版社，2006.

［41］赵婷.从《雪国》看川端康成文学中的"物哀"美［J］.电影评介，2015(21).

［42］郑克鲁.外国文学史［M］.北京：高等教育出版社，1999.

［43］朱栋霖，丁帆，朱晓进.中国现代文学史［M］.北京：高等教育出版社，2012.